刘付靖 著

鸟狗传奇

——中国南方少数民族传统文化研究

中山大学出版社
·广州·

版权所有　翻印必究

图书在版编目（CIP）数据

鸟狗传奇：中国南方少数民族传统文化研究／刘付靖著.—广州：中山大学出版社，2018.10

ISBN 978-7-306-06217-8

Ⅰ.①鸟…　Ⅱ.①刘…　Ⅲ.①少数民族—民族文化—研究—中国　Ⅳ.①K28

中国版本图书馆 CIP 数据核字（2017）第 264557 号

出 版 人：	王天琪
策划编辑：	吕肖剑　廉　锋
责任编辑：	廉　锋
封面设计：	林绵华
责任校对：	张红艳
责任技编：	何雅涛
出版发行：	中山大学出版社
电　　话：	编辑部 020-84110771，84110283，84111997，84110779
	发行部 020-84111998，84111981，84111160
地　　址：	广州市新港西路 135 号
邮　　编：	510275　　传　真：020-84036565
网　　址：	http://www.zsup.com.cn　　E-mail:zdcbs@mail.sysu.edu.cn
印 刷 者：	佛山市浩文彩色印刷有限公司
规　　格：	787mm×1092mm　1/16　12 印张　插页 6 页　250 千字
版次印次：	2018 年 10 月第 1 版　2018 年 10 月第 1 次印刷
定　　价：	48.00 元

如发现本书因印装质量影响阅读，请与出版社发行部联系调换

2010年6月,答辩组教师与广东技术师范学院2007级民族史方向研究生周赛颖(后排左)、王秀灵(后排右)

2011年6月,广东技术师范学院民族研究所教师与2008级毕业研究生

2011年11月，笔者在海南海口参加中国百越民族史研究会第十五届年会

2012年6月，答辩组教师与广东技术师范学院2009级民族史方向毕业研究生（前排左起）林婧、冼春梅、陈静、陈世莉

2012年6月，笔者与广东技术师范学院2009级民族史方向毕业研究生冼春梅

2013年12月，笔者与广东技术师范学院2011级、2012级研究生在东莞沙田镇泥州岛南新村调研疍民问题

2014年6月,答辩组教师与广东技术师范学院2011级毕业研究生

2015年1月,李晓霞(左二)获郭小东奖学金;中者是分管广东技术师范学院研究生工作的戴青云副校长,右二是此前分管研究生工作的许玲副校长

2015年6月,笔者与广东技术师范学院2012级毕业研究生李晓霞(左)、张运(右)

2016年6月,答辩组教师与广东技术师范学院2013级毕业研究生

2016年7月,笔者邀请大学同班同学、中山大学党委书记陈春声教授(前右六)在"民族语言与民族文化"研究生暑期学校举办讲座,前右五是广东技术师范学院党委书记陈韶

2016年8月,笔者与广东技术师范学院2014级研究生曹宣雷(左一)、2016级研究生李宝凤(右二)和梁家杰(右一)在粤北连南油岭千年瑶寨调研

目　录

前言　中国民族学界南北学派的学术传统与接近趋势 …………………… 1

第一章　百越民族今何在 …………………………………………………… 7
　　一、唐宋以前的诸越 …………………………………………………… 7
　　二、现代壮侗语言民族 ………………………………………………… 12
　　三、台湾少数民族 ……………………………………………………… 15
　　四、跨国民族 …………………………………………………………… 16

第二章　百越的民俗与文化 ………………………………………………… 19
　　一、百越民俗 …………………………………………………………… 19
　　二、百越语言与《越人歌》 …………………………………………… 20
　　三、广东的茶餐饮与百越的茶食文化 ………………………………… 22
　　四、"茶""药""毒""荼""苦"等字词的多种民族语言
　　　　读音对照 …………………………………………………………… 30
　　五、临高：文化孤岛的历史价值与现实反差 ………………………… 32

第三章　百越的神话传说 …………………………………………………… 44
　　一、鸟田之谜 …………………………………………………………… 44
　　二、送稻种给广州人的不是五羊而是黄狗 …………………………… 52
　　三、东南亚的谷物起源神话与稻谷崇拜习俗 ………………………… 60
　　四、廪君神话是壮侗语族的始祖神话 ………………………………… 69
　　五、"岭南歌仙"刘三姐（妹）与吴越神歌 ………………………… 76
　　六、刘三姐与岭南民俗峒溪文化圈 …………………………………… 83

第四章　百越与禹神话 ……………………………………………………… 91
　　一、南岛语系和闽方言 ………………………………………………… 91
　　二、禹神话与南岛语系民族的鱼类图腾崇拜 ………………………… 93

第五章　南方少数民族与《山海经》 ……………………………………… 108
　　一、《海内南经》与南方地名 ………………………………………… 108
　　二、南方民族语言与怪兽名称 ………………………………………… 115

第六章　岭南民俗"封利是"的源头 …… 122
一、利市钱不是封利是的起源 …… 122
二、封禅原是东夷葬俗 …… 123
三、东夷族风俗事物对于南越族的影响 …… 125
四、秦皇汉武封禅泰山与开发岭南 …… 126
五、封利是的风俗及用语细析 …… 126

第七章　岭南石狗崇拜 …… 130
一、何种类型的崇拜 …… 130
二、与百越的关系 …… 134
三、与龙文化的关系 …… 138

第八章　苗瑶民族的祭鬼与古代汉族的血祭 …… 143
一、《周礼》中的血祭 …… 143
二、苗瑶语言的祭鬼与《周礼》中有关血祭的词汇的读音比较 …… 144
三、苗瑶民族祭鬼中与血祭有关的具体内容 …… 145

第九章　佤－崩龙语支民族与原始农业生产方式 …… 149
一、东南亚可能是原始农业的起源地之一 …… 149
二、佤－崩龙语支民族是东南亚山区的土著民族 …… 150
三、佤－崩龙语支民族的原始农业生产方式 …… 153
四、佤－崩龙语支民族与现代工业社会 …… 155

第十章　疍家 …… 157
一、疍家的前身是川东巴人盐商 …… 157
二、广东疍民族群的消失与启示 …… 162

附录　作者公开发表文章选登 …… 169
从纳西族的旅游开发看民族化与现代化的互动关系 …… 169
论影视科技促进民族学与人类学的学科建设发展 …… 176
蒙古大陆的艺术世界
——评张承志的蒙古族题材小说 …… 181

后记 …… 187

前 言

中国民族学界南北学派的学术传统与接近趋势

21世纪以来，各学科都在总结成果，探求面向新世纪的发展路向，民族学界也不例外。近年来民族学界发表了许多关于学科理论建设的文章，我们可以在此基础上结合我国南北学派的实际情况加以讨论。

一、南北学派的学术传统

在国际学术界，民族学有两种称谓，德、法、俄（包括苏联）称之为民族学，英、美称之为社会人类学或文化人类学。称谓的不同，代表了不同的学术传统，德、法、俄系统偏向于社会科学方法的研究，英、美偏向于自然科学方法的研究。在我国，全国性的学术机构以及全国性的民族学院教学及学术机构称之为"民族学"，南方的中山大学和厦门大学则称之为"人类学"。在学科建设中，民族学是一级学科，文化人类学和民俗学是二级学科。民族学的各个分支学科属于社会科学的范围，人类学的分支学科则包括与民族学平行的独立学科——考古学，以及属于自然科学生物学科的体质人类学。

在我国民族学界，北方民族学派和南方人类学派不尽相同的学科建设内容，反映了不尽相同的学术传统。

（一）民族学派

近代德国是民族学的策源地之一。1860年，巴斯典出版《历史上的人》一书，将文化史的研究引入民族意志领域。此后，德国的文化传播学派和文化史学派，继承和发展了注重社会科学研究方法的学术传统。法国学者则将实证社会学和结构语言学的方法引入民族学。

俄国在19世纪中期开始形成民族学派，他们受到西方学派以及马克思主义、俄国民主主义思想的影响，采用统计经济学等方法分析城市人类学问题，体现了不同于西方学者注重农村传统文化研究的特点。在苏联时期，其学术特色得到继承，以马列主义的方法论作为指导思想，综合运用历史文化研究法和语言研究法，研究苏联及世界其他地区的民族学问题。

我国民族学的奠基人是蔡元培先生。1926年,他发表《说民族学》一文,介绍了德、法系统的理论。在1949年以前,我国民族学界一直跟随西方的学术发展,采用西方最新的理论与方法,没有明显的内部流派。例如,20世纪30年代燕京大学社会学系的吴文藻、费孝通、林耀华等前辈学者便采用了当时影响较大的英国功能学派的理论与方法,经过实地调研,写出了《江村经济》《金翼》等经典著作。

1952年,我国高校实行院系调整,取消社会学科,北方的社会学专业和民族学专业学者进入中央民族学院和中国社会科学院民族研究所,南方的学者则进入历史系;同时,中断与西方的学术交流,加强与苏联的学术交流,开始形成了北方民族学派的学术特色:以国内少数民族为对象,主要研究民族学理论、民族历史、民族语言等,注重一般性原理与规律的论述。

(二) 文化人类学派

进入近代以后,英国在自然科学的发展与研究上处于世界领先地位,英国学术界曾经主张用自然科学包容一切科学研究领域,排斥社会科学。1859年,生物学家达尔文出版《物种起源》一书,进化论遂成为19世纪最具有时代进步意义的学术思想,英国学者结合进化论与文化史的研究,形成进化学派。1877年,美国学者摩尔根出版《古代社会》一书,将进化论应用于古代社会的研究,提出了人类社会划分为"蒙昧""野蛮""文明"三个发展阶段的观点。

20世纪上半叶,英国学者马林诺夫斯基和拉德克利夫-布朗创建功能学派,引入社会学的实证方法与心理学的精神分析法,认为人类社会也像动植物有机体一样,其功能结构服从于大自然的法则,社会人类学不是一门历史性的科学,而是一门应用性的科学。美国学者博厄斯创立了历史批判学派,提倡对研究对象进行长期的、深入的、小范围的田野考察,不注重宏观的理论综合。

"二战"以后,西方文化人类学的中心从欧洲转移到美国,美国的历史批判学派在发展至顶峰之后开始分化,这些众多的学派没有任何一个能够占据绝对的主导地位,但都传承了注重自然科学方法的欧美传统。例如,新进化论学派的能量进化观点,引入物理学的热力学理论;文化生态论学派则引入生态学理论;社会生物学学派更是直接用生物学的基因理论来解释人类的社会行为。此外,在近数十年间,还出现了诸如数学人类学、医学人类学、生态人类学、饮食人类学等学派。

我国南方文化人类学派继承了林惠祥教授的学术传统,他曾出版《文化人类学》一书,系统地介绍了西方各学派的理论。1952年,在苏联学科划分理论的影响下，厦门大学、中山大学、复旦大学原有的人类学系被取消，并入历史语言系或生物系，但在林惠祥教授的积极运作下，厦门大学保留了人类学博物馆，复旦大学生物系也保留了人类学教研室。1978年，民族学成为独立学科，中山大学和厦门大学在民族史专业与考古专业的基础上设立人类学系。

南方的人类学系开设的课程中有体质人类学，以汉族和少数民族为研究对象，较多地运用考古、博物、历史文献资料，较注重文化现象的历史性分析，不太注重一般性规律、原理等理论性的综合。20世纪80年代改革开放之初，海外学者进入我国做学术交流，注意到了南方学派的特色。中国台湾学者李亦园先生说："现在台湾的人类学，可说与北方燕京派的人类学没有太大的关系。台湾现在的人类学完全是以南方中研院为中心而发展出来的人类学。"美国学者罗西在考察中山大学与厦门大学后也说："这两所大学的人类学中心在风格和想法方面多少有些西方式的色彩。"（参见张海洋《中国人类学民族学界的南北特色》，载和龚、张山主编《中国民族历史与文化》，中央民族学院出版社1988年版，第208页）

二、南北学派形成的客观原因

我国南北学派形成的过程，实际上也是中国特色的民族学形成的过程，国内已有诸多学者论述这一问题，本文引用一篇译文，介绍英国学者的看法。

艾迪思曾在非洲从事过社会人类学的研究，1994年，他发表了从比较的角度论述非洲与中国从20世纪50年代至70年代人类学研究状况的文章，其中涉及我国南北学派的有关问题。

他首先介绍了我国港台及海外学者的情况：台湾及从大陆移居香港的广东籍学者，根据实地调研及图书馆资料，写成了关于港台以及广东和福建两省的一系列丛书，可以说是最好的人类学著作。海外华人学者的研究，紧跟西方学术界的动态，并且与南方学者有较多的交流与联系，因此，20世纪80年代初期中山大学和厦门大学重新成立人类学系时，便采用了英美的学科构架。

接着，他说到大陆的情况："中国社会科学的劳动分工导致对中国的各少数民族的研究，成为所谓'民族学'；而对汉族的研究，则被认为是'社会学'。这两门学科一直是平行发展，而不是一起发展。""大多数民族学研究与民族学院（研究所、院）有密切的联系，其以各种方式使人联想起世界的各个部分，比如苏联或南非，在这些国家，文化研究早已成为'民族'或'少数民族'行政事务的工具。国家的行政要求意味着，大部分时间已花在对那些互不相干的民族集团的识别与寻找识别的依据上……大部分研究发生在革命的马克思主义理论框架里，认同社会进化阶段。"（参见 J. S. 艾迪思《外国人眼里的新中国文化人类学》，覃敏笑译，载《贵州民族研究》1998 年第 2 期）

艾迪思指出了我国北方民族学派的学术特征，实际上这也是我国民族学界的学科建设指导思想。我国民族学虽然是从西方引进的，但主要的研究对象从一开始就有所不同。

19 世纪，由于西方资本主义强国的殖民扩张活动，旅行家和传教士带回了世界各地的原始民族资料，西方的文化人类学从一开始便建立在对不同国家、不同民族、不同种族的外向型研究的基础上，总体上需要偏向自然科学的客观性较强的方法。

苏联和我国却与西方有所不同。苏联横跨欧亚两大洲，国内有 104 个民族；我国则是世界上人口最多的国家，有 56 个民族。多民族统一国家的首要任务是维持国内民族团结，因此，苏联和我国都将国内民族问题作为民族学的主要研究对象，形成了不同于英美系统的民族学学术传统。

科学研究的目的在于揭示研究对象的客观规律。自然科学建立在生产力的基础上，以人与自然的关系作为科学研究的出发点，其研究对象大部分是物质性的，可以采用实验和检验的方法保证其知识的客观性，其研究成果可以直接指导和促进生产和技术的发展。

社会科学建立在生产关系的基础上，以人类的社会活动作为科学研究的出发点，其主要目的是确定社会生活规律的逻辑性和持续模式，即解释社会现象、总结社会规律、调整社会关系。由于人类的活动带有许多非理性的因素，因此，尽管社会科学也运用自然科学的某些研究方法，但其知识的客观性相对于自然科学而言是近似的、随机的和模糊的，其所揭示的客观规律相对而言也是浅层的、不够深邃的。

西方人类学经过一个半世纪的发展，其开创时期所确立的主要目标——原始民族（包括人种和文化的内容）的研究已经基本完成，因此，西方人类学在发展方向上出现了向内调整的某些迹象。艾迪思说西方的人类学已经从传统的宗族研究（功能主义时期）转向新型的社会变迁、政治经济和批判理论研究。（参见 J. S. 艾迪思《外国人眼里的新中国文化人类学》，覃敏笑译，载《贵州民族研究》1998 年第 2 期）美国学者理查德·G. 福克斯在 1993 年主编出版了《重新把握人类学》一书，认为人类学家"必须重新进入的是一个并非由我们所造就的世界，而是一个更像是造就了我们的世界"。（参见和少英《从比较的视角前瞻"世纪之交的中国民族学"》，载《广西民族研究》1998 年第 3 期）这个"由我们所造就的世界"，可以理解为自 17 世纪发端于英国的工业革命对世界近代史进程的推动。西方的基督教、政治制度以及语言文字，对亚、非、拉的殖民地国家都产生了决定性的影响，西方的人类学家也根据自己的文化传统所规定的范式对世界上的大部分民族进行了研究，对总结和发掘世界历史文化遗产做出了不朽的贡献。

现代社会则是"地球村式"的社会，人类的共存关系更加密切，西方文明不再具有主导性和标准性的意义，而仅仅是世界文明的组成部分，西方人类学界也不再出现独霸一时的流派。在东方，先是全世界面积最大的国家——苏联，然后是人口最多的国家——中国，人类学研究先后摆脱西方的影响，走上独立发展的道路。与此同时，中国的经济也不同于受西方影响的苏联和东欧国家，不采用全面私有化政策，而是实行具有中国社会主义特色的市场经济政策。

中国经济的崛起，世界区域性的政治经济联盟组织力量的加强，表明人类理性的主观能动性因素的日益增加。如果说近代社会是工业技术改变了世界面貌的话，那么现代社会则是人类主观能动性改变了世界面貌。在这种情况下，西方人类学的研究方向开始向内调整，关注现实社会问题，从"自我"与"他人"的差异入手，确定人类学家新的工作场所（参见和少英《从比较的视角前瞻"世纪之交的中国民族学"》，载《广西民族研究》1998年第3期），而中国人类学的研究方向则出现了向外发展的要求，加强了对世界民族的研究。在学科理论与方法上，中国与西方已经开始取长补短的过程。

三、南北学派接近的趋势

世界政治格局由二极对立向多极并存的转变，中外文化交流活动的增加，是我国南北学派趋于接近的主要原因。属于我国北方学派系统的民族院校在其民族学专业的课程体系中增加了体质人类学、考古学等课程，同时北方学者在研究过程中广泛应用了西方的理论与方法。

社会科学与自然科学的关系是辩证的关系，科学知识与人类社会活动的关系也是辩证的关系。当代社会与科学的关系越来越密切，自然科学与社会科学的交叉关系越来越普遍。民族学起源于文化学与生物学的交叉关系，包容自然科学的框架结构，因此，民族学的进一步发展，将仍然是社会科学与自然科学的结合，任何一种具有明显偏向性的理论，都不过是学科体系发展过程的组成部分，都不是绝对真理，都只能指导某种具体社会问题进行学术研究。因此，在人类科学知识向前发展的过程中，世界上的东西方学派、我国的南北学派都会出现接近的趋势，共同采用众多新兴科学的研究方法。在"二战"后，曾经出现过人类学的大多数分支在世界范围内首次接近的现象，进入21世纪以后，人类学传统与新兴的分支学科关系还将会出现新的调整局面，以便适应人类社会发展过程中出现的新现象、新问题、新矛盾与新挑战。

第一章 百越民族今何在

"百越"是对唐代以后就消失了的一个古代民族集团的称谓。一般认为汉语古籍里被冠以"越"字的南方部族属于百越民族。战国至秦汉时期被称为"百越"或者"百粤",汉代以后大批中原军民入居百越地区,各族融合同化,"越"族的称谓在历史典籍中消亡,出现了"哩""僚""鸭僚"等称呼。唐宋以来,从百越主体中分化形成现代的壮侗语族,包括壮族、布依族、侗族、水族、毛南族、仫佬族、傣族、黎族、仡佬族等,分布在广西、广东、海南、湖南、贵州、四川、云南等省区以及东南亚地区,以上民族都是百越的后裔。

人类学家李辉先生通过分子人类学材料 Y 染色体 DNA 对民族系统进行精细分析,发现百越系统与中国的其他系统差异很大,而与南岛语系民族(马来系统),特别是闽南语族群体相当接近。百越民族系统遗传结构有三个特点:一是百越有单起源的遗传学迹象,可能在三四万年前发源于广东一带,逐渐扩散;二是百越二分为以浙江为中心的东越和以版纳为中心的西越;三是百越群体在发展过程中,曾经由广东向东北、西北、西南三个方向迁徙。百越从广东经江西向浙江的扩散可能发生于很早以前,福建与浙江的越族群体则是通过不同路线迁来的,在台湾原住民遗传结构中同样反映出这种二元性。①

一、唐宋以前的诸越

在汉语古籍里被冠以"越"字的南方部族基本都属于百越民族,他们的后裔就是现代的壮侗语族,此外,还有一些部族已经与汉族融合。

(一) 句吴

句吴又称"勾吴""攻敌""攻吴""吴"等,始见于《史记·吴太伯世家》:"太伯之奔荆蛮,自号句吴……吴太伯,太伯弟仲雍,皆周太王之子,王季历之兄也……太王欲立季历以及昌,于是太伯、仲雍二人乃奔荆蛮,文身断发,示不可用,以避季历。季历果立,是以王季,而昌为文王。"《吕氏春秋·知化》:"夫吴之与越也,接土邻境,壤交通属,习俗同,言语通。"《越

---

① 参见李辉《百越遗传结构的一元二分迹象》,载《广西民族研究》2002 年第 4 期。

绝书·外传记·范伯》:"吴越二邦，同气共俗。"句吴的政治中心是吴城（今苏州），分布在苏南、皖南、浙江北部和上海市的部分地区，西周春秋时期，句吴与浙江的于越并立于世，称雄一时，公元前473年，吴王夫差自杀，吴国凡二十四代而亡。

（二）于越

百越中影响最大的是春秋末期的于越，以会稽为中心。越王勾践姒姓，又名"鸠浅""菼执"，越王允常之子，公元前496年即位。吴越常相攻占，勾践败于吴国，被迫求和。返国后重用范蠡、文种，卧薪尝胆使越国国力渐渐恢复。公元前482年，吴王夫差为参加黄池之会，尽率精锐而出，仅留太子和老弱守国，勾践遂乘虚而入，大败吴师。夫差仓促与晋国定盟而返，连战不利，与越议和。公元前473年，勾践迫使夫差自尽，与诸侯会盟徐州，成为春秋五霸之一，也是最后一位霸主。

（三）干越

有三种说法：①干越是于越的误写，是指春秋时期的吴国和越国。干，亦作"邗"（hán），本国名，后为吴所灭，故用以称吴。《庄子·刻意》："夫有干越之剑者，柙而藏之，不敢用也，宝之至也。"后亦用以指剑；②西周时期，主要活动于今安徽、江西及江苏相邻地区的族群；③古代百越地区中扬越的一支，活动在彭蠡湖（今江西鄱阳湖）一带，西周时期建立方国，都城在今江西余干县一带。

（四）邗越

周武王灭商朝之后分封天下，将自己的小儿子分封到邗，是为邗国，包括现代的扬州、泰州，还有安徽中部几个县。当地人以国为氏，是为姬姓邗氏，又写作"干"，如著名的铸剑大师干将。春秋时期吴国吞并邗国，使之成为吴国的一部分。

（五）扬越

百越的北疆是扬越。扬越之名最早出现在战国时期。越国亡后，扬越、百越之称渐多，有时与越、越人、百越混用。扬越居住在长江中下游流域，分布在山地、丘陵、盆地、河谷地区，以农业为主，种植水稻。

夏、商、周三代曾多次兴师南下至江汉地区，向洞庭湖南北的三苗发动战争。《国语》记载夏朝军队彻底击败三苗，三苗祭祀先祖的宗庙被摧毁，庙堂里的礼器被焚烧，大批三苗人沦为夏朝的奴隶；《诗经·商颂·殷武》载："挞彼殷武，奋伐荆楚，罙入其阻，裒荆之旅"；《竹书纪年》记载周昭王三次南征，遭到荆蛮的抵抗，最后"南巡不返""卒于江上"。《竹书纪年》载，"周穆王伐大越，起九师"；《诗经·小雅·采芑》载：周宣王命元老方叔率师伐荆蛮，"其车三千"。公元前671年，周惠王授予楚成王特权："镇尔南方夷越之乱，无侵中国""于是楚地千里"，占有三苗古国之地，三苗后裔被称为扬越，又叫荆蛮。

扬越的青铜技术发达，湖北大冶是铜矿冶炼中心，居住着扬越、越㠜、角雉、黄洞蛮等部族，当时长江中下游的铜矿都由越人开采，卖给楚国、随（曾）国。

（六）闽越

闽越（也称"闽粤"）聚居在福建武夷山至台湾海峡一带，过着稻耕与鱼捞的经济生活，周朝形成七个大部落，史称"七闽"。在越王允常时代，有于越人进入福建定居，公元前334年，楚灭越后，于越退至福建，传至无诸立国称王，统一七闽，自称闽越王，即《史记》中的闽越国。

无诸是勾践的后裔，秦始皇南平百越，"百越之君，俯首系颈，委命下吏"，无诸被削去王号，废为君长，秦朝在此设置闽中郡。秦朝末年，无诸率闽中兵将参加反秦大起义，参加汉楚战争。刘邦登基后，复立无诸为闽越国王，是西汉中央王朝首封的少数民族异姓诸侯。闽越立国后，国势日强，无诸的后代东越王余善刻"武帝"玺，自立为帝，发兵反汉。汉武帝派兵攻打，同时策反闽越繇王居股和部分贵族杀余善，降汉，将闽越举国上下迁往江淮内地。公元前110年，闽越亡国。

（七）东瓯

《史记·东越列传》载："闽越王无诸及越东海王摇者，其先皆越王勾践之后也，姓驺氏。秦已并天下，皆废为君长，以其地为闽中郡……孝惠三年，举高帝时越功，曰闽君摇功多，其民便附，乃立摇为东海王，都东瓯，世俗号为东瓯王。"《史记》之东越，有指东越王余善之东越，亦有泛指闽越与东瓯在内的东越。闽越为今福建地区的土著越人，东瓯地当在今浙东南的温州、台州、临海一带。《史记集解》引徐广的话说，东瓯，"今之永宁也"，汉顺帝永和三年（前138）始建永宁县，隋开皇九年（589）改称永嘉县，取"水长而美"之意。西汉闽君摇封于东瓯，建元三年（前138），闽越大举发兵围东瓯，"东瓯食尽，困，且降，乃使人告急天子。"汉武帝派严助发会稽兵前往救援，汉兵未至，闽越引兵自退，东瓯"请举国徙中国，乃悉举众来，处江淮之间"。从汉孝惠三年至建元三年，东瓯王国存在凡54年。

（八）山越

山越始见于《后汉书·灵帝纪》，建宁二年（169）七月，"丹阳山越贼围太守陈夤"。山越是对百越历代遗留的散居各地山间后裔的总称，上至东汉，下及隋唐。山越的活动高峰期在三国时期，分布在吴国的丹阳郡、会稽郡、新都郡、建安郡、吴兴郡、东阳郡、豫章郡、鄱阳郡、庐陵郡、长沙郡、零阳郡、苍梧郡和夷州（今台湾），以及魏国的庐江郡等十余个州郡，今为安徽、江苏、浙江、福建、台湾、江西、湖南、广东、广西等省区的边远山区。

（九）南越

岭南泛指五岭之南，"南越"作为族称最早见于汉代《史记·南越列传》："秦已破灭，佗即击并桂林、象郡，自立为南越武王。高帝已定天下，为中国劳苦，故释佗弗诛。汉十一年，遣陆贾因立佗为南越王。"《史记·秦始皇本纪》载："三十四年（前213），适治狱吏不直者，筑长城及南越地。"

南越源于本地距今约10万年前的马坝人，在新石器时代晚期，珠江三角洲、北江、西江、东江和韩江流域等地区是南越人的发源地，有段石斧、有段石锛和几何印纹陶是南越先民的文化特征。中心地区在今广州和粤北一带，《汉书·两粤传》中赵佗上书汉文帝："蛮夷中西有西瓯，其众半羸，南面称王；东有闽粤，其众数千人，亦称王；西北有长沙，其半蛮夷，亦称王。"

（十）南海

始见于《汉书·高帝纪》，汉高祖十年诏封："南武侯织亦越之世也，立以为南海王。"《汉书·淮南王传》载："南海民处庐江界中者反，淮南吏卒击之……南海王织上书献璧帛皇帝，忌擅燔其书，不以闻。"此外，王安又书曰："前时南海王反，陛下先臣使将军问忌将兵击之，以其军降，处于上淦。"（见《汉书·严朱吾丘主父徐严终王贾传》）南海王织可能与闽越王等同时受封，后因谋反而被汉廷迁徙于上淦，南海王国遂灭。南海王国大约在当今江西之东南和福建之西南部的交界处，介于闽越与南越之间。

（十一）西瓯

"瓯"最早见于商初的《逸周书·王会解》："正南瓯、邓、桂国、损子、产里、百濮、九菌，请令以珠玑、玳瑁、象齿、文犀、翠羽、菌鹤、短狗为献。"前述赵佗上书汉文帝:"蛮夷中,西有西瓯,其众半羸,南面称王;东有闽粤,其众数千人,亦称王;西北有长沙,其半蛮夷,亦称王。老夫故敢妄窃帝号,聊以自娱。"《淮南子·人间训》卷十八载:"(秦始皇)使监禄无以转饷,又以卒凿渠而通粮道,以与越人战,杀西呕君译吁宋。"东晋郭璞注《山海经》卷十曰:"瓯居海中……闽越即西瓯。"

西瓯的活动中心在今漓江和桂江流域以南,秦灭西瓯后设桂林郡,包括西江、浔江、郁江、桂江等流域和湘南部分地区。骆越和西瓯的关系密切,有时被称为骆越,有时又被称为西瓯,有时则西瓯、骆越并称。西瓯的南界可能在郁江流域即广西壮族自治区贵港、玉林等市至广东省茂名市一带,亦有可能是西瓯和骆越的杂居地。

(十二) 骆越

骆越分布在南越西部、西瓯南部,即今广西壮族自治区南部和西南部、广东省西南部、海南岛以及越南北部,始见于周初《逸周书·王会解》:"东越海蛤,欧人蝉蛇……路人大竹,长沙鳖",这里的"路人"可能是"骆人"。《吕氏春秋·本味篇》曰:"阳补之姜,招摇之桂,越骆之菌(竹笋)",汉代高诱注:"越骆,国名。菌,竹笋。"越骆是汉语的说法,意为越(山)谷或越鸟,越人语言语法倒装为骆越。《史记·南越列传》载:"佗因此以兵威边,财物赂遗闽越、西瓯、骆,役属焉。"唐代司马贞《史记索隐·南越列传》载:"姚氏案:《广州记》云交趾有骆田,仰潮水上下,人食其田,名曰'骆人'。有骆王、骆侯。诸县自名为'骆将',铜印青绶,即今之令长也。后蜀王子将兵讨骆侯,自称安阳王,治封溪县。"骆侯,又为雒王,北魏郦道元《水经注》卷三十七《叶榆水》引《交州外域记》:"交趾昔未有郡县之时,土地有雒田。其田从潮水上下,民垦食其田,因名为雒民。设雒王、骆侯,主诸郡县。县多为雒将,雒将铜印青绶。"骆、雒相通,垦食雒田的人,是为骆越(或称雒民),《史记·南越列传》:"瓯骆相攻,南越动摇。"

骆越由土著居民发展而来,其地区普遍有新石器时代遗址:广西桂林市甑皮岩洞穴遗址、柳州白莲洞遗址、柳州大龙潭鲤鱼嘴贝丘遗址、南宁地区贝丘遗址等,内有居址和墓葬等遗迹。

骆越的活动范围很广,《后汉书·马援列传》载:"援好骑,善别名马,于交趾得骆越铜鼓,乃铸为马式。"交趾即今越南北部地区。《旧唐书·地理志四》载:"骧水(即今宣化邕江)在县北,本牂柯河,俗呼郁林江,即骆越水也,亦名温水,故骆越地也。"《汉书·贾捐之传》载:"初,武帝征南越,元封元年立儋耳、珠崖郡,皆在南方海中洲居……元帝初元元年,珠崖又反……上与有司议大发军……捐之建议,以为不当击……骆越之人父子同川而浴,相习以鼻饮,与禽兽无异……弃之不足惜,不击不损威。"

(十三) 句町

句町之名见于《汉书·西南夷传》,汉昭帝始元五年(前82),诏封统治句町地区的"大渠帅"亡波为句町王,《汉书·地理志》将之与夜郎等同列于群柯郡的属县之内:"句町,文象水东至增食入郁,又有卢唯水、来细水、伐水。"文象水即当今驮娘江、西洋江,郁水即右江,增食约在今广西隆安一带。驮娘江源于云南广南县西北,之后入广西西林县境,东南流至田林县境汇于西洋江,流至云南富宁县剥隘镇,汇入剥隘河,至广西百色县阳圩乡汇入乐里河,又经百色下田阳,是为文象水的全程。其所汇入的西洋江、剥隘河、乐里河,当是汉代句町县之卢唯水、来细水和伐水,大约是今天云南与广西交界处的广南、西林、隆林、田林、富宁、百色等地,比邻西瓯、骆越,是百越与百濮交界之地。

(十四) 滇越

始见《史记·大宛列传》。傣族有过许多族称:滇越、掸、僚、鸠僚、骆、濮、金齿、银齿、黑齿、绣脚、绣面、茫蛮、白衣、白夷、伯夷、摆夷、摆衣等。除了"越"字是本族自称之外,其余都是他称。"傣"是1949年以后依其自称"tai"正式定名的。滇越具有百越共同的文化特征:种水稻、习水性、烧制印纹陶器、住干栏式建筑、断发文身等,这些都为后代傣族所继承。

二、现代壮侗语言民族

(一) 壮族

壮族源于百越中的骆越、僚,是中国少数民族中人口(1500万)最多的民族,大多居住在广西,云南也有100余万壮族人口,广东、湖南、贵州的从江也有少量壮族。先秦时期岭南有骆越、西瓯、苍梧等族群,其中骆越国是著名的方国。隋唐时期,湖北、湖南交界处的僚人逐渐南迁至南岭两侧,宋元时期占据岭南大部分地区。"僮"这个族称是在南宋时出现的,宋人李曾伯在上宋理宗的奏议中,曾提到宜山有"僮丁"。宋人朱辅在《溪蛮丛笑》中进一步指明南方"洞民""有五:曰苗、曰瑶、曰僚、曰僮、曰仡佬"。以后历代均多沿用"僮"名，到明代"僮"名引用逐渐增多，但往往与"瑶"并举。到清代对"僮"名的引用已遍于岭南各地。1958年，广西壮族自治区成立。1958年，云南文山壮族苗族自治州、广东连山壮族瑶族自治县成立。

（二）水族

水族人口约40.69万人（2000年），分布在江西省、贵州省、云南省、广西壮族自治区，主要生息繁衍于黔桂交界的龙江、都柳江上游地带，贵州省黔南的三都水族自治县、荔波、独山、都匀等县市为其主要居住区，黔东南的榕江、丹寨、雷山、从江、黎平等县为其主要散居区，此外在云南省富源县古敢乡以及广西北部的河池、南丹、环江、融水等县市也有水族村落分布。"水书"作为水族独特的传统文化，说明其先民来自中原，南迁融入骆越，然后逐步发展成单一民族。

（三）侗族

侗族居住区主要在贵州、湖南和广西的交界处，湖北恩施也有部分侗族，人口总数为296万人（2000年）。族称来自"溪洞"，这是当地人传统的行政单位，许多地名叫"洞"，侗语读作"Gaeml"，源于秦汉时期的百越、干越。江西的简称"赣"可能与古代侗族的自称有关。侗族在老挝也有一个分支"康族"。

（四）布依族

布依语与壮语北部方言相同，与壮族同根同源。布依族是云贵高原的原住民族，以"布依"自称，"布"是"人、民族"之意，"依"即"越"，是布依族族名专称，"布依"就是"依人（越人）"的意思。唐代布依族先民从僚群体中分化出来，被称为"守宫僚""夷子"，《新唐书·南蛮传》载："西爨之南（按：应为东），有东谢蛮，居黔州西三百里，南距守宫僚，西连夷子。"宋元明清称"蛮""番"。清代至民国年间，布依族人除被称为"仲家"外，还被称作"夷家""水家""土人""土边"等。

布依族现有287万余人（2014年）。贵州省是布依族最主要的聚居地，主要聚居在省内黔南和黔西南两个布依族苗族自治州，以及安顺地区的黄果树大瀑布所在地，还散居于云南、四川、越南北部等地。

（五）毛南族

毛南族自称"阿难"，意思是"这个地方的人"，表明他们是岭西的土著民族，聚居在中国云贵高原的茅南山、九万大山、凤凰山和大石山一带，大部分分布在以茅难山为中心的广西环江毛南族自治县（环江县）上南、中南、下南乡的"三南"地区。在贵州有40000多人。毛南族总人口约10.72万人（2000年），由于是山地民族，所居之地重峦叠嶂，耕地狭小，因而他们惜土如金，修造层层梯田，于是有了"土能生黄金，寸土也要耕"的俗谚。

（六）仫佬族

"仫佬"（mù lǎo）是母亲的意思。仫佬族总人口约20.74万人（2000年）。广西的土著民族之一，源自距今约9000年的甑皮岩人，甑皮岩人的祖先是距今4万~5万年的柳江人，战国末年属于西瓯骆越民族一支，秦朝被统称为僚。隋唐时代，岭南生产一种作为农副产品交换的僚布，晋代时被称作"濮僚"，南北朝时被称为"木笼僚"，明朝前期写为"木僚"，《大清一统志》载："伶人又名僚，俗名姆佬。"民国《麻江县志》载："《明一统志》称麻哈长官司，元为仡佬寨，乐平长官司为狄佬寨。"

（七）仡佬族

仡佬（gē lǎo）族总人口约57.97万人（2000年），源于古代贵州的僚人，唐宋有"葛僚""仡僚""革老""仡佬"等名称，"仡佬"一词最早见于南宋朱辅写的《溪蛮丛笑》。近一两百年间，部分仡佬族还保留古僚人的习俗：妇女穿筒裙，凿齿，有以石板为棺的葬俗等。贵州省聚集了96.43%仡佬族人口，主要聚居地为务川仡佬族苗族自治县和道真仡佬族苗族自治县，少数散居于云南、广西、越南等地。仡佬语语音特点接近苗语，但同源词接近壮侗语，可能是因为仡佬族与苗族长达1000多年的交流历史造成的。

（八）黎族

黎族人口约为124.78万人（2000年）。主要聚居在海南省中南部的琼中县、白沙县、昌江县、东方市、乐东县、陵水县、保亭县、五指山市、三亚市等七县二市，其余散居在海南省的万宁、屯昌、琼海、澄迈、儋州、定安等市县。"黎"属他称，其对外自称"岱"，国际音标记作"ɬai"。

海南岛新石器时代遗址有130处，大约距今5000年，是为黎族的先民，与骆越同源。西汉武帝数次派兵进入琼岛，设置珠崖、儋耳两郡，大陆汉人迁居海南岛，与黎族杂居。东汉至隋唐时期，被泛称为"里""蛮""俚""僚"等。"黎"族专称始于唐末，到宋代才固定下来。"俚""里""李""黎"等族称在壮语里表示"蛇"。

(九) 傣族

人口 115.9 万（2000 年），主要聚居在云南省西双版纳傣族自治州、德宏傣族景颇族自治州以及耿马和孟连两个自治县，边疆傣族地区与缅甸、老挝、越南接壤。傣语属汉藏语系壮侗语族壮傣语支，为有拼音文字，分傣那文（德宏）、傣泐文（西双版纳）、傣绷文（瑞丽、耿马、澜沧等地）和金平傣文、新平傣文 5 种。前 4 种文字以印度梵文为基础，新平傣文则以注音字母为基础。其中傣泐文和傣那文较为通用，现称西双版纳傣文和德宏傣文。20 世纪 50 年代，对西双版纳傣文和德宏傣文做一些改进，称为新傣文，原有的文字称为老傣文。①

三、台湾少数民族

(一) 台湾学者的观点

台湾少数民族各族群所使用的语言属于南岛语系。台湾少数民族是指在台湾定居或本土的族群，广泛分布在台湾山区，尤其是台湾中部，沿着冲积平原聚集成各个部落，大部分居住在山区，2012 年台湾少数民族人口数为 520440 人。台湾少数民族在遗传学和语言学上的分类属于南岛民族（Austronesian），和菲律宾、马来西亚、印度尼西亚、马达加斯加、大洋洲等的南岛民族族群有密切关联。

(二) 大陆学者的观点

一个海岛不可能形成史前人类，台湾少数民族与大陆南方的古越人同根共祖，他们与大陆现在一些南方地区的少数民族仍存有许多相同的习惯风俗。远古时代，台湾和大陆连为一体，后来海平面上升，台湾成为一个海岛，所以两地动植物的种类大致相同，台湾出土的动物化石，如大象、犀牛、野鹿、剑齿虎等，本来就生活在大陆南部。在距今 7000 年的新石器时代，福建沿海居民通过连接海峡的大陆桥到达台湾，台湾的大坌坑遗址、台北的圆山遗址，与福州沿海遗址中的陶器比较接近。黑陶文化属于中国大陆东南沿海文化系统，1968 年以后，台湾地区考古学家在岛内的台东、台南等地多次发掘出大量黑

---

① 国家民委门户网站中华各民族：http://www.seac.gov.cn/col/col265/index.html，访问日期：2017 年 3 月 3 日。

陶制品，与大陆出土的同时期的黑陶非常相似。

四、跨国民族

（一）傣族

傣族也称"泰老民族""傣泰民族"，曾多次在云贵高原建立政权，向中南半岛及南亚次大陆迁徙，分布在泰国、老挝、缅甸、越南、柬埔寨、印度、中国等多个国家。

傣族源于怒江、澜沧江中上游地区的哀牢人，是云贵高原的古人类之一。公元前5世纪左右，哀牢人在澜沧江、怒江中上游地区创立达光等部落联盟国家。最早记载傣族的是汉朝，公元前2世纪末，达光王国与汉朝接触，当时的达光王叫"哀牢"，汉朝把达光王国称作"哀牢国"。哀牢人善骑大象，生活环境与百越相似，汉朝将其归为百越，把达光王国称作"滇越乘象国"。汉晋南北朝时期称为"哀牢""掸"。隋唐五代十国时期称为"哀牢""乌蛮""白蛮"。宋元时期称为"白衣""金齿""黑齿"。明清时期称为"白夷""僰夷""摆夷"。

"二战"前，暹罗王国推动国际社会把各国的傣族统称为"泰族"（Thai）。战后，各国将各自境内的傣族分别命名，泰国、柬埔寨、越南等国称泰族（Thai），老挝称佬族（Lao），缅甸称掸族（Shan），印度称阿洪族（Ahom），中国称傣族（Dai）。各种他称均来自"Tai""Dai"或两者之间的发音。

（二）掸族

掸族一般是指掸邦的壮侗语族民族，自称"傣""泰"，"掸"是他称，可能是"暹罗"一词的讹传。掸语属傣语语系，其数目字和许多生活用语与云南方言及闽粤方言接近。

1. 傣族

傣族按照自称的不同可以分为以下四个分支：①大傣（Tai Yai 或 Tai Long），即狭义的掸族，说掸语，人口300余万；②傣仂，说傣仂语，在掸邦有20余万人，更多的傣仂生活在云南西双版纳傣族自治州；③傣痕，说傣痕语，人口10余万；④傣那，说傣那语，在掸邦有10万人，更多的傣那生活在云南德宏傣族景颇族自治州。

2. 掸族

掸族是现代缅甸民族之一，大多数居住在掸邦，自称"泰"，有近250万人，人口仅次于缅族和克伦族，是缅甸的第三大民族，其人口中的62%居住在掸邦，是掸邦的主体民族。缅北的杰沙、八英、密、曼德勒和东吁、彬文那等城市附近以及亲敦县境内居住的掸邦人也较多，其余的掸族分布在克耶邦、克钦邦、亲敦江上游等地，缅甸中部一带地区和克伦邦首府巴安附近也有些掸族村寨。

（三）老龙族

老龙族源于百越中的掸族、越裳、哀牢、西南夷等，公元元年前后由云南、贵州迁徙老挝，意思是住在谷地的老挝人，是老挝的三大民族集团之一，也是最大的一个民族集团，约占老挝人口的69%，包括老挝的佬族、傣族等17个壮侗语系的民族，操老挝语或与之相近的语言，居住在湄公河流域的平原地区，与缅甸的掸族有关系。

（四）京族

京族在历史上曾被称为"安南""越族"，自称"京族"，是中国南方人口最少的少数民族之一、中国唯一的海洋民族，其先民大约在16世纪初陆续从越南的涂山（今越南海防市附近）等地迁入中国，当时京族三岛荒无人烟。1958年，中国国务院批准正式定名为"京族"。在越南的54个民族中，京族是主体民族，占越南总人口近90%。

京族主要分布在广西防城港市下属的东兴市境内，聚居在江平镇的京族三岛——巫头岛、山心岛、万尾岛，以及恒望、潭吉、红坎、竹山等地区，其他一小部分京族人散居在北部湾陆地上，2007年人口为2.1万人。京族使用京语，与越南语基本相同，没有文字，通用广州方言和汉语。

京族的母语——京语，通常被认为属于南亚语系，故京族一般被视为南亚语系民族。另有一种观点认为，京族是以百越后裔壮侗语系民族中的雒越为主体，加上南岛语系民族中的占人、南亚语系民族中的高棉人以及汉藏语系民族中的汉人重新融合而成的民族。

（五）芒族

芒族是越南官方划分的54个民族之一，主要分布在越南西北部，集中于和平省以及清化省的山区，人口约123.6万，是越南第三大少数民族。芒族主要居住地介于泰族和越族的分布区之间，南北约350千米长、东西约80千米宽的狭长地带。其起源与京族有着紧密的关系，从语言、文化、风俗习惯等方面来看，可能同源于雒越，与东山文化有关。两千多年以来，居住于红河流域与沿海地区的雒越人，经济发展较快，受汉文化影响较深，逐渐分化为越族；而居住于山区的雒越人较大程度地保留了传统的生活方式，形成今天的芒族。芒语与越南语很接近，但汉语借词更少，属于南亚语系孟－高棉语族越芒语族。

【本章参考文献】

[1] 冼春梅，刘付靖. 秦汉时期的岭南诸越族研究 [J]. 广东技术师范学院，2011（1）.

第二章 百越的民俗与文化

我国汉晋时期的古籍记载了百越民族许多的民俗与传统文化，至今仍然保留在许多民族之中。以下列举百越古今主要的民俗与传统文化。

一、百越民俗

（一）水居

百越族水行而山处，是习水民族。喜食虫、蛇以及蚌、蛤等腥味水生动物；断发文身：剪短头发便于下水，"文身"则像蛟龙的形象，可以避免水中动物的伤害。他们擅长航海，善制舟楫，巧于驭舟，首创水师，富于航海经验。古代海上交通较陆上交通更为容易，借助季风和洋流，从江南出发，数天可达日本。

（二）洗骨葬

又称二次葬，是环太平洋原始族群中普遍存在的一种习俗，遍及中国大陆、东南亚和东北亚、南太平洋诸岛以及南北美洲。长江流域的江苏、浙江、福建、广东、台湾等地的汉族，以及壮族、藏族等一些少数民族，都有这种习俗，如台湾的鹤佬人和客家人至今还采用这种葬俗。洗骨葬的具体做法是：在土葬数年之后开棺取骨，将全副骨骸逐一放置在一个称为"金瓮"的陶甏里。

这种葬俗的原始意义可能是同一氏族的成员生前死后都应该在一起，属于血缘观念；后来增加了宗教观念，认为洗骨可以除祟。贵州侗族要等到本寨与死者同辈或同年出生的人全部去世，才择期洗骨，然后一同入土安葬，这体现史前人类血缘观念；广西壮族在死人下葬三五年后开棺捡骨埋葬，在此后一两年之内，如果家中没有发生灾祸，不需要洗骨迁坟，否则就要再度洗骨重葬，这体现宗教除祟的观念。

（三）稻作农业

百越是我国最早种植水稻和养殖家猪的民族，享有"水稻民族"之称，浙江余姚河姆渡新石器文化遗址第四层出的土稻谷和骨耜，证明我国是世界上栽培稻谷的起源地之一；河姆渡遗址还出土了家猪尤其是幼猪的骨骼，表明我国饲养家猪的历史可以远溯到 7000 年以前。

（四）青铜铸剑

越人擅长铸造青铜剑，在百越故地发现许多青铜剑遗存，尤其是在吴越。春秋时代与青铜宝剑有关的干将和莫邪的故事广为流传，浙江的莫干山由此得名，并有剑池遗址。在湖北还出土过越王勾践的青铜宝剑。

（五）几何纹硬陶

表面拍印几何图案的日用陶器，亦称硬陶，是新石器时代晚期我国南方地区首先出现的一种陶器。商代的硬陶在长江中下游地区发现较多，黄河中下游地区也有少量发现，西周时期是硬陶发展的兴盛阶段。硬陶质地坚硬、比一般陶器细腻。陶胎含铁量较高，烧成温度也比一般陶器高，颜色多呈紫褐色、红褐色、黄褐色、灰褐色或青灰色。泥料中部分成分和原始青瓷相似，烧制地区也一致。成型方法主要采用泥条盘筑法，也有轮制成型。器鼻、耳等附件是手捏成型后粘贴的，初步成型后要用"抵手"抵住内壁，用刻有花纹的拍子拍打器壁，使胎体坚密。器型有罍、罐、尊、釜、碗、杯、豆、瓮、瓿等。纹饰有云雷纹、曲折纹、绳纹、人字纹、方格纹、曲尺纹、回纹、菱形纹、波浪纹、夔纹、漩涡纹、S纹、麻布纹、米筛孔形纹、水波纹等，也有的用几种花纹组成复合图案。

二、百越语言与《越人歌》

百越使用古越语，与我国北方使用的语言相关极大，彼此不能通话。语言学者认为，在汉语七大方言中，北方方言（北方官话）源于古汉语，其余六大方言与南方民族语言有密切关系，而吴语、闽语和粤语则与古越语有密切关系。

一般认为百越语言与壮侗语族有渊源关系。壮侗语族是汉藏语系的语族之一，又称侗泰语族或侗台语族，分为以下 3 个语支：①壮傣语支（又称台语支）包括壮语、布依语、临高语等；②侗水语支包括侗语、水语、仫佬语、毛南语、拉珈语、佯僙语、莫语等；③黎语支包括黎语，有人认为仡佬语也属于这个语支。壮侗语族分布在中国广西、云南、贵州、广东、海南和湖南南部，也通行于泰国、老挝、缅甸、越南北方和印度东北部的阿萨姆邦，形成东南亚很重要的一个语言群。使用壮侗语族语言的人口，中国有 2300 多万

（1990年）。壮侗语与汉、苗瑶、藏缅诸语有一些相似的词项，传统上按照这些特点把壮侗语族归属于汉藏语系，但由于壮侗语族诸语言与其他语言的共同词项之间的严格语音对应规律现在还没有找出来，所以这种归属也只是一种假设。1942年，国际学术界提出一种新假设，认为壮侗语（还有苗瑶语）和南岛语同源，应合成澳泰语系。

今天的南方少数民族都喜欢唱山歌，最著名的是广西壮族刘三姐的传说，古代的百越人也是如此，其中最著名的是壮族先民的《越人歌》。

《越人歌》原载于刘向的《说苑》，原文为："滥兮抃草滥予昌枑泽予昌州州𩜁州焉乎秦胥胥缦予乎昭澶秦逾渗惿随河湖。"楚越比邻，方言不通，需要借助翻译，《越人歌》原来应该是男女相悦之词，后来被楚国文人翻译改写成男男相悦的故事。

其古汉语译文为："今夕何夕兮，搴舟中流，今日何日兮，得与王子同舟。蒙羞被好兮，不訾诟耻。心几烦而不绝兮，知得王子。山有木兮木有枝，心悦君兮君不知。"

现代汉语译文为："今晚是怎样的晚上啊，在河中漫游。今天是什么日子啊，与王子同舟。深蒙错爱啊，不以我鄙陋为耻。心绪纷乱不止啊，能结识王子。山上有树木啊，树木有丫枝；心中喜欢你啊，你却不知此事。"①

壮族语言学家韦庆稳（1918—1988）研究这首用汉字作音符记录的《越人歌》后，得出结论："越人很可能就是西瓯骆越的人民，很可能就是壮族的先民"。

刘向（约前77—前6），西汉楚国彭城（今江苏徐州）人，西汉经学家、目录学家、文学家，其散文主要是秦疏和校雠古书的"叙录"，较有名的有《谏营昌陵疏》和《战国策叙录》。

《说苑》是刘向为汉成帝编著的政治教材，意在借古通今，明君臣之道。第十一卷《善说》收录春秋战国时卿大夫、士人、宾客、孔门弟子等的轶事，其中有襄成君的故事。据载，楚国襄成君册封受爵那天，身着华服伫立河边。楚大夫庄辛经过，上前行礼，想要握他的手，襄成君忿其越礼之举，不予理睬。于是庄辛洗了手，给襄成君讲述了楚国鄂君的故事。鄂君子皙是楚王的弟弟，坐船出游，有爱慕他的越人船夫抱着船桨对他唱歌。歌声悠扬缠绵，委婉动听，打动了鄂君，当即让人翻译成楚语，这便是《越人歌》之词。鄂君明白歌意后，拥抱船夫，给他盖上绣花被，愿与之同床共寝。庄辛讲完故事，问襄成君："鄂君身份高贵仍可以与越人船夫交欢尽意，我为何不可以握你的手

---

① 古诗文网：http://so.gushiwen.org/search.aspx?value=越人歌，访问日期：2017年8月7日。

呢?"襄成君答应了他的请求,将手递给了他。

《越人歌》的故事说明先秦时期的南越人与楚国有很密切的联系。

三、广东的茶餐饮与百越的茶食文化

1926年,柳亚子到广州参加国民党二届二中全会,与毛泽东相见。十五年后,柳亚子寄诗到延安给毛泽东,说:"云天倘许同忧国,粤海难忘共品茶。"1949年,应毛泽东的邀请,柳亚子到北京出席中国人民政治协商会议第一届全体会议,毛泽东写下了《七律·和柳亚子先生》:"饮茶粤海未能忘,索句渝州叶正黄。三十一年还旧国,落花时节读华章。牢骚太盛防肠断,风物长宜放眼量。莫道昆明池水浅,观鱼胜过富春江。"

广东地处南岭以南,西南部雷州半岛为热带气候,其余地区为亚热带湿润季风气候。由于气候炎热,出汗量大,广东人需要大量喝水补充体液。夏天许多家庭都要喝汤来佐餐,因此广府民系的主妇们都会做老火靓汤。至于用干茶叶冲泡的茶水,更是大多数家庭日常的饮料,许多广府居民把开水也称为"茶",将往热水瓶里灌入开水称为"冲茶",将饮开水称为"饮茶"。"饮茶""上茶楼""叹茶"("叹"在粤方言中为"享受"之意)等词汇,是广东人日常的生活和社交语言。

当代广东的茶餐饮文化虽然受到海外文化的影响,增加了现代都市的休闲消费色彩,但其内涵却是与南方少数民族的茶食文化一脉相承的,保留了许多古老的茶餐饮风俗内容,广府和客家民系的茶俗就是其中的典型代表。

(一)百越的饮食文化

在春秋战国时期,广东被称为"百越(粤)",其土著居民是南越族,与今天的壮侗语言民族同源。秦汉时期开发岭南,中央政府将大批中原人民迁移到广东,这是岭南的第一次移民潮。此后历代由于战乱或开发,中原人民不断地迁入广东各地,形成了今天广东的三大民系结构:广府民系、客家民系和潮汕民系。广府民系操粤方言,以广州和珠江三角洲为中心;客家民系操客家方言,主要分布在粤北和粤东北地区,其定居地大多是贫瘠的山区;潮汕民系操闽方言,主要分布在粤东沿海地区。

人类学的研究数据表明:"广东汉族三民系都有华南人的特征;三民系中,客家人与广府人相似性较大,这两个民系与广西壮族有较大的相似性;潮汕人则与15省汉族群体的相似性较大。这些现象表明前两者与南方百越族的融合程度较高,而后者的基因库中含有较多中原汉族的遗传成分。数据还说明广府人和潮汕人的祖先可能来自中国北方较偏北的地区;而客家人的祖先可能来自中国北方较偏南的地区,他们在南迁过程中可能与沿途的居民有较大程度的融合。"① 因此,本书所说的受到南方少数民族茶食文化影响的广东茶餐饮文化,主要是指广府民系和客家民系的茶俗,不包括潮汕民系的茶俗。

广府人与客家人的民俗风情与南方少数民族有较多的相似之处,例如饮茶和嚼槟榔的习俗,唐代刘恂《岭表录异》曰:"槟榔……安南人自嫩及老,采实啖之,以不娄藤兼之瓦屋子灰,竞咀嚼之。自云交州地温,不食此无以祛其瘴疠。广州亦啖槟榔,然不甚于安南也。"② 宋代周去非《岭外代答》中也说:"自福建下四川与广东、西路,皆食槟榔者。客至不设茶,唯以槟榔为礼。其法,斫而瓜分之,水调蚬灰一铢许于蒌叶上,裹槟榔咀嚼,先吐赤水一口,而后啖其余汁。少焉,面脸潮红,故诗人有'醉槟榔'之句。无蚬灰处,只用石灰;无蒌叶处,只用蒌藤。广州又加丁香、桂花、三赖子诸香药,谓之香药槟榔。唯广州为甚,不以贫富、长幼、男女,自朝至暮,宁不食饭,唯嗜槟榔。"③

在现当代广府地区仍然流传着一首古老的民谣:"月光光,照地堂,年卅晚,摘槟榔;槟榔香,摘子姜……"以前广府人和客家人还以槟榔作为婚聘之物,"此俗不见于闽西、赣南客家地区,是受岭南越人以及其后广府人影响的"④。

槟榔属棕榈科常绿乔木,热带植物,原产于东南亚,我国的两广、海南、台湾、福建和滇南也可以种植。果实椭圆形,分红、白二种,供食用,性温、味苦辛,含有槟榔碱、鞣酸等,在中医学上有消积、杀虫、下气行水、刺激等功效,主治虫积、食滞、脘腹胀痛、水肿、脚气等病症,也有保护牙齿的作用。槟榔汁呈红黑色,久嚼者其齿如同经过墨染变成漆黑色,这便是古书上说的"黑齿"或"漆齿。《三国志·乌丸鲜卑东夷传》说:"又有裸国、黑齿国复在其(引者按:倭国)东南,船行一年可至。"当是指现在的东南亚各国。嚼槟榔时一般先将槟榔切成小块,用蒌叶包一块槟榔掺石灰或贝壳灰咀嚼。古人认为岭南地方气候湿热,啖槟榔可以祛瘴疠。

南方少数民族嗜食茶叶和嚼槟榔,是与当地的气候条件和食物资源联系在一起的。

在新石器时代,我国的华南、东南亚等地区的江河湖畔及其附近的山洞和

---

① 黄淑娉主编:《广东族群与区域文化研究》,广东高等教育出版社1999年版,第321页。
② 〔唐〕刘恂:《岭表录异》,广东人民出版社1983年版,第39页。
③ 〔宋〕周去非:《岭外代答校注》,杨武泉校注,中华书局1999年版,第235页。
④ 黄淑娉主编:《广东族群与区域文化研究》,广东高等教育出版社1999年版,第321页。

滨海一带，分布着贝丘文化遗址，这是以采集螺蛳、蚌类等水生软体动物和捕鱼狩猎为主要生活来源的先民们留下的一处文化遗址。先民们把剔食过后的螺蛳壳、兽骨弃置堆积，形成小丘，故名"贝丘"。《盐铁论·论菑篇》说："越人美蠃蚌"，晋人张华在《博物志》卷一"五方人民"中也说："东南之人食水产，西北之人食陆畜。食水产者，龟、蛤、螺、蚌以为珍味，不觉腥臊也。"由此可见，岭南江河海边的人们以水产为日常菜肴，古今皆然。水产品富含蛋白质，在炎热的天气里容易腐烂变质，人们如果吃了变质的水产品，就会患上消化系统的疾病；同时，在吃过水产品之后嘴巴有一股浓烈的腥臊气味。这时只有饮茶或咀嚼槟榔，才能够消除腥臊气味，而且还能杀虫消积，预防和缓解消化系统的疾病。

早在旧石器时代人类便学会了用火，"远古人类加工和食用猎获物的方法有两种：一种是直接把猎获物放在火上烧烤而食，因此有的动物骨骼上带有火烧痕迹；另外一种是把猎获物切割成细小碎块，放在陶或竹筒里煮熟而食。"[1]有学者认为人类最初只能在自然界中，借助偶然的机会（如雷击引起森林大火、火山爆发、堆积物自燃等）取得火种，加以保存。由于地理气候条件的优越，"农业和火的发明，首先为南方人民所掌握"，故古书上说火正祝融为炎帝，居于南方。[2]

新石器时代早期属于冰川后期或全新世早期，这时全球气温升高、气候转暖，到距今六七千年时达到最高峰。当时华南地区的气候与现今相似，属于热带、亚热带气候，气温可能比现在更高，因为该地当时生活着最典型的热带特有动物，如象、犀、貘等，现在这些动物则生活在滇南、南亚、非洲等热带地区。

气候的转暖和利用火烧烤食物的新饮食方式，改变了南方百越先民体内原有的阴阳平衡机制（中医所说的寒凉、虚实、热燥等），人们需要大量诸如茶叶一类的饮食清热降火，以维持体内的阴阳平衡。由于气候温暖，植物生长非常繁茂，人们很快就发现了禀性寒凉的茶叶可用于清热降火。据约成书于东汉以前的轶书《神农本草》载："神农尝百草，日遇七十二毒，得荼而解之。"《史记》《淮南子》引用了这一传说。西晋皇甫谧在《帝王世纪》中说："炎帝神农氏，长于江水，始教天下耕种五谷而食之，以省杀生。"也就是说，发明用火的炎帝同时还发明了农业和茶食，故又被称为神农氏。《庄子·盗跖》

---

[1] 戴国华：《华南新石器时代早期居民的经济生活》，载朱俊明主编《百越史研究》，贵州人民出版社1987年版，第263—264页。

[2] 参见夏渌《古文字反映的南方民俗拾零》，载朱俊明主编《百越史研究》，贵州人民出版社1987年版，第16页。

说，神农时代的人们"只知其母、不知其父"，这正是四五千年前的新石器时代后期，当时人类社会的组织形态属于母系氏族社会。由此可见，茶食的出现，是南方少数民族为了适应地理、气候、食物等客观条件的需要。

古代百越被称为"瓯越""骆越""乌浒""俚""僚""俍""土""侬""沙"等，其自称则因地而异，有"布壮""布越""布侬""布土""布沙""布曼""布傣"等，主要分布在今天的广西、广东、云南、贵州、湖南等省（区）。古代南方百越族的分布地区同时也是我国古老且主要的产茶区——西南茶区、江南茶区和华南茶区。神农的传说表明人类在新石器时代后期开始食用茶叶，但是根据用火烧烤食物的新饮食方式改变了南方远古人类体内原有的阴阳平衡机制这一客观事实，笔者推测南方远古人类有可能是在发明用火的同时就开始食用茶叶，以建立和维持体内新的阴阳平衡机制。

（二）茶饭同源的遗俗

《神农本草经》载："神农尝百草，日遇七十二毒，得茶而解之。"神农的传说是与新石器时代母系氏族社会联系在一起的。当时正由采集和渔猎经济向原始农业过渡，茶叶与百草一同被采集，有的被用作食物，有的被用作药物，形成了中华饮食文化"茶饭同源"与"医食同源"的大传统。

我国南方的壮、侗、布依、苗、瑶、土家等少数民族，从古至今都食用油茶，这是上古时代"茶饭同源"风俗的遗留。

南方少数民族大多分布在偏僻的山区，例如土家族就聚居在神农故事的发源地——鄂西神农架。这些地区山高林密，盛产茶叶，当地人民把茶作为日常的食品，而不是消遣的食品，油茶就是典型的代表。油茶的制作方法因民族和地区而异，但各族却都将油茶与烹调饭菜佳肴等同，供一日三餐食用。

制作油茶的茶叶有两种：一种是专制的抹茶（蒸青并用杵臼捣碎的绿茶），另一种是刚从树上摘下来的新鲜茶叶。

家常简单的做法是在油锅里把茶油烧热，放入一把茶叶和少许花椒翻炒，待稍焦发出清香时，倒入适量冷水，再放入姜末，用锅铲挤压茶叶，榨出茶汁和姜汁，待水沸开后，徐徐掺入冷水，水又沸开时，加入芝麻、食盐、大蒜、胡椒等佐料，就可食用，既可当饮料，也可当菜汤泡饭吃。这种吃法，是谓"粗茶淡饭"。

比较复杂的油茶是加入其他食品，如分别加入小鱼、糯米、艾叶、虾子等，做成小鱼油茶、糯米油茶、艾叶油茶、虾子油茶。又或者先备好特殊茶料，将阴干的糯米饭、花生米、玉米、黄豆、核桃、锅巴、腊肉丁、豆腐干丁、粉条等分别用茶油炸香，炒香芝麻，装碗待用；另将茶油入锅煮沸，放入茶叶、花椒炸炒,加水煮沸,放入大蒜、胡椒、姜末、食盐等佐料,几经煮沸之后便做好了油茶汤,再将汤浇泡到各个已经装入食品的碗中,便可食用。这种吃法,是谓"好茶好饭"。

不管是简单的还是复杂的做法,油茶都清香爽口、脆甜味浓,既能充饥解渴,又能提神醒脑、帮助消化、解除疲劳,并且可以治疗轻微感冒、腹泻等疾病,体现了"茶饭同源"与"医食同源"的传统。

此外,油茶还有特殊的社交功能,湖南会同县的侗族有"吃排家油茶"的风俗,主妇邀请左邻右舍的妇女们前来喝油茶,联系感情,促进和睦,如同英国中上层家庭的"下午茶"。如果邻里之间发生矛盾纠纷,事主也会派人邀请对方前来喝油茶,如果对方不来,事主则会盛上一碗油茶,让小孩送给对方,表示和解之意。[1]

令人惊讶的是,广府民系的"饮茶"与"上茶楼",虽然是都市化的茶餐饮形式,却包含了南方少数民族"油茶文化"的基本内涵,可谓是古老的"茶饭同源"风俗的都市化表现形式。

广府人的茶楼由古代的"茶担""茶亭""茶馆"等发展而来,供应平常的清茶、糕点,原是普罗大众消歇和在外简单餐饮的场所。糕点摆在柜台上,由茶客自行取食,食毕结账,直至20世纪30年代以前,广式茶楼都是如此,一日三市,或者一日两市(早、晚),只供茶点,不开饭市和宴席,而酒楼也不开茶市。随着当时广东商业经济的快速发展,茶楼业也得到快速发展,茶楼的经营开始重视"水靓茶美"(泡茶的质量)和点心的制作,同业之间的竞争则主要是以点心取胜。点心的花色品种需要不断求新、求精、求巧,点心师傅们借鉴苏、杭、沪、京、津等地制作点心的经验,推出"星期美点",即每周推出12~20款新颖点心,以吸引顾客。[2] 此时,人们到茶楼饮茶,一是为了就餐,许多人主要是为了吃早餐,即老广东常说的"一盅两件"(一盅茶汤,两件点心);二是为了交友会客、洽谈生意,所谓"一杯在手,半日清谈",许多店号成为某一行业的茶客相聚的地方。例如,艺人们喜欢相聚在陶陶居茶楼和澄江茶楼,教师和职员喜欢相聚在涎香茶楼,经营药材和海味的商人喜欢相聚在陆羽居茶楼,古玩商人喜欢相聚在祥珍茶楼,建筑业的工人喜欢相聚在巧心茶楼。前述的毛泽东与柳亚子所说的"饮茶""品茶",其目的就是交友会客。

20世纪30年代以前,广东的茶楼业盛极一时,店号众多,上百年历史的

---

[1] 参见刘芝凤《中国侗族民俗与稻作文化》,人民出版社1999版,第159页。
[2] 参见高旭正、龚伯洪《广州美食》,广东省地图出版社2000年版,第43—47页。

餐饮老字号有惠如楼、成珠楼、祥珍楼、三如楼、九如楼、多如楼、太如楼……其中与"鱼"谐音的酒楼就有九家,包括惠如楼、三如楼、九如楼、多如楼、太如楼等,被广州人称为"九条鱼"。20世纪30年代以后,茶楼业与酒楼业之间的分水岭被打破,酒楼开设茶市,茶楼开设饭市和宴席,广式茶楼开始式微。20世纪80年代改革开放以后,广东人的生活水平提高,对饮茶的质量要求也提高,加上受到日本茶道与台湾地区茶艺的影响,城市里又出现了许多类似旧时广式茶楼的茶室、茶艺馆、茶楼,不开饭市,只供应比较高级的茶点。20世纪90年代以后,商业经济更加发达,竞争越来越激烈,许多百年老店被逼结业。成珠楼可以说是广州开业最早、时间最长的老字号茶楼,史载清朝乾隆年间已经开始营业,有250多年的历史,1985年10月9日夜,成珠楼被一场意外的大火吞没,后于1990年1月复业,易名成珠酒家。但到了1996年,成珠酒家生意开始走下坡路,背负多重债务,终于在2000年9月关门结业;百年老字号茶楼祥珍楼,原位于中山七路36号,创建于清光绪年间,开设茶市、饭店,经营礼饼、月饼,又摆设象棋局吸引棋迷,连广州象棋的"四大天王"黄松轩、李庆全、卢辉、冯敬旭都曾在这里叹茶捉棋,"文革"期间曾改名"东方茶楼",20世纪70年代恢复原店名,后因中山七路的扩宽而被拆;惠如楼于光绪元年(1875)开业,位于原广州市中山五路117号,以经营广东传统风味的清茶细点为特色,是广州市著名百年老字号茶楼之一,以传统粤菜、精美点心、龙凤礼饼驰名,20世纪50年代后几经扩建,1995年3月,因地铁建设需要,搬迁至三元里广花二路,苦撑两年后关门停业。[①]

而客家民系的擂茶除了体现"茶饭同源""医食同源"的传统之外,还包含原始时代"生食茶"的遗俗。

擂茶的制作需要使用擂茶三宝:擂钵,口径约1.5米,陶制,内壁有辐射状条纹;擂棍,2米多长,用清香的山茶木或山楂木制成;捞瓢,用竹篾编织而成。原料有茶叶、芝麻、生姜、甘草、花生米等,还可以根据季节的变化,加入不同的配料,如春天可以加入金银花、薄荷,秋天可加入白扁豆、白菊花,冬天可加入花椒、肉桂,还可以加入黑芝麻、黄豆,以滋润肌肤、养颜美容。在一些少数民族地区,还会加入米、玉米、白胡椒等。

将原料放入擂钵中,加入少量凉开水,用擂棍擂成糊状,用捞瓢滤去渣子,将滤过的糊状物盛入碗中,夏天加入白糖和凉开水调匀,即可饮用;冬天则加入热开水冲饮,为浆状擂茶。也可以将生料捣烂后煮沸成粥,是为粥状

---

① 参见广州日报大洋网《惋惜!老字号"大同酒家"喊穷竟停业!盛极一时为何走向没落?如今广州老字号茶楼的现状是……》,http://www.sohu.com/a/120393853_394921.

擂茶。

擂茶似稀粥、豆浆，又似乳汁，集香、甜、苦、辣于一碗，集佳饮良药于一身，具有充饥、提神驱乏、生津止渴、清热解暑、润肺补血等功效。广东夏、秋两季气候炎热，人们在午间劳动归来，往往不思饮食，主妇们在饭桌上放上一钵香喷喷的擂茶，以及烙熟的番薯、芋头等，一家人便坐下来大口咽吞，既可填饱肚子，又可解除烦渴暑气，补充体力。

我国南方各地客家人关于擂茶的传说，都有一个共同的原型，那就是与汉晋时期的某次军事行动有关。例如说东汉伏波将军马援（还有一些传说，则将马援换作刘备或张飞）率军南征武陵五溪蛮时，由于气候炎热潮湿，来自北方的士兵大多病倒，幸好当地人献出"三生汤"（生米、生姜、生茶叶）配方，才治好了士兵的疾病。① 这一传说折射了客家人南迁的历史，同时也说明了客家擂茶来源于南方少数民族。

（三）茶药同源的活化石

古书说神农以茶解毒，茶最早用作食物，也用作药疗。南方少数民族历史悠久、分布地域广阔，在汉语古籍里留下了丰富的文字资料，其中也有药茶的记载，例如以下几种茶：

（1）孩儿茶。可作饮料，亦可药用，是以豆科植物儿茶或茜草科植物儿茶钩藤的枝叶煎汁浓缩而成的茶膏，因搽小儿各种疮肿有效，故称。元代《饮膳正要·诸般汤煎》载："孩儿茶出广南②。"汪大渊《岛夷志略·须文那③》载："孩儿茶，又名乌爹土，又名胥实，考之，其实槟榔汁也。"据明代李中立《本草原始》记载：将细茶末装入竹筒中，紧塞两头，埋入污泥沟中，日久取出，捣汁制成，以块小、黑润者为上，快大焦枯者次之；其味苦，清凉无毒，能清热化痰、消食、生肌、定痛止血；除入药以外，还可以作为嚼槟榔的混合物和茶饮。元代《居家必用事类全集·诸品茶》载有制孩儿香茶法：将孩儿茶、白豆蔻仁、粉甘草、沉香、寒水石、荜澄茄、麝香、川百药煎汁，与梅花片脑（即梅花状的冰片）研末拌匀，用糯米粥浓汁和好，放入模子中压制而成。④

（2）沽茶。古代傣族的茶食，明代钱百训《百夷传》记载："宴会则贵人上坐，其次位列于下，以逮至贱。先以沽茶及荖叶啖之。沽茶者，山中茶叶。

---

① 参见陈辉、吕国利《中华茶文化寻踪》，中国城市出版社2000年版，第161页。
② 广南指今两广地区。
③ 须文那指今印度南部苏姆那。
④ 参见林正秋、徐海荣《中国饮食大词典》，浙江大学出版社1991年版，第214、373、475页。

春夏间采煮之，实于竹筒内，封以竹箬，过一二岁取食之，味极佳，然不可用水煎饮。次具饭，次进酒馔，俱用冷而无热。每客必一仆持水瓶侧跪，俟漱口盥水后而食。"蒌叶（Piper betle L.），胡椒科，亦称蒌子、蒟酱。近木质藤本，节上常生根，叶互生，革质，宽卵形或心形，原产印度尼西亚，我国南方广泛栽培。藤叶入药，祛风止喘，叶含芳香油，有辛辣味，以裹槟榔咀嚼，据说有护牙的作用。①

（3）团茶。清代云南傣族、白族等民族采制的一种普洱茶。根据清代吴大勋《滇南闻见录》等书记载，团茶产于普洱府思茂厅（今云南普洱县思茂镇）倚邦、架布、蛮砖、革登、易武等六处茶山。将鲜茶经蒸制烘焙，以竹箬裹成团饼即成。有五斤、三斤、一斤、四两、一两五钱重五等，以坚重者为细品，轻松者叶粗味薄。味极浓厚，能消食理气，去积滞、散风寒。清代列为贡品。②

上述资料表明，古代南方少数民族非常注重茶食的药疗作用，现今居住在岭南各地的汉族和少数民族也继承了这一传统。许多广府居民习惯将"一盅两件"的茶点作为早餐，并且有谚语："清晨一壶茶，不用找医家"，可见在广府人的潜意识里是将饮茶与药疗联系在一起的，而广东的凉茶最能够表现"茶药同源"的传统，在我国的茶文化中独具特色，堪称中华传统饮食文化"茶药同源"的活化石。

在粤方言中，"凉"既指体质虚寒，也指散热解暑。所谓"凉茶"，是指将药性寒凉的中草药煮水当作饮料来喝，以治疗人体内部由于燥热之气上升（俗称"上火"）而引发的喉咙疼痛、发烧、咳嗽等。许多广府居民认为凉茶能够包医百病，每隔2～3天要给儿童饮一次七星茶，成人在一个月里要饮几次王老吉凉茶。凉茶由一些常见的草本植物配方制成，如夏枯草、车前草、野菊花、布渣叶、地胆头、金银花、紫苏、薄荷、半边莲、岗梅、冬桑叶等，甚至连龟苓膏汤、生鱼葛菜汤、红萝卜竹蔗水等也被认为是凉茶。人们根据不同的症状采用不同的草药配伍，可以到药铺购买，也可以自行到地头田边采挖。广东老字号的凉茶有王老吉、三虎堂、黄振龙、五花茶、甘和茶、七星茶、二十四味等，其中甘和茶和七星茶是儿童的专用药茶剂方。

改革开放以后，外省数百万人口入粤求职，为了适应岭南炎热的气候，他们学会了饮凉茶。近年来凉茶店遍布广东各地，已经不再局限于广府民系地区，许多城市的企业、机关和大中学校的饭堂常年免费供应凉茶。广州市除了

---

① 参见林正秋、徐海荣《中国饮食大词典》，浙江大学出版社1991年版，第214、373、475页。
② 参见林正秋、徐海荣《中国饮食大词典》，浙江大学出版社1991年版，第214、373、475页。

老字号的凉茶店,如王老吉、三虎堂、黄振龙等重新开张和扩张以外,又出现了许多新招牌的凉茶店。今天,广府地区的大街小巷都有凉茶店,主要以家传秘方的广告招徕顾客,以黄铜大葫芦摆在柜台上作为标志。广府人只要稍感燥热上火,便在家里煮凉茶,或到凉茶店喝凉茶。在粤西地区的湛江市,老字号的六爹凉茶分店越开越多,如三爹凉茶、五爹凉茶、七爹凉茶、十爹凉茶等,名目十分有趣。

在广东的茶文化中有一个美丽的传说:两千多年前南越国国王赵佗与臣僚们在珠江边的楼阁里品茗,只见朝霞初升、波光潋滟、鱼舞鸥翔,南越王不禁心旷神怡、情思迸涌,顺手抓起一把茶叶洒向江中,只见嫩绿的茶叶先是化作无数仙鹤翩翩起舞,后来又变成袅娜多姿的仙女,她们款款地飞入楼阁,向南越国的君臣们献上一杯杯香茗。①

赵佗原籍在今天河北省正定县,河北省不是我国的产茶区,因此赵佗不一定喜欢饮茶。赵佗原是秦朝官吏,随军入粤,任南海郡龙川县令。在秦末战乱的年代里,他"和集百越",建立南越国,安定一方,成为岭南历史上第一位君王;他力求与南越民族融合,放弃中原的"冠带"装束,仿效当地人的"椎髻箕踞"(结发于头顶和盘足而坐)风俗,自称"蛮夷大长";他对于开发岭南和促进岭南地区的汉越民族融合做出了重要的贡献,因此深受岭南人民的怀念和敬仰。饮茶是岭南人民极具特色的生活习俗,为了强调饮茶的重要意义,岭南人民便把最美丽的饮茶神话编织在这位南越国的开国之君身上。

这一传说,也从侧面反映了广东茶餐饮文化与南方少数民族茶食文化的密切联系。

四、"茶""药""毒""荼""苦"等字词的多种民族语言读音对照

(一)"茶"字的多种语言读音

(1) 汉语:

①《宋本广韵》:ɖha。

②粤语:caa^4。

③客家话:台湾四县腔 ca^2,梅县腔 ca^2,客语拼音字汇 ca^2。

---

① 参见高旭正、龚伯洪《广州美食》,广东省地图出版社 2000 年版,第 43—47 页。

④潮州话：dê^5。

(2) 印尼语：teh。

(3) 台湾高山语（布嫩语）：huhudanʔiʃmut。

(4) 黎语：（通什）de^1，（保定）de^1。

(5) 壮语：（武鸣）ça^2，（龙州）tça^2。

(6) 布依语：tçe^2。

(7) 瑶语：（勉语）tsa^2，（布努语/苗）ka1ci^4，ntsa^2，（拉珈语/壮）tsɛ^2。

(8) 苗语：（湘西）ci^{33}，（黔东）tçen^{11}，（川黔滇）tʂhua^{31}。

(9) 藏语：tçha。

(10) 土家语：（北部方言）a^{35} tshe^{55}，zo^{55} pu^{55}，（南部方言）kɨ^{33} tso^{33} tshe^{35}。

(11) 彝语：（贵州）tçidu，（云南）laphi，（四川）la。

(12) 羌语：（桃坪）tʂ hɑtçha，（麻窝）tʂ hɑ。

(13) 纳西语：（西部方言）le，（东部方言）lie。

（二）"药"字的多种语言读音

(1) 汉语：

①粤语：joek^1，joek^6。

②潮州话：腰^8，央^8，iêh^8，ioh^8（iêh），iag^8（iâk）。

(2) 印尼语：bahan kimia tertentu，mengobati。

(3) 台湾高山语（布嫩语）：iu。

(4) 黎语：（通什）ɯ^3 za^4，（保定）za^1。

(5) 壮语：（武鸣）ɤok^8，（龙州）nuk^8。

(6) 布依语：ʔjɯ^1。

(7) 瑶语：（勉语）dje^1，（布努语）co^1，（拉珈语）ie^1。

(8) 苗语：（湘西）ŋka^{35}，（黔东）tça^{33}，（川黔滇）kua^{43}。

(9) 藏语：mɛ。

(10) 土家语：（北部方言）se^{21}，（南部方言）se^{35}。

(11) 彝语：（贵州）metçhi，（云南）netʂŋ，（四川）butʂŋ。

(12) 羌语：（桃坪）sʅ，（麻窝）sman，səpa。

(13) 纳西：（西部方言）tʂ hərɤɯ，（东部方言）tʂhaɤɯ。

（三）"毒"字的多种语言读音

(1) 汉语：

① 《宋本广韵》：d^{h}uok。
② 粤语：duk^6。
③ 客家话：梅县腔 tuk^8，客语拼音字汇 teu^4，tug^6。

(2) 印尼语：毒 racun，bisa。毒药 racun，obat racun。

(四)"茶"字的多种语言读音

汉语：
① 《宋本广韵》：d^{h}u，dʐ^{h}i（三声）a，ɖ^{h}a。
② 粤语：tou^4。
③ 客家话：梅县腔 tu^2，台湾四县腔 tu^2，客语拼音字汇 tu^2。

(五)"苦"字的多种语言读音

(1) 印尼语：pahit。
(2) 台湾高山语（布嫩语）：mapaiʃ。
(3) 黎语：（通什、保定）ho:m^1。
(4) 壮语：（武鸣）ham^2，（龙州）khum^1。
(5) 布依语：ɤam^2。
(6) 瑶语：（勉语）i:m^1，（布努语）iŋ^1，（拉珈语）kom^2。
(7) 苗语：（湘西）ɛ^{35}，（黔东）i^{33}，（川黔滇）a^{43}。
(8) 藏语：khatiʔ。
(9) 土家语：（北部方言）khɿ^{35}tsi^{35}tsi^{35}，（南部方言）khɿ^{55}。
(10) 彝语：（贵州）khɯ，（云南）khɑ，（四川）khu。
(11) 羌语：（桃坪）、（麻窝）qha。
(12) 纳西语：（西部方言）、（东部方言）khɑ。

五、临高：文化孤岛的历史价值与现实反差

临高的历史就是它演化为文化孤岛的过程。先秦时期，临高先人是百越人的一支，从广东、广西经由琼州海峡渡海到达海南岛，定居在海南岛东北部地区，带来了比当地土著黎族更加先进的生产技术。由于岭南地区后被中央王朝直接管辖，汉化过程加速，临高成为被土著的黎族和后来的汉族包围的百越文化孤岛。在当代中国的地方文化中，临高的百越文化孤岛特色鲜明，具有特殊价值，如何在发展经济与传承文化之间取得双赢？这是一个极具挑战性的难题，本文列举国内外一些成功经验以供参考。

（一）学术内涵

临高人是指居住在中国海南省东北部地区临高县、海口市西郊、澄迈县和儋州市部分地区的人们，因为操一种特殊语言——临高话，被归类成一个族群整体，总人口大约80万人，临高县为核心区，所以称为临高人。

临高先人是在2500年前到达海南岛的，进岛时间晚于黎族而早于汉族。临高人在语言和体质上与壮泰语支民族（佬族、壮族、掸族、布依族、岱依族和傣族等）具有同质性，他们与壮泰语支民族同源于中国古代南方百越民族集团中的骆越和西瓯。

临高人的民族成分是汉族，临高话的语言系属是汉藏语系壮侗语族壮傣语支，与壮语是同一种语言，地位相当于壮语北部方言和南部方言以外的另一种方言，可称之为临高方言。

自21世纪以来，研究临高的学术文章越来越多。百度百科词条中以"临高人"为条目有4000多字，详细说明了临高人的来源、语言分类、现在的民族成分。

在基础理论的学术层面上，临高文化与语言学、民族学、人类学、壮学、黎学都有联系，可以视作这些学科的一个交叉二级学科。作为二级学科，临高学研究对象包括临高语言、临高历史与文化等，可以分为学术层面与实用层面。其中最有学术价值的是临高语言与文化：临高语言仍然被数十万临高人使用；临高文化属于文化孤岛，具有特殊价值。在实用层面上应该注意研究保存与开发利用双赢。

1. 方言

临高话与壮语同源的词最多，与侗水诸语言同源的次之，与黎语支同源的也有一些，还有数量相当多的汉语词。临高方言与汉语一样都是按主、谓、宾结构顺序组成句子，但很多语句的结构与汉语大相径庭，特别是偏正结构的复合名词，如"红花""猪肉""皮箱""二哥"等，用临高方言说出来时却是"花红""肉猪""箱皮""哥二"。①

2. 读书语音系统

在临高流行一套汉字读书语音系统，是夹杂大量临高话的汉字音，可以阅读汉字书报，有一定文化的人可以听得懂，没有受过教育的人也可大致明其意。20世纪50年代推广普通话后，普通话被引进学校，但农村仍使用这套读书语音系统。读书语音系统是临高话和汉语的"混血儿"，形成于中古，即广

---

① 参见刚峰《寂寞临高》，http://bbs.tianya.cn/post-hn-35577-1.shtml，访问日期：2012年7月26日。

韵音系通行时代,海南史志记载北宋庆历四年(1044)创办县学,在全县范围内传授中原文化,形成了这套读书语音系统。①

(二) 民俗内涵

临高文化保留了百越文化的遗存,包括语言、民歌、民俗等。在学术层面应该专业地研究临高话,而在实用的层面则应该关注其丰富多彩的民俗内容。

1. 民歌与戏剧

临高人大部分聚居在海南岛北部沿海平原地区,是一个富裕的鱼米之乡,有享受文化生活的条件,有原创文化的动力,"清末至民国年间,临高县民间文娱活动主要有木偶戏、琼剧、八音、舞狮、武术、民歌、民谣等"②。

临高民歌丰富多彩,有山歌、渔歌、船歌等。渔歌"哩哩美"与"呐咳罗"等在沿海地区流行,一般是在男女相恋或者女人送男人出海时对唱;船歌有追鱼调等,渔民喜欢在撒网、收网、赞美丰收的时候歌唱;山歌有"阿罗哈""朗汉""唱和调""姐咳哩""咙吃哩""拉帮调""摇来调"等,多在山区流传,独唱或者对唱,其中"阿罗哈""朗汉"等曲调被该地木偶戏吸收作为板腔,广为流传。

临高民间音乐主要是八音音乐:前五件有弦、琴、笛、骨、箫,为文牌;后三件有锣、鼓、铍,为武牌。1949年以前八音盛行,各地都有业余八音班,农闲季节或劳动之余在祠堂或公庙里演奏,或者协助红白喜事,演奏时伴有八音舞。曲牌种类繁多,有挂红、看花、南灵、主脚虎、双飞蝶、叫马回头、送歌、梅原丽、天地龙、请酒等三十多种,地方风格鲜明。

临高人偶戏入选第一批国家级非物质文化遗产名录,在木偶戏界中独树一帜:舞台不设帷幛,人偶同演——表演者化装登台,边唱边演,时而操纵木偶做戏,时而独自表演,灵活自如,人与偶的动作、感情融为一体;唱腔主要以山歌"啊罗哈"和"朗汉"两个曲调贯通全场,比较单调;台词多用比兴,用临高话说唱,语言生动,通俗易懂,生活气息浓厚。③

人偶戏源于跳神驱鬼,南宋时期(1127—1179)由潮州传入,也有人说是由福建传入。当时某村发生瘟疫,当地人用野菠萝制作成人偶表演,以求神灵驱逐鬼怪,被称为"佛子戏"④。据清康熙年间修的《临高县志》记载:"临俗多信奉神道,不信医药,每于节例,端木塑于肩膀,男女巫唱答为戏,

---

① 参见刘剑三《海南临高话汉字音》,载《海南师院学报》1993年第3期。
② 临高县志编委会:《临高县志》,广东人民出版社1990年版,第377页。
③ 参见临高县志编委会《临高县志》,广东人民出版社1990年版,第374—375页。
④ 王秋星:《经久不衰的艺术之花——临高人偶戏》,载《海南档案》2007年第4期。

观者甚众,日驱魔妖。习以为常。"①《海南省志》记载:"清康熙年间,土剧班最盛行,浸淫全岛,妇孺老少,几无不识唱土剧。"② 木偶一套有 20 多个,分为生、旦、净、丑、末等。生有正生、贴生、文生、武生、老生,旦有正旦、贴旦、文旦、武旦、花旦、小旦、老旦等。正生和正旦俏俊美丽,丑角非常丑恶,胖者肥头肥脑,瘦者皮包骨头,对比十分鲜明。"文革"期间被禁演,1978 年县人偶剧团恢复演出,县城家家观剧,万人空巷。

临剧是《中国戏剧志》中记载的海南省三个剧种(琼剧、临剧、人偶戏)之一,在人偶戏基础上发展起来,用临高方言演唱,与人偶戏共同生存在临高方言区内。20 世纪 20 年代不少艺人放下木偶,用临高方言来唱词和表演,颇受欢迎,演化成为一个富有地方特色的剧种。唱腔主要是民歌土调,以"阿罗哈"和"朗汉"板腔为基础唱腔;行当、脸谱、表演程式等借鉴琼剧和广西壮剧、桂剧。③

2. 风俗习惯

源于百越的临高文化处于被黎族与汉族文化包围的孤岛境地,要想知道临高文化保存了哪些百越本色,须了解当地土著黎族与汉族的风俗习惯。

(1) 黎族的原生态文化。

黎族与台湾原住民同源异流,最早进入海南岛,保留了原始风俗习惯,属于原住民。在五六千年前,操原始南岛语的先民来到海南岛,三千年前后,操壮侗语言的先民也来到海南岛,他们分布在沿海及平原地区,这两大语种的先民经过上千年交流融合形成黎族。

黎语早期可能使用原始马来语,由于长时间大面积受到汉语影响而发生融合同化,类型转换,变为与汉藏语同一体系的孤立型语言。黎语中一些南岛语词是独特的,与壮傣语言和侗水语言不相同,是为黎语的底层词,而不是它们共同的底层词或借词。

黎族的家庭组织形式是父系小家庭,但是 1949 年以前五指山腹地的保亭、乐东、白沙三县交界地区,仍保留着原始社会父系家长制的家族(家族)共耕社——合亩制,"合亩"汉语是"家族"的意思,黎语称"纹茂",由有父系血缘关系的农户组成,也包含非血缘关系成员。亩头由长辈担任,主要生产资料各户私有。平时合亩成员集体劳动,产品按户平均分配,亩头负责生产安排和产品分配。较大合亩中的外来户成员是因为生活困难或抵偿债务投靠他人

---

① 王秋星:《经久不衰的艺术之花——临高人偶戏》,载《海南档案》2007 年第 4 期。
② 王秋星:《经久不衰的艺术之花——临高人偶戏》,载《海南档案》2007 年第 4 期。
③ 参见临高县志编委会《临高县志》,广东人民出版社 1990 年版,第 374—375 页。

而来，受到亩头的剥削，地位低下。合亩小家庭自营手工业、副业，种植小块园地和一种生长在山上的旱糯稻米山栏，处理私有财产和自己的债务关系。

黎族保留原始历法，以 12 天为一周期，每天都以一种生肖动物命名，顺序是鸡日、狗日、猪日、鼠日、牛日、虎日、兔日、龙日、蛇日、马日、羊日、猴日，周而复始。节日有春节、元宵、三月三、端午节、七月十五的鬼节、中秋节、冬节（冬至日）等，其中以春节最为隆重，其次是三月三。

黎族的数学知识是片断的、零碎的，处于实用数学阶段，没有形成完整的理论体系，与春秋战国以前汉族的数学相类似，只相当于初等数学早期的水平。①

黎族使用汉族的度量衡制度，但合亩地区仍沿用本民族传统计算方法。如稻谷以"束"为最小单位，六束为一攒，六攒为一对，二对为一律，二律为一拇；田亩以攒为单位，种多少亩说种多少攒；买卖牛只，以角的长度或以身长来计算其大小，不计重量。数字的观念薄弱，计算复杂的数字需要以稻秆或柴草作实体。②

黎族人对亲属的称谓很有特点。按辈分称呼，伯父的子女不管岁数多小，叔父的子女无论岁数多大，都得称呼伯父的子女为哥或姐。在社交中呼唤某人时，只能称呼其名字，不能把姓氏同名字一起称呼③，一般会在名字之前加上一个前置词"阿"，如"阿南""阿海"，所以民歌中多有"阿哥阿妹"的称呼。

黎族的每个村都有一个至数个"寮房"（黎语"布隆闺"），女儿长大后便需离开家，住到"寮房"中。只要是不同血缘的未婚男子，都可到寮房找寻情人，吹箫、唱歌、倾诉爱慕，称为"放寮"。同时，已婚的男女也可参与"放寮"活动。妇女婚后一般不落夫家，非婚生子女不受歧视，离婚和寡妇改嫁比较自由。④

黎族妇女在脑后束髻，押骨簪，披绣花头巾；衣无扣，对胸开襟，有的地方穿"贯首式"上衣，穿裙子。妇女大都喜爱戴耳环、项圈、手镯，有的一直保持纹面和文身的习惯。黎族男子结鬃，有的结于额前，有的结于脑后，缠

---

① 参见海南省人民政府网《黎族传统科技知识》，http://www.hainan.gov.cn/hn/news/200701/t20070112_433830.html，访问日期：2007 年 1 月 12 日。
② 参见落霞中的过客《海南黎族服装秀——黎族原生态服装展示》，http://blog.sina.com.cn/s/blog_5344015l0l00kyjg.html，访问日期：2010 年 8 月 16 日。
③ 参见落霞中的过客《海南黎族服装秀——黎族原生态服装展示》，http://blog.sina.com.cn/s/blog_5344015l0l00kyjg.html，访问日期：2010 年 8 月 16 日。
④ 参见落霞中的过客《海南黎族服装秀——黎族原生态服装展示》，http://blog.sina.com.cn/s/blog_5344015l0l00kyjg.html，访问日期：2010 年 8 月 16 日。

头；上衣无领对胸开襟。①

黎族人的房屋为"船形屋",是古代百越人"干栏"住所的遗留形式,平面是纵长方形,整个屋子由前廊和居室两部分组成,屋顶拱如船形,以竹木构架,藤条捆扎,茅草盖顶,接到地面,屋内不隔间,对头开门,门上屋檐伸展,檐下为休息、置物的场所。一般不设窗户,据说开窗会有"恶鬼"进入屋内,作祟人畜,引起疾病,所以房间阴暗,通风采光差。②

黎族的丧葬一般用独木棺,不停棺,当天埋葬,不建墓冢。男性死者葬于本村公共墓地,外嫁之女则抬回其娘家,由娘家料理丧事,葬于其父方的公共墓地。③

（2）临高民俗的原生态与外来成分。

①吉祥数字。临高人主要是与汉族交错杂居,生活习俗与当地汉族基本相同,喜欢同姓聚居,一个村庄往往只有一个姓氏,村前或村后立有土地公庙。房屋构造和建筑材料与汉族大体相同,非常注重屋顶瓦垄的数目,垄数一般分为十一、十三、十五三种,每间房都必须相等,如果出现不等的情况时,则认为此屋不吉祥,不宜住人。④ 这个习俗应该是百越人的原生态民俗。汉族视双数为吉利,如双喜临门、福寿双全、一箭双雕、名利双收等；不喜欢单数,如孤孤单单、形单影只、祸不单行、鳏寡孤独等。而广西人则视单数为吉利,特别是在送奠仪的时候更是要单数,不可双数,广西境内的导游一般都会强调此事,如果参观巴马长寿村,导游特别强调封给百岁老人的红包应该是1元、5元等,不可双数。

②妇女服饰。临高县沿海地区妇女的上衣无领,襟边绣有各种花纹,有的还用一块不同颜色的布料缝接在肩背或袖筒上,腰间带有一个小巧玲珑的针线包或钱包。⑤ 这个习俗可能是百越人原生态的,也可能是受到黎族影响,汉族妇女的服饰无此特色。

③熟米。临高人的主食是稻米,他们将刚收割的稻谷置于大锅里焖熟,然后放在日光下曝晒,干后再磨成大米⑥,用熟米做的饭叫"熟米饭"。这是因

---

① 参见落霞中的过客《海南黎族服装秀——黎族原生态服装展示》,http://blog.sina.com.cn/s/blog_534401510100kyjg.html,访问日期：2010年8月16日。
② 参见落霞中的过客《海南黎族服装秀——黎族原生态服装展示》,http://blog.sina.com.cn/s/blog_534401510100kyjg.html,访问日期：2010年8月16日。
③ 参见落霞中的过客《海南黎族服装秀——黎族原生态服装展示》,http://blog.sina.com.cn/s/blog_534401510100kyjg.html,访问日期：2010年8月16日。
④ 参见张星、马英《临高人的文化艺术及生活习俗》,载《中央民族学院学报》1982年第4期。
⑤ 参见张星、马英《临高人的文化艺术及生活习俗》,载《中央民族学院学报》1982年第4期。
⑥ 参见张星、马英《临高人的文化艺术及生活习俗》,载《中央民族学院学报》1982年第4期。

地制宜而出现的地方风俗,由于海南岛地处热带,秋收季节一般也是台风季节,风雨连绵,农民担心收获的稻谷霉烂,不得不将谷子煮熟,晾干或烘烤。现在有烘干机等电气化设备,熟米已不多见。

④婚嫁。临高人实行一夫一妻父系小家庭制,不落夫家。新娘婚后三天便由小舅子接回娘家长住,只在节日或农忙时由小姑等人接回去住一两天,直至怀孕后方回夫家落户。这种婚俗起源于古代的对偶婚阶段,兴盛于父权制初期,古代各民族普遍存在,近现代流行于南方少数民族以及部分汉族地区。妇女丧偶后一般会改嫁,寡妇改嫁不受歧视,婚前男女关系比较自由。① 这些都是百越和黎族的民俗,也是临高人的原生态民俗。而汉族讲究贞操观念,婚前男女关系不自由,私生子会受到歧视。

⑤生育。临高人头胎是男婴的,在小孩出生三天后要向外婆家报喜,同时砍一棵野生菠萝,用红纸包着悬在门外,表示"入禁",不准外人入室,不准在室内外或者附近大声喧哗。七天后出禁,十天后选择日子把孩子放入摇篮,邀请娘家的姐妹来贺喜。1949 年以后建立医院,产妇一般在医院分娩,入禁习俗消失。② 临高人的生育习俗与广西壮族相似,应该是百越人的原生态民俗。广西恭城县的壮族妇女生孩子的头三天(有的是头七天)忌讳外人入内。③ 婴儿降生后要及时烧茶焚香供奉,通禀祖先,在门头插柑或桃叶避邪。备办礼物及时报之外婆,俗称"报喜"。礼物一般为两斤猪肉或一些糖果,平地瑶报喜以鸡为讯,男婴用鸡公,女婴用母鸡,杀鸡割成若干块,用茶盘盛装,分送到姆婶们家中。婴儿出生第三天,兴办三朝酒,外婆与叔(伯)外婆等带鸡、蛋和婴儿穿戴之物到女儿家,教女为母之道,坐月禁忌等。三朝酒一般简办,只有较亲近的妇女作陪,故有"外婆酒"之称。④

⑥丧葬习俗。临高人的丧葬习俗融合了百越与汉族的一些风俗,例如"买水"是百越的习俗,而"点主"则是汉族的习俗。临高人的丧葬"入棺后亲属要刺血滴在棺材上面"⑤,"出殡时,一般先举行'开灵'仪式'一点主',请名人'叫礼'和写铭旌,谥号、神主牌、祭文等"⑥。

⑦寒食节。每年阴历三月初三为寒食节,是日,家家户户都把鸡屎藤和使

---

① 参见张星、马英《临高人的文化艺术及生活习俗》,载《中央民族学院学报》1982 年第 4 期。
② 参见临高县志编委会《临高县志》,广东人民出版社 1990 年版,第 470 页。
③ 参见广西城市网《广西壮族都有什么风俗习惯》,http://zhidao.gxcity.com/view/5931.html,访问日期:2012 年 7 月 26 日。
④ 参见广西恭城瑶族自治县《恭城传统生活习俗:生育礼仪》,http://www.gxmw.gov.cn/gongcheng/PictureShow.aspx?id=24,访问日期:2012 年 7 月 26 日。
⑤ 张星、马英:《临高人的文化艺术及生活习俗》,载《中央民族学院学报》1982 年第 4 期。
⑥ 临高县志编委会:《临高县志》,广东人民出版社 1990 年版,第 471 页。

君子叶放在一起舂稞吃,目的是驱除人体的寄生虫。① 壮族与黎族没有此风俗,临高人此风俗可能是受到汉族端午节的影响。

汉族农历五月初五端午节,又称端阳节、午日节、艾节,一为纪念楚国诗人屈原投汨罗江殉国,二是这天人们会在门前和庭堂挂艾叶、菖蒲、青蒿,薰苍术、白芷,吃葱蒜、喝雄黄酒等。艾叶是药用植物,味苦、微温、无毒,其功能是温气血、逐寒湿、止痛止血、温经、安胎,可煎汤内服,也引外用作为灸治材料。艾叶芳香,气味浓郁,含有胺油酚,端午前后空气潮湿,烧艾有助于清除污浊空气,保持环境卫生。艾叶药浴对毛囊炎、湿疹等皮肤病有防治作用。菖蒲叶含有挥发性芳香油,提神醒脑、开窍除痰、化湿、和胃、杀虫灭菌,能够改善血液循环,防止老年斑等。②

⑧冬至。1949 年以前,大姓人家族在宗祠聚会,清理田租和收取贷款的利息,拜祭祖坟,摆酒席吃喝,一般人家做稞吃,给新坟添土扫墓,现在一般都只是吃稞和扫墓。③ 有些少数民族也过冬至节,但不是主要节日,尤其是在南方,长夏无冬,秋春相连,人们对于气候的变化不如北方人敏感。广东粤语居民的祖先来自北方,他们以冬至为最重要的节日,在全国颇具特色。临高人过冬至可能是受到广东粤语居民的影响。

冬至,又名冬节、大冬、亚岁、小年、履长节。这是因为周代建制,以十一月为正月,是新一年的开始,秦汉又续沿其制,认为冬至是阴阳二气的自然转化,是上天赐予的福气。古人特别重视夏至与冬至这两个节气,《后汉书》说:"立冬之日,夜漏未尽五刻,京都百官皆衣皂,迎气于黑郊。礼毕,皆衣绛,至冬至绝事。冬至前后,君子安身静体,百官绝事,不听政,择吉辰而后省事。绝事之日,夜漏未尽五刻,京都百官皆衣绛,至立春。诸王时变服,执事者先后其时皆一日。""季冬之月,星回岁终,阴阳以交,劳农大享腊。"④

广东粤语居民的先人来自中原,时在秦汉,他们带来此习俗,他们的后人继承了"冬至大过年""肥冬瘦年"等民俗。他们以冬至作为比春节更重要的节日,是二十四个节气中最受重视的一个节气,是日要敬神明、拜祖先、吃汤圆、做腊味糯米饭、杀鸡宰鸭、炖八珍。祭祖通常由宗族统一举办,举行一些杀猪宰牛、演戏酬神等追念先祖的仪式,如宣读族谱、讲述家史等。冬至所食汤圆一定要是咸的,以沙葛、猪肉、虾米作馅,配以鸡汤,鲜美无比。广东的农民过去非常重视过冬至,除了祭神拜祖和备办丰盛筵席外,特别要给耕牛吃

---

① 参见临高县志编委会《临高县志》,广东人民出版社 1990 年版,第 471 页。
② 参见孙清廉《端午节——古代爱国卫生运动的节日》,载《食品与健康》2010 年第 6 期。
③ 参见临高县志编委会《临高县志》,广东人民出版社 1990 年版,第 472 页。
④ 《后汉书·礼仪志》,中华书局 1982 版,第 3125—3127 页。

上一顿糯米糕（用菜叶包裹塞进牛嘴里），以及米汁、酒糟、萝卜、菜水等，以感谢耕牛一年的辛劳与贡献。①

（三）爱丁堡国际艺术节的借鉴

"文化孤岛"是人文科学的术语，指的是在某个主流文化的范围内出现相异文化的现象，最直观的就是某个小区域的居民和周围大环境下的居民在文化上存在明显差异。文化价值是指客观事物所具有的能够满足一定文化需要的特殊性质，或者能够反映一定文化形态的属性。文化价值是一种关系，它包含两个方面的内容：一方面存在着能够满足一种文化需要的客体；另一方面存在着某种具有文化需要的主体。当一定的主体发现了能够满足自己文化需要的对象，并通过某种方式占有这种对象时，就出现了文化价值关系。②

文化遗产不可复制，如何建立价值关系有不同途径，本文分析研究两种不同途径产生的价值关系。

1. 第一种价值关系

第一种价值关系是指由当地人按照传统生活方式自然而然地保存传统文化，一般属于有效的价值关系，如我国的一些小城镇，像丽江、周庄，以及欧洲的许多历史文化名城，像威尼斯、布拉格、爱丁堡等。这些城镇的特点是面积小，没有大规模开发，当地人在日常生活之中保存传统文化，随着时间推移，传统文化具有了旅游观光等审美价值。

2. 第二种价值关系

第二种价值关系是指由外力介入制造需求的价值关系，可能有效，也可能无效。

首先分析无效的情况，以我国为例。我国地方政府可以不经过严格的民意授权而支配财政收入，大多数文化遗产由地方政府主导开发，目的是带动房地产与旅游业，增加地方政府的财政收入，这种文化价值关系与当地人的实际需求出现反差。反差是指不同事物或同一事物的不同方面对比的差异程度。地方政府借口开发利用传统文化，投入巨资兴建房地产和旅游设施，但是当地民众却越来越忽略传统文化，身不由己地追随主流文化，如同临高当地文化人的感叹："木偶戏正慢慢地衰竭……过去渔村一带，家家户户都会唱哩哩美，碰到婚姻喜事，男男女女聚在一起唱首歌，多么快乐和谐的事情。过去年代，我们

---

① 参见子姜辣《广州人过冬至，冬大过年》，https://tieba.baidu.com/f?kz=516881210，访问日期：2008年12月21日。

② 参见李巍、任晨《文化产业的功能价值分析》，载《大众文艺》2010年第14期。

的爷爷奶奶、儿儿孙孙围着晒谷场,观看木偶戏到三更半夜。现代的人却喜欢把自己剥光光的,暴露在天底下,什么也不要了,只剩下钱了。"①

在这种情况之下,除非当地有天然优质的旅游资源,否则地方政府的投入可能血本无归。国家已经把海南岛的发展战略定位为国际旅游岛,临高处于海南的正西北角,是北部湾的门户,拥有独特而优质的自然资源和人文资源,包括阳光海岸沙滩、历史遗迹、瀑布以及独具特色的民风民俗等旅游资源,希望临高这个全国独一无二的百越文化孤岛能够在发展经济与传承文化之间取得双赢。

其次分析有效的情况,以爱丁堡为例。2013年6月我去英国旅游,在爱丁堡逗留数日,印象深刻,该城一方面能够把历史文化遗产保存完好,另一方面又能够开发新的人文旅游资源,让古老的城市充满现代活力。

爱丁堡是英国第七大城市,面积260平方公里,2009年统计人口为48万。1329年建市,1437—1707年为苏格兰王国首都。1583年建立爱丁堡大学,18世纪时为欧洲文化、艺术、哲学和科学中心,1995年被联合国教科文组织列为世界文化遗产,曾经培育了现代经济学之父亚当·斯密,也成就了当代最著名的文学家之一——乔安娜·罗琳,并且吸引她在此定居。

爱丁堡市中心分为两部分:旧城由世界著名的城堡占据,新城是幽雅的乔治亚设计风格。该城的许多博物馆保存着历史文化遗产,有古城堡、大教堂、宫殿、艺术陈列馆等,还有苏格兰威士忌中心,参观者可免费品尝纯正苏格兰威士忌。与国外许多古老城市一样,私有制保护个人财产,爱丁堡政府不能够大规模开发建设。街道狭小,建筑古老,传统文化的价值关系与当地人的价值关系融汇一体,不需要政府以增加收入为目的投资、推广、宣传。

能够为当地人带来巨大收益的不是传统文化,而是一个偶然的创意。"二战"期间,欧洲艺术家面临空前浩劫,英国格莱德堡歌剧院(Glyndebourne Opera)经理鲁道夫·冰想在英国本土找一个未受战争破坏的地方举办艺术节,他选择了素有北方雅典美名的爱丁堡。1947年,爱丁堡举办了第一届国际艺术节,全欧最负盛名的音乐家和团体,如Schnabel、Szigeti、Fournier和维也纳爱乐交响乐团都来参与,但是一些小型表演团体却被拒之门外,他们愤而组织了一个边缘艺术节。1950年起,军乐游行加入,后来又有国际电影节、爵士与蓝调音乐节、书展等加入。艺术节由原来以音乐为主题发展成为融汇戏剧、舞蹈与平面艺术等元素的综合艺术节,包括爱丁堡国际艺术节(Edinburgh In-

---

① 苗斐:《临高名片,我来设计》,http://bbs.city.tianya.cn/tianyacity/Content/230/1/14820.shtml,访问日期:2012年7月26日。

ternational Festival)、爱丁堡国际边缘艺术节（Edinburgh Festival Fringe）、爱丁堡军乐仪队表演（Edinburgh Military Tattoo）、爱丁堡国际书展嘉年华（Edinburgh International Book Festival）、爱丁堡国际电影节（Edinburgh International Film Festival）、爱丁堡国际爵士与蓝调艺术节（Edinburgh International Jazz & Blue Festival）、爱丁堡国际儿童剧场艺术节（Edinburgh Children's International Theatre Festival）、爱丁堡国际科学艺术节（Edinburgh International Science Festival）、爱丁堡国际说故事节（Edinburgh International Storytelling Festival）、爱丁堡首都圣诞节（Edinburgh's Capital Christmas）、爱丁堡除夕嘉年华（Edinburgh Hogmanay）、爱丁堡迷拉嘉年华（Edinburgh Mela）、偶戏与动画艺术节（Edinburgh Puppetand Animation Festival）、环境艺术节（Festival of the Environment）。

爱丁堡每年的 8 月份举办一年一度的国际艺术节，已经连续 70 届，游客已多达百万，要提前 2 个月预订酒店。爱丁堡地处英伦北部山地，气候恶劣，能够把艺术节办得如此成功实属罕见。原因何在？

一是保持传统。以军乐团独具民族特色的表演为标志，几百名风笛手身着各色苏格兰花格呢裙服，在古堡广场表演军乐和分列式，古战场的悲壮和民族自豪感摄人心魄。有时候观看表演大雨滂沱，那些湿透的苏格兰花格呢至少加重一倍，但是军乐队队员丝毫不受影响，彰显出苏格兰人倔强的民族性格，近千人的观众席上也无一人退场。艺术节所有的内容都是每年更新的，唯有军乐团的表演没有大变化，自从 1950 年首演，每年 23 场，场场满座。

二是品位高尚。艺术节上演的剧目，包括经典剧目，都会成为当年爱丁堡主要剧场的主角。例如，威尔第的《游吟诗人》和德彪西的《普莱雅斯与梅丽桑德》，其票价是艺术节里最高的，都要提前一个多月订购。

三是开放包容。无论何种外围艺术节表演，各种艺术团体或者个人只要能够找到演出场地——剧场、影院、大小广场、街头、餐馆、洗衣店、电梯间、汽车里，都可以参与竞争。只要是受欢迎的表演，都可以进入剧场、电影院等有票房收入的演出场所，优秀节目还可获得艺术节奖。这种特殊的艺术氛围，每年吸引世界各地 2.5 万多名表演者自费前来，在艺术节的 1700 多场演出中，外围艺术表演占了 1600 场，许多新人就是在这里获奖，从而得到更多机会。

【本章参考文献】

[1] 韦庆稳，覃国生. 壮语简志 [M]. 北京：民族出版社，1980.

[2] 喻翠容. 布依语简志 [M]. 北京：民族出版社，1980.

[3] 欧阳觉亚，郑贻青. 黎语简志 [M]. 北京：民族出版社，1980.

［4］金鹏. 藏语简志［M］. 北京：民族出版社，1983.

［5］陈士林，边仕明，李秀清. 彝语简志［M］. 北京：民族出版社，1985.

［6］孙宏开. 羌语简志［M］. 北京：民族出版社，1981.

［7］王辅世. 苗语简志［M］. 北京：民族出版社，1985.

［8］毛宗武，蒙朝吉，郑宗泽. 瑶族语言简志［M］. 北京：民族出版社，1982.

［9］喻翠容. 布依语简志［M］. 北京：民族出版社，1980.

［10］何汝芬，曾思奇，等. 高山族语言简志：布嫩语［M］. 北京：民族出版社，1986.

［11］田德生，何天贞. 土家语简志［M］. 北京：民族出版社，1986.

［12］和即仁，姜竹仪. 纳西语简志［M］. 北京：民族出版社，1985.

［13］《汉语印度尼西亚语词典》编委会. 汉语印度尼西亚语词典［G］. 北京：外文出版社，2002.

［14］汉典网. 茶、药、毒、荼四字的汉语及方言读音［Z/OL］. http://www.zdic.net.

第三章　百越的神话传说

百越是在唐代以后便消失了的一个古代民族集团的称谓，汉晋时期的古籍记载了许多百越民族的传统文化，另外，他们的后裔分布在我国南方和东南亚地区，保留了许多古老习俗和神话传说，如"歌仙"刘三姐在不同的地方有不同的称呼，"刘三姐""刘三妹""刘三姑""刘三妈"等，她是百越民族山歌文化的代表，《越人歌》可能是其源头。而在一些百越民族已经被同化的地区，如我国东南沿海的江浙地区，却留下了一些现代人难以理解的神话传说，如鸟田故事。

一、鸟田之谜

古书中有关"鸟田"传说的记载如下。《越绝书》卷八《越绝外传记地传》第十曰："大越海滨之民，独以鸟田，大小有差，进退有行，莫将自使，其故何也？禹始也，忧民救水，到大越，上茅山……因病亡死，葬会稽……无以报民功，教民鸟田，一盛一衰。""当禹之时，舜死苍梧，象为民田也。"《吴越春秋》卷六《越王无余外传》第六曰："禹崩之后，众瑞并去，天美禹德而劳其功，使百鸟还为民田，大小有差，进退有行，一盛一衰，往来有常……"《水经注》卷三十七引《交州外域记》曰："交趾昔未有郡县之时，土地有雒田。其田从潮水上下，民垦食其田，因名为雒民。设雒王、雒侯主诸郡县。县多为雒将。"

（一）质疑：古今学者的见解

古今学者对于"鸟田"的解释有两种不同的观点：第一种观点认为百越先民是有意识地利用鸟类助耕，第二种观点认为鸟类与农业生产的关系只是自然界中的物候关系。

持第一种观点的包括《越绝书》和《吴越春秋》的作者，今人则可举陈龙先生和石钟键教授为例。陈龙先生说"鸟田之利"是指东越先民利用某些农业益鸟为大田作业服务，如除草、灭虫、捕鼠、肥田等。江苏六合区出土春秋战国时代的一件残铜匜，表面图案中有四只长喙大鸟停立在田间，两个农夫躬身似在插秧,这就"是一幅生动的'鸟田图'"①。石钟键教授说:"由于得到雏鸟的助耕,所以骆越人民感怀此鸟,于是把它奉为图腾。""东部越人对于耘田助耕的雁鸟有着特殊的爱戴情感,所以很早以来已成了他们的氏族图腾,后来就以这个'雒'字作为氏族的姓氏,所以越人姓骆,骆就是'雒'的同音字。"②

持第二种观点的在古人中有东汉的王充,他在《论衡·偶会》中说:"雁鹄集于会稽,去避碣石之寒,来遭民田之毕,蹈履民田,啄食草粮,粮尽食索,春雨适作,避热北去,复之碣石。象耕灵陵,亦如此焉。传曰:'舜葬苍梧,象为之耕;禹葬会稽,鸟为之佃。'失事之实,虚妄之言也。"在《书虚》中他又说:"尧葬于冀州,……冀州鸟兽不耕,而鸟兽独为舜、禹耕,何天恩之偏驳也……象自蹈土,鸟自食草,土蹶草尽,若耕田状,壤靡泥易,人随种之,世俗则谓为舜、禹田。海陵糜田,若象耕状,何尝帝王葬海陵者邪?"王充是会稽上虞人氏,熟悉当地的风俗事物,他认为鸟兽与农田的关系只是自然的物候关系。今人谢志民教授也认为:"鸟类助耕之事如何能当真?"③

笔者赞同第二种观点,鸟类与农业生产的关系只是自然界中的物候关系。鸟类虽然能够除草灭虫,利益田耕,但是也啄食庄稼损害收成,对于农业生产并没有特殊的贡献,鸟类的活动在南方和北方没有太大区别,为何在南方有"鸟田"的传说而在北方却没有?汉族的先民之一——商族活动在北方黄河流域中下游,是一个农业民族,殷墟卜辞记载商族种植禾(古代特指粟)、黍、稷、麦、秜(稻)等农作物④,商族也以燕子作为图腾,传说其女始祖简狄吞玄鸟(燕子)卵而生始祖契,但是商族却没有类似"鸟田"的传说,可见古人并没有有意识地利用鸟类来帮助耕作。

此外,王充所说的"传曰"(可能是指《尚书大传》之类的古籍)和《越绝书》等古书的作者们将禹与"鸟田"、舜与"象田"相提并论,这是误解了古书的本意。舜象典故出自《孟子·万章》和《史记·五帝本纪》,但是两书所说的"象"并不是指动物中的大象,而是指舜的一个取名为象的同父异母的弟弟,他多次和父母合谋想加害其兄长舜。值得注意的是,百越民族的后裔壮族和布依族也有类似的民间故事,例如,"《安王和祖王》是布依族古代一部以氏族斗争为内容反映民族来源的神话史诗……有趣的是,这部作品叙

---

① 陈龙:《鸟田考》,载百越民族史研究会编《百越民族史论丛》,广西人民出版社1985年版,第263页。
② 石钟键:《试证越与骆越出自同源》,载百越民族史研究会编《百越民族史论集》,中国社会科学出版社1982年版,第183页。
③ 谢志民:《"女书"字符中的崇鸟意识与古越人鸟图腾的关系》,载《中南民族学院学报》2001年第6期。
④ 参见翦伯赞主编《中国史纲要》(第一册),人民出版社1979年版,第20页。

述王室两个同父异母兄弟安王和祖王为争夺权力、财产而展开斗争的故事,与汉文古籍《孟子》和《史记》等所载舜、象故事甚相类似。""其原型可能是与东夷越族流传的舜象故事同一,它是由布依族先民越人从东夷越族带到贵州高原来,作为一种原始文化保存在巫师手中和原始宗教仪式里"①。

由此可见,《越绝书》等古书的作者们是误解了舜象故事的原意,因此他们也有可能误解"鸟田"传说的原意。《史记·夏本纪》说帝舜令禹治水,十三年而毕其功,在众臣之中,"唯禹之功为大",故以禹继帝位。禹以益辅政,并且以天下授益。益原是帝舜的虞官,"掌管山泽原隰草木鸟兽",舜曾"令益于众庶稻,可种卑湿"。卑是指地势低下,种稻于卑湿无疑就是指水稻。益是虞官,是鸟兽的化身,两汉以来的儒生们在追溯"鸟田"的来源时,自然要联系到益。但是由于种植水稻的决定性条件是水,禹是传说之中治水成功的第一人,因此,益才得以种植水稻,所以禹又与"鸟田"发生了联系。至于将舜与"象田"联系起来,纯粹是出于对禹与"鸟田"关系的盲目附会。《越绝书》和《吴越春秋》两书收集了不少民间传说,其内容颇近小说,"鸟田"和"象田"也只是作为民间传说被收入书中,笔者认为,两书的作者们并没有认真考究其来源和内容的可靠性。

如果传说中的"鸟田"不是指以鸟助耕,那么"鸟田"到底是什么意思呢?仅从《越绝书》和《吴越春秋》关于"鸟田"记载的字面意义上看,笔者认为"鸟田"就是指古代百越民族耕种的水稻和水田。农业史的研究表明,长江流域是我国原始农业的起源地域之一,是一个以种植水稻作物为主的水田农业区②。水稻是喜温、喜湿、喜光的短日照作物,从插秧到成熟,一般要求有水浸润,单季稻需年降雨量750毫米以上,双季稻需年降雨量1500毫米以上,且分配均匀,如果降雨量不足,必须依靠灌溉。另外,要求土壤表土深厚而肥沃,底土坚实具有良好的保水性。

如果"鸟田"是水稻和水田,那么"雒田"又是什么呢?石钟键教授说:"《交州外域记》的'雒田'就是《越绝书》的'鸟田'……《交州外域记》失载的那个'鸟田'传说,已经隐含在这个'雒'字之内了。"③

学者们大都赞同这一见解,但是笔者认为两者是有所区别的:由于地理位置的不同,东部大越海滨的"鸟田"是指普通的水稻田,南方交州外域的"雒田"则是指种植浮稻的深水田。交州又名交趾,泛指五岭以南,西汉武帝

---

① 谷因:《布依族神话史诗"安王和祖王"与舜象故事》,载《贵州民族学院学报》2001年第2期。
② 参见吴存浩:《中国农业史》,警官教育出版社1996年版,第15页。
③ 石钟键:《试证越与骆越出自同源》,载百越民族史研究会编《百越民族史论集》,中国社会科学出版社1982年版,第183页。

置交趾刺史部，辖境包括今天的粤桂两省大部、越南北部和中部，交州外域就是指今天的东南亚地区。今天东南亚地区仍然种植水稻和浮稻，其中以泰国和缅甸的浮稻最多。浮稻在深水条件下种植，采用撒播形式，雨季来临时，稻田积水，水位上升，稻茎也逐渐伸长；8—10月份时，水深每日增加8～10厘米，浮稻有时一天可长高30厘米；在发生大暴雨、大洪水和急流时，浮稻的根会脱离土壤，整株浮稻依靠上部的叶子浮在水面，随水漂移，吸收水中的养分，继续生长，水退后，根部又扎入淤泥，12月至次年1月份，洪水全部退出，浮稻也已经成熟，可以收割。[1]《交州外域记》说雒田"从潮水上下"，正是浮稻的特殊生长形态。

在原始社会早期，长江流域的大越海滨之地可能也有浮稻生长。《史记·五帝本纪》说帝尧"分命羲仲，居郁夷，曰旸谷""申命羲叔，居南交"，其势力达东海至南海。"当帝尧之时，洪水滔天，浩浩怀山襄陵"，尧命大禹之父鲧治水，但是"九岁，功用不成"。气候学和考古学的研究成果表明，"长江流域在新石器时代比现在更为温暖，水面更为宽广，动植物资源十分丰富"，生长着茂密的亚热带常绿落叶阔叶林，"树上缠绕着狭叶海金沙和柳叶海金沙这两种目前只生长在台湾、马来亚群岛、泰国、印度等地的植物，说明当时的气候比现在更为温暖湿润"[2]。这时的东部越族可能种植浮稻。以后由于气候变化，降雨量减少，长江流域的浮稻逐渐消失了，但是当地的越族并没有忘记这种奇特的稻谷，日久年深之后，消失了的浮稻便变成了神话传说的内容。

根据《交州外域记》的记载，古代交趾的越族普遍种植浮稻，在交趾的故地，即今天的粤桂地区，仍然有许多靠近水源的深水田，人们往水中撒播谷种，夏季遇上暴雨、洪水和急流时，田里的积水急剧上涨，稻禾的杆茎也迅速生长，长得要比普通水稻长得多，就像浮稻一样漂浮在水面上。笔者的家乡在古代交趾所属的南越海滨之地——广东省湛江市，中小学时代学校经常组织学生下乡学农，每逢在深水田里收割长杆茎的稻禾时，同学们最害怕在水里遇上蚂蟥和蛇类。据此，笔者认为《交州外域记》的作者熟识交广地方风物，见过当地人仍然在种植的浮稻，故能准确地描述浮稻"从潮水上下"的特殊生长形态。

---

[1] 参见吴关琦、徐成龙等编著：《东南亚农业地理》，商务印书馆1993年版，第181页。
[2] 吴存浩：《中国农业史》，警官教育出版社1996年版，第19页。

（二）鸟狗传奇：谷物起源

百越民族是发明种植稻谷的民族，"鸟田"传说包含了百越民族的谷物起源神话。

栽培稻的祖先是普通野生稻。在史前时期，由于气候的关系，普通野生稻也生长在长江流域，至今在广东、广西、云南、台湾等省区还有发现。在上述地区的新石器时代遗址中，发现了稻谷、稻禾、稻谷壳的遗存，说明当时的长江和珠江流域普遍种植过水稻。

在原始时代，鸟类是人类猎食的主要对象之一，狗是人类最早驯服的家畜，鸟、狗经常觅食野生稻谷，启发了人们栽培稻谷，从根本上改善了人类的生活条件。由于与稻作农业的发明有着特殊的关系，鸟、狗演变为谷物起源神话中的重要角色。此外，南方稻作农业民族的谷物起源神话，往往还与水、洪水、河、海等水资源联系在一起，反映了水稻种植的特点。

壮族的创世史诗《布洛陀》有"造谷米"一章，说洪水淹没了稻田，人们失去了谷种。布洛陀带领人们开凿红河消除水患，然后派出斑鸠、山鸡、老鼠等动物越过大海去寻找谷种。不料鸟兽到达长满稻谷的案州后，由于贪图享受，竟然一去不回。布洛陀只好骑着一条蛟龙渡过海洋，亲自来到案州，但是稻谷已经被鸟兽们吃光了，布洛陀抓住它们，从它们的肚子里取回谷种。[①] 布洛陀是人类的始祖男神，他是"从大水冲击石崖出现的山洞里走出来的"[②]。在壮侗语言中，"山洞"与"河岸"读音近同："山洞"为 kaːm（壮、布依）、əm（侗）；"河岸"为 haːmta（壮）、hen（布依）、an（侗）；在汉语中"洞"字与"水"字也有密切关系，《说文解字》释"洞"为"疾流也，从水。"

侗族有谷种来源的故事：金黄狗游过大海，由于海水的冲刷，仅在尾巴尖尖上黏回了三颗稻谷种子。[③]

水族的谷神故事说箐鸡向人们报信，说东河坝有稻谷，孤儿蒿欧其带着小黄狗去取谷种，回来时遇上洪水，箐鸡衔着稻谷种子飞过了河流。[④]

布依族神话"茫耶寻谷种"中的茫耶要到西边天脚下的神洞里寻找谷种，梦见一个白胡子老人，告诉他在一棵大白果树上斑鸠窝里的鸟蛋中，取出一把金钥匙，在打败守护神洞的神将和大神雀之后，用金钥匙开启石门，白胡子老人还送给他一匹马和一只小狗。茫耶按照老人的吩咐顺利地取到谷种，但是因

[①] 参见谷德明编《中国少数民族神话》（上），中国民间文学出版社 1987 年版，第 76—78 页。
[②] 张声震主编：《壮族通史》（上），民族出版社 1997 年版，第 238 页。
[③] 参见陶立璠、李耀宗编《中国少数民族神话传说选》，四川民族出版社 1985 年，第 285—286 页。
[④] 参见谷德明编《中国少数民族神话》（下），第 650—652 页。

为劳累过度而死在路上,小狗把谷种带回了家乡。①

在东越故地的江浙地区,人们敬奉麻雀为送谷神,传说"世上本无谷,现在种的稻谷是麻雀从天上带来的",又说佛祖为了惩罚世人杀生吃肉的行为,命令弥勒佛下凡收回五谷种子,当弥勒佛背着布袋飞过通天河的时候,老鼠钻进去咬破了布袋,五谷种子掉落在地上,狗把谷种黏在身上,"狗从通天河游过时,水将身上的种子冲掉,只有尾巴上的种子还留着。凡间人就靠那几粒种子繁殖五谷,但是就是种不出以前那样从根生到顶的五谷,只有顶上有那么一串,像根狗尾巴"②。请注意汉语"弥勒佛"三个字的读音与壮侗语言有关词汇读音的对照:"弥"音 miei 与壮语"公狗"音 matak 近同,"勒"音 lək 与傣德语"鸟"音 lok 近同,"佛"音 biwət 与侗语"种子"音 pan、wan、fan 近同,由此可见,"弥勒佛收谷种"来源于百越民族的鸟、狗取谷种神话。东部越族地区在越国灭亡、秦统一之后就开始了汉化的过程,百越族群和文化的特征消失得比较早,百越民族的许多神话传说便被后起的汉族文化所改造或取代。

台湾地区的少数民族有《粟之王》的神话传说。古时人们以野山芋和兽肉为粮食,有一天,勤劳的青年卡巴拉在一个发出红光的山洞里得到一位白发老人的指点,取得了粟种,阿里山的人民才有了粟子。③ 请注意"卡巴拉"三字在壮侗语言中的读音:水语"黄"音 ko,黎语"狗"音 pa,傣语"黄"音 lɤŋ、ləŋ,原来"卡巴拉"就是壮侗语言中的"黄狗"的意思,《粟之王》的传说也是百越民族黄狗取谷种神话的演变。地史学和考古学的研究说明:在晚更新世后期,由于气候变冷、海平面下降,台湾海峡的一部分成为陆桥,大陆的人类和哺乳动物能够沿着低丘草原和林木稀少的地区迁徙到台湾地区,台湾地区出土的石器和青铜器均能在大陆东南沿海的石器文化中找到类似器型,百越民族的拔牙风俗在台湾地区新石器时代晚期的一些遗址中也有发现,台湾少数民族在族源和文化上都与大陆的百越民族有密切的联系。

壮族神话人物的名字"布洛陀"有多种读音,其中一种为 bouxroegdaeuz(pou⁴ɤok³³tau²),意为鸟酋长、鸟头人或鸟首领④;此外,笔者推测"布洛陀"中的"布"音是马来语的"稻谷"音 padi,"洛"音和"陀"音都是壮侗语言的"鸟"音 lok(傣德)、tat(黎)。布洛陀的神话是由鸟、狗取稻种

---

① 参见谷德明编《中国少数民族神话》(下),第624—627页。
② 姜彬主编:《稻作文化与江南民俗》,上海文艺出版社1996年版,第640—641页。
③ 参见《中国少数民族文学作品选》编辑委员会编《中国少数民族文学作品选》(第三分册),人民文学出版社1981年,第313—315页。
④ 张声震主编:《壮族通史》(上),民族出版社1997年版,第123—124页。

的神话母题演变而来,百越民族的鸟、狗取稻种神话,可能在其不同支系和毗邻的民族中演变为猴子、蚂蟥、老鼠等动物或人类,例如在江浙地区除了崇拜麻雀为送谷神外,"还有'鼠盗五谷''狗盗谷种''猴子取稻穗''蚂蟥黏仙谷'等传说,都是说明这些动物与水稻稻种之间的关系"①。

布朗族和佤族分布在我国云南省和缅甸境内,属于南亚语系孟-高棉语族。布朗语的公鸡（εhmin）、蚂蟥（kliŋ）、种子（ma）,以及佤语的蛇（siʔuiŋ）、种子（si mɛ）等词语的读音,都与壮侗语言的鸟、狗、猴子、蚂蟥等词语有相近的音节。布朗族传说洪水淹没了稻田,人们失去了谷种,人和公鸡先后去取谷种,都被洪水淹死,蚂蟥自告奋勇去取回了谷种,但是要以吸食人血作为代价。②佤族传说在一个大水潭里发现了谷子,人们让一条大蛇游进水里取回谷种。③云南地区气候垂直分布,特殊的地理条件使这里成为我国的另一个稻作农业起源中心,在滇西、滇南地区有碳化水稻出土,至今仍有现代野生稻分布。④ 傣语的稻音"考"（xau）,壮语的稻音"好"（hao）,佤语的稻音"老"（Jao）,景颇语的稻音"靠"（khau）,都与汉语的稻音相似,表明云南稻的起源"似属壮傣语各族和孟-高棉语各族的先民"最先驯化栽培。⑤

张公瑾教授说"鸟田"与"骆田"是同音异写,"雒"或"骆"上古音属来母铎部,是一个带塞音尾 [-k] 的入声字,"鸟"字上古音属端母幽部。邢公畹教授认为"鸟"字在周秦之前当有某种塞尾音,"鸟"字在傣语为nok,壮语为rok,布依语为zok。李方桂教授构拟其古音为nrok,壮语为rlok。由此可知,壮、傣等民族语言中的"鸟"字与汉语中的"鸟"字或"雒"字在前上古时期,既同其音,亦同其意,是一个百越各部与前上古汉语的同源词。⑥

以上这些字词之所以音韵相通,有些是同源字,是因为它们都与谷物起源有关,可能都是来源于古代百越语言或者更加远古的原始汉藏语言的"鸟"音和"狗"音。

鸟类图腾崇拜不是百越民族独有的文化现象,而是我国和世界上许多古老民族共同的文化现象。羽蛇神（Chac）是由奎特查尔凤鸟和响尾蛇合体而成,是美洲许多印第安部族崇拜的雨神和文明的缔造者;今天的美国、意大利、德国等许多国家仍然以鹰或鹫等鸟类作为国旗或者国徽的主要图案,这是鸟类图

---

① 姜彬主编:《稻作文化与江南民俗》,上海文艺出版社1996年版,第637—638页。
② 参见谷德明编《中国少数民族神话》（下）,第488—489页。
③ 参见谷德明编《中国少数民族神话》（上）,中国民间文学出版社1987年版,第382页。
④ 参见吴存浩《中国农业史》,警官教育出版社1996年版,第78—79页。
⑤ 参见阚勇《云南耿马石佛洞遗址出土碳化古稻》,载《农业考古》1983年第2期。
⑥ 参见史筑主编,张公瑾《傣族文化》,吉林教育出版社年1986版,第14页。

腾崇拜的遗存；我国古代的商族传说其始祖来源于玄鸟卵；哈萨克族传说其始祖母是白天鹅①；满族在各家庭前立一根神木，四时祭祀，入关后仍然保留此俗，在坤宁宫的前面树立一根神鸟杆；朝鲜族以鸟为图腾，在每一村落的村口都立一根鸟竿（sostei），高20余米，顶端供一只木鸟，鸟头朝北或西北，守护村落。② 在近现代社会中，我国的许多少数民族仍然保留着包括白天鹅、乌鸦、鱼鹰、鹰、斑鸠、鸿、燕、雁、猫头鹰、鹌鹑、水鸟、犀鸟、鹦鹉、麻雀、白头翁、翠鸟、布谷鸟、凤凰、箐鸡、秧鸡、山鸡、鸡等鸟类的图腾崇拜风俗、遗物、神话传说等。③

（三）传奇的生成：语言转译

既然鸟类图腾崇拜不是百越民族独有的文化现象，鸟类对于古代农业生产也没有特殊的贡献，因此，"鸟田"的传说不是来源于百越民族以鸟助耕或者鸟类图腾崇拜，而是来源于百越民族发明的稻作农业，以及有关的农业词汇和谷物起源神话。

在百越语言中，鸟与水稻、种子、谷粒等词汇有相近的音节，可能都是来源于鸟的读音。在百越文化中，鸟类是发明稻作农业的主要启发者和传播者，又是图腾崇拜的对象之一，因此，鸟类神话及其由鸟类演化的神话人物，其功绩往往与谷物起源和稻作农业联系在一起。发明稻作农业是百越民族最重要的历史功绩之一，为了讴歌和传颂这一伟大功绩，百越先人创造了许多神话传说，千秋万世代代流传。

由于百越民族是发明稻作农业的民族，因此，汉语中许多与稻谷有关的词汇，都来源于百越语言。古代汉语称野生稻为"秜"，《说文解字》释"秜"："稻，今年落来年自生谓之秜。"《淮南子》《玉篇》《广韵》《说文解字注》等书说"秜"又写作"穞""离""秱""旅"，其语义是"离""落"，是指野生稻比栽培稻早熟和容易落粒，这是野生稻的一个共同特点。粤桂地区有落禾、野禾、飞禾等野生稻种，其繁殖力强过稗草。云南石鼓地区有一种掉谷，在栽培稻即将成熟时，掉谷的谷粒已经掉光。④ 在上古汉语中，鸟（tiəu）、稻（dəu）两字音韵相通，旅（lia）、离（lia）、落（lak）三字音韵相通，都是来源于壮侗语言的鸟音 nok、noːk、taʈ、lok。

在周秦之际，东部越族已经开始被汉族同化，但是在东越民间仍然保留了

---

① 参见何星亮《中国图腾文化》，中国社会科学出版社1992年版，第65页。
② 参见何星亮《中国图腾文化》，中国社会科学出版社1992年版，第128页。
③ 参见何星亮《中国图腾文化》，中国社会科学出版社1992年版，第46—49页。
④ 吴存浩：《中国农业史》，警官教育出版社1996年版，第78页。

许多百越方言与神话传说，语言学家认为："吴、越原来的语言都不是华夏语，而是一种属于汉藏语系壮侗语族的古越语。"①《越绝书》卷三《越绝吴内传》第四记载，越语称船为"须虑"，今天壮侗语言的"船"仍然读作"须虑"，例如 zuə（布依语），søn（仫佬语），zon（毛南语），lua（临高语），lo（侗语）。《越绝书》记载的"鸟田"，来自百越民族的鸟、狗取稻种神话，是指水稻、水田等，在秦汉时期百越民族没有自己的文字，只从原始时代保存下来的口耳相传的神话传说，如果使用汉语记音译义，就会写成"鸟田"，如果使用百越语与汉语相结合记音译义，就会写成"雒"，"雒"是百越语中"鸟"的音。

汉晋以来的儒生们依靠《尚书》等几本最早的汉语古籍诠释"鸟田"传说，将其抽离了百越民族的历史文化背景，结果只能是以讹传讹、误导后人。当代的学者能够在百越民族的历史文化背景中研究"鸟田"传说，但是他们只是简单地将鸟类与农业生产联系起来，认为"鸟田"来源于以鸟助耕，以及由此而来的鸟类图腾崇拜等，因此仍然没有释出"鸟田"的真正意义。笔者认为，只有认识到发明稻作农业对于百越民族的语言符号系统的结构性影响，只有注意到百越语言中鸟字与稻作农业有关词汇的同源关系，只有理解鸟类在百越民族谷物起源神话中的重要角色，才能真正揭示"鸟田"传说的来源及其所蕴含的百越民族稻作文化的深刻内涵。

二、送稻种给广州人的不是五羊而是黄狗

广州有羊城、穗城、花城等别称。羊城与穗城的别称来源得比较古老，传说有五位仙人持穗骑羊降临广州，传授种植谷的技术，使当地人民过上了富裕的生活，中华人民共和国成立后人们在市内最大的综合性公园越秀公园的越秀山上塑造了"五羊衔谷"石像，成为广州市的标志。花城的称呼来源于物候特征，广州属亚热带季风气候，日照时间长，雨量充沛，四季常青，繁花似锦，在清代的咸丰、同治年间，形成了除夕花市的传统：在农历春节之前，四乡的花农将鲜花运到城镇销售，城镇的居民一般都要买回一些鲜花和四季橘摆放在家里，表示迎春纳福。

（一）五羊神话的来源

五羊神话最早见载于晋人裴渊的《广州记》："广州厅事梁上，画五羊像，

---

① 刘君慧：《扬雄方言研究》，巴蜀书社1992年版，第272页。

又作五谷囊，随像悬之。云昔高固为楚相，五羊衔谷萃于楚庭，故图其像为瑞。六国时广州属楚。"北宋时人们在南海郡治（番山、禺山）的西侧修建了五仙观，作为谷神供奉祭祀，宋人方信孺在《南海百咏》中说："五仙观在郡治西，其先有五仙人，各执谷穗，一茎六出，乘羊而至，衣与羊各异色，如五方，既遗穗与州人，忽腾空而去，羊化为石，州人因其地为祠。"明代洪武年间，五仙观迁建于惠福西路大市街，此地在晋代曾是珠江岸边，称坡山渡头。清顺治元年（1644），人们在接近越秀山最高峰的地方修建了"古之楚亭"石牌坊，以作纪念。

在其他农业民族中，也有谷物起源的传说。例如，在古代属于百越民族的江浙地区，人们敬奉麻雀为送谷神，传说"世上本无谷，现在种的稻谷是麻雀从天上带来的""此外，还有'鼠盗五谷''狗盗谷种''猴子取稻穗''蚂蟥黏仙谷'等传说，都是说明这些动物与水稻稻种之间的关系"①。佛教的弥勒佛也被尊为"五谷神"，传说佛祖为了惩罚世人杀生吃肉，命弥勒佛下凡收回五谷种子，在弥勒佛背着布袋飞过通天河的时候，老鼠钻过钻进去咬破了布袋，五谷种子掉落在地上，狗把谷种黏在身上，狗从通天河游过时，水将身上的种子冲掉，只有尾巴上的种子还留着。凡间人就靠那几粒种子繁殖五谷，但是就是种不出以前那样从根生到顶的五谷，只有顶上有那么一串，像根狗尾巴。②

百越民族的后裔是今天的壮侗语言民族，包括壮族、黎族、布依族、侗族、傣族、毛南族、水族、仫佬族，他们还保留着许多谷物起源的神话传说。例如，广西壮族人民传说是他们的祖先带一只黄狗到天上的仙田里去打滚，身上沾了稻种带回人间。壮族的创世史诗《布洛陀》中有"造谷米"一章，讲述人类始祖男神布洛陀教导人们种植粳米、糯米、玉米、小米、高粱等作物，并且教导人们犁田、耙田、播种、施肥、收割等。③

贵州的布依族有"茫耶寻谷种"的传说，青年人茫耶在寻找谷种的过程中，梦见一个白胡子老人，他将一匹马和一只小狗送给茫耶。茫耶翻山越岭，在一只石牛的帮助下涉过红水河，从西边天脚下的神洞里取出谷种，他让小狗把谷种带回家乡，自己却因为劳累过度死在半路上。④

侗族分布在黔、湘、桂、鄂地区，其创世史诗中有"巨敖始创谷种"的

---

① 姜彬主编：《稻作文化与江南民俗》，上海文艺出版社1996年版，第637—638页。
② 参见姜彬主编《稻作文化与江南民俗》，上海文艺出版社1996年版，第640—641页。
③ 参见张声震主编《壮族通史》（上），民族出版社1997年版，第245—246页。
④ 参见《中国少数民族文学作品选》编辑委员会编《中国少数民族文学作品选》（第四分册），人民文学出版社1981年版，第295—300页。

故事。巨敖是侗族传说中的谷神①,在壮侗语言之中,侗语"狗"字的读音近同汉语的"獒"音:汉语獒读 ŋau,侗语狗读 ŋwa,因此,巨敖即是狗。

毗邻壮侗语言民族的其他南方少数民族也有类似的神话传说。例如,属于苗瑶语言的苗族在湘西苗族地区有"德归马簍"的传说,是关于狗为人类取粮种的故事;在黔西北苗族地区有"狗取粮种"的传说,也是说狗为人类到天上取粮种时,忘记了人们的嘱咐,只取回苞谷的种子。②黔贵地区的苗族以农历七八月新谷成熟后的一个卯日为"吃新节",人们在举办敬祭新谷和祖先的仪式之后,"有的人家,在全家吃新米饭之前,由上了年纪的人先舀点做好的菜饭,给家里养的狗吃。因为传说苗族栽种的稻谷,原始的种子是狗到天上谷子国去用尾巴黏来的"③。

属于藏缅语言的云南哈尼族,以修筑梯田种植水稻闻名于世,他们的创世史诗《创世纪》说:大神稍玛耶玛播下造天造地的种子,将天地分开,还将七背篓种子播向天空和大地,造出日月星辰和人类万物。《洪水记》说大神稍玛耶玛因为马匹被盗窃,发洪水淹没大地,有兄妹两人木耶和塔婆躲进葫芦里逃生,后来结合为夫妻,生下 21 个儿子。三儿子龙王送给母亲塔婆五谷、六畜、金银的种子,人间才有了这些财富。④ 在壮侗语言中,大部分语言的"狗"音读作玛音 ma,哈尼族大神稍玛耶玛的形象有可能吸收了壮侗语言民族狗取稻种传说的内容。

属于南亚语系孟-高棉语族的云南布朗族有"谷子的来历"的传说,其歌谣唱道:"谷子哪里来?谷子自己会飞来……只要人盖起仓房,谷子就成群飞来住下。"谷神名叫牙班豪,其形象是一位老太婆。⑤ 在"牙班豪"三个字的读音中,"牙""豪"两字音近同汉语的"獒"音,"班"字音近同黎语的"狗"音 pa。

属于南岛语系印度尼西亚语族的台湾高山族有"粟之王"的传说:阿里山下的人们以野山芋和兽肉为粮食,有一天勤劳的青年卡巴拉在一个发出红光的山洞里遇见一位白发苍苍的老人,得到粟种,阿里山下的人们才有了粟子。⑥

---

① 参见冯祖贻、朱俊明等《侗族文化研究》,贵州人民出版社 1999 年版,第 20—21 页。
② 参见李廷贵、张山、周光大主编《苗族历史与文化》,中央民族出版社 1996 年版,第 327 页。
③ 黄涤明:《黔贵文化》,辽宁教育出版社 1998 年版,第 192 页。
④ 参见王尔松《哈尼族文化研究》,中央民族大学出版社 1994 年版,第 5—6、138—139、146—148 页。
⑤ 参见《中国少数民族文学作品选》编辑委员会编《中国少数民族文学作品选》(第五分册),人民文学出版社 1981 年版,第 286—287 页。
⑥ 参见《中国少数民族文学作品选》编辑委员会编《中国少数民族文学作品选》(第三分册),人民文学出版社 1981 年版,第 313—315 页。

在壮侗语言中，水语黄音读作 ko，黎语狗音读作 pa，傣语黄音读作 lɤŋ、ləŋ，因此，台湾高山族的粟之王"卡巴拉"可能就是壮侗语言中的黄狗。

通过上述神话传说及其有关词汇的语音分析，可以看出狗取稻种是百越民族稻谷起源神话传说的母题之一，毗邻其他民族的谷物起源传说也受其影响。犬是原始人类最早驯养的一种动物，"抹去它（狗取稻种）的神话色彩，便可以看出，故事反映的是壮族先民带着猎犬到山野中打猎时，猎狗把野生稻种沾回来了，启发了人们把野生稻改为人工水稻的事实"[1]。"人们不忘狗的功德，所以在每年农历六月收割新谷时，都煮新米饭先喂狗吃。"[2]

（二）对五羊神话的质疑与新解

在广州的五羊神话中，"五羊"被认为是五只仙羊或五位仙人骑着仙羊飞来，带来稻种，故人们修建和祭祀五仙观。在五羊衔谷石像中，为首的羊口衔谷穗，身材高大，颔下长着胡子，是一只老羊的形象。

广东的学者认为五羊神话可能包含了三种史实：一是羊姓的楚国人把谷种送到广州，楚国王室祖先的族姓是芈（音 mi），意义同"咩"，是羊叫的象声词；二是西周后期楚国境内汉阳一带的姬姓部族由于受到楚人的排挤，带着羊群和谷种迁移到岭南，将种植农作物的技术传播到珠江三角洲地区[3]；三是战国时期的高固部族带着稻种迁移到珠江三角洲地区。

《广州记》说："高固为楚威王相时，有五羊衔谷之祥。"据明区大任《百越先贤志》记载："高固，越人也，世在越，称齐高傒之族。"高傒是齐太公即姜太公六世孙齐文公吕赤之后，吕赤有子被封于高（在今河南禹州），其后人以高为姓。春秋末年，齐国发生了"田氏代齐"，齐国贵族为避灭族之祸，纷纷逃离齐国。高固所属的"高傒之族"是公元前 489 年田厘子灭高后逃往越国的。高固曾为楚威王之相，是战国时期人，楚威王于公元前 339 年至公元前 329 年在位，此时高氏部族南迁越地已长达 150 余年，故史称高固家族"世在越"，为"越人也"。齐太公姜姓，姜字是一个形声字，从女，羊声，本义是水名，《水经注·渭水》注曰岐水经姜氏城为姜水，在今陕西凤翔县，《说文》曰神农居姜水，以为姓，因此，姜姓是一个起源于以羊为图腾的西北羌人游牧族群的姓氏。

从上述观点中可以看出，广东的学者主要是从汉语典籍和汉语语义的角度

---

[1] 张声震主编：《壮族通史》（上），民族出版社 1997 年版，第 245 页。
[2] 张声震主编：《壮族通史》（上），民族出版社 1997 年版，第 237 页。
[3] 参见邓端本、欧安年、江励夫等《岭南掌故》（上），广东旅游出版社 1997 年版，第 16 页。

考释五羊神话。

令人质疑的是，在上述各民族，包括汉族在内的谷物起源神话传说中，有一些共同的内容，如谷种来自天神。汉族尊周族的始祖后稷为农业神，传说他是天帝的儿子，从天上带了百谷的种子播植在人间。有的天神的形象是白胡子的老人（布依族、高山族），也有狗、马、老鼠、龙王等动物帮助人类取谷种，但是都没有提到羊帮助人类取谷种。

尤其需要指出的是五羊神话产生的背景是楚越之间的文化交流，狗取稻种是百越民族稻谷起源神话传说的原型，岭南是百越故地，高固家族世居越国，实际上已经成为越国人氏，在他任职楚威王的国相之时，楚国灭越国已经十多年，楚人已经较多地接触到越族文化，《百越先贤志》说高固向楚威王进献《铎氏春秋》，"楚以故文教日兴，五羊衔谷萃于楚庭"。因此，无论是从东越或者是从南越传入楚国的稻谷起源神话，都应该带有狗取稻种的原型，如果这一神话发生变异的，那便是楚越两地文化差异的结果。

如果狗取稻种的神话原型是在楚国发生变异的，那么就应该首先考察楚国经济与文化的历史。在商代，楚国的先人分布在商朝的南境，亦即中原的南部①，周成王时，熊绎被封于鄂西北川鄂交界处的睢山与荆山之间的楚蛮之地，才有了正式的国名与族名。在中原南部和睢山、荆山之间时，楚人主要是种植粟米，"后来，随着楚人向江汉平原纵深的推进，稻就取代粟而成为楚国的主要粮食作物了"②。由此可见，楚人是起源于旱地农业的粟作民族，其传统文化中没有水田农业的稻谷起源神话。

在语言上，楚国地处"江汉之间以及汉淮之间，正是古藏缅语、古壮侗语、古苗瑶语与夏言、楚言接触和交流的中心"③。语言学界一般认为古楚语不是汉语，有可能是一种包含了古藏缅语、古壮侗语、古苗瑶语等的混合语言，在古楚语演变为汉语的一种方言以后，由于"楚方言以早期的楚语为低层，自然包括许多早期楚语甚至其他南方民族语言中的词语，因此，楚方言具有一定的混合性质，例如《左传·宣公四年》：'楚人谓乳穀，谓虎於菟'。根据陈士林的研究，'穀'是古越语词，'於菟'是古彝语词"④。

因此，由发明栽培水稻的古代百越民族创造的"黄狗取稻种"传说，传播到经济与文化背景不同的楚人之中，由于语言隔阂的原因，可能会讹变为"五羊送水稻"。

---

① 参见张正明《楚文化史》，上海人民出版社1996年版，第12页。
② 张正明：《楚文化史》，上海人民出版社1996年版，第45页。
③ 张正明：《楚文化史》，上海人民出版社1996年版，第100页。
④ 刘君慧：《扬雄方言研究》，巴蜀书社1992年版，第227页。

第三章　百越的神话传说

现在让我们看看以下在壮侗语言中"黄、狗、水稻、五、羊"等词的读音。

黄——hen, liːŋ, laŋ, lɤŋ, ləŋ, maːn, ŋaːn, ko, zeːŋ。

狗——ma, ŋɯa, pa。

水稻——hauna, ŋau, χauna, χaupək, hu, fiuʔja。

羊——jiːŋ, ʑnːŋ, tuaŋ, bɛ, me。

五——ha, ŋu, ŋo, ŋa, ho, ŋɔ, pa。

再看看在这些词汇在古代汉语和在藏缅语言中的读音：

（1）古代汉语（上古，中古）

狗——ko, kəu。

犬——kʻiɯan, kʻiɯen。

獒——ŋau, ŋau。

羊——ʎiaŋ, jiaŋ。

五——ŋa, ŋu。

（2）藏缅语言（彝、藏、羌）

狗——khɯ, chi, khuə。

羊——tʂhჲ, raluʔ, tshanu。

五——ŋɯ, ŋa, ʁua。

在上述语音列举中可以看到这些词汇的读音都有相近同之处。壮侗语言、藏缅语言和古代汉语的"五"音与古代汉语的"獒"音近同。古代汉语的"獒"音近同藏缅语言的"狗"音，"獒"音可能是来自藏缅语言，是藏缅语言的一些民族对狗的称呼。《古文尚书·旅獒》篇曰："西旅厎贡厥獒"，周武王灭商后，有西方之国"西旅"进贡大犬"獒"，周族分布在华夏西部，而西旅又在周族之西，可见西旅即是古羌，古羌是今天藏缅语言民族的先民，他们进贡的"獒"是高大凶猛的牧羊狗，被周武王视为珍禽奇兽。壮侗语言的"水稻"近同古代汉语与藏缅语言的"五""獒""狗"等音。壮侗语言的"黄"音近同汉语与藏缅语言的"羊"音。在壮侗语言之中，有的"羊"音与"狗"音近同，如傣语的"羊"音 bɛ（傣西），me（傣德），"狗"音 ma。

通过古汉语和藏缅语、壮侗语有关词汇的语音对比，可以说明起源于古代百越民族"黄狗取稻种"的神话，是传入楚国之后才讹变成为"五羊送稻种"的。

有学者认为："分布于江、浙地区的越族先民，应是水稻人工栽培的首先发明者之一。"① 还有学者认为："中国栽培稻种起源于华南，稻作农业亦起源于华南，特别是西江流域的两广地区。"栽培稻的祖先是普通野生稻，"普通野生稻在中国分布的海拔高度是 30～600 米，东起台湾的桃园（东经 120°15′），西至云南的景洪镇（东经 100°47′），南起海南崖县的羊栏（北纬 18°15′），北达江西的东乡（北纬 28°14′），在这一范围内才是稻作栽培的可能起源地"。"在这一范围内只有江西、广东和广西发现有比较密集的新石器时代早期文化遗址，这些遗址周围的生态环境都是低洼地或沼泽，适宜水稻种植。""虽然目前这些遗址中尚未发现水稻遗存，但已出土许多石斧、石锛、蚌刀、石磨盘、石杵等农业工具，说明人们已利用谷类作物，这些谷类应该就是水稻。"广西桂林甑皮岩人遗址距今 12000～7000 年，属于新石器时代早期的洞穴遗址，"发现大量禾本科植物，根据孢粉取样分析，发现文化堆积愈晚，所出禾本科植物愈多，加之遗址内出土了可安柄的磨制石斧和蚌刀，以及石磨盘、石杵等原始农具，有理由推测甑皮岩人已经发明了原始农业，而且已经开始栽培和种植水稻"②。

有段石锛和有肩石斧是百越地区最富有地方特征的生产工具之一，是在常见型石锛上夹绑一根横向木柄，以便于锄耕农业的需要。有段石锛的早期形态见于长江下游的浙江马家浜文化诸遗址，然后北向江苏、山东，南向福建、江西、两广、云南、越南等广大地区传播。在新石器时代晚期，江汉平原屈家岭文化的居民种植粳稻，浙江良渚文化的杭州水田畈遗址、钱山漾遗址，江西修水的跑马岭遗址，广东曲江的石峡遗址等，都发现碳化稻谷或稻草的遗存。在湖北东南部长江沿岸的黄冈地区龙感湖等遗址也出土了有段石锛、有肩石斧等工具，这些遗址"其主人都只能是创造这种文化的古越族先民本身"③。

由此可见，先秦时代在楚国的东南部以及南楚地区都有百越民族分布，是他们将稻谷起源的神话传播到楚人之中。由于古楚语可能是一种混合语言，包括古越语、古彝语等许多南方民族语言中的词汇，因此，楚人有可能将百越民族的"黄狗取稻种"的神话讹变为楚方言版的"五羊送稻种"。

（三）楚越通道的古今风景

那么，楚人又是如何将稻作农业和五羊送稻种的神话传入珠江三角洲地区的呢？

---

① 吴绵吉：《百越文化三题》，载朱俊明主编《百越史研究》，贵州人民出版社 1987 年版，第 91 页。
② 张声震主编：《壮族通史》（上），民族出版社 1997 年版，第 162—163 页。
③ 刘玉堂：《论湖北境内古越族的若干问题》，载朱俊明主编《百越史研究》，贵州人民出版社 1987 年版，第 227—229 页。

考古发掘表明，先秦时期的岭南越族有以下两种类型的经济生活形态。一是"生活于平原地区的以农耕为主"，出土的生产工具包括有段石锛、石镰等，这些石器生产工具的型制"一般较大而厚重"，"完全适合于农业经济，而且还在墓葬中与之同出栽培稻谷的碳化遗迹"，"这个文化以粤北的曲江石峡遗址为代表"。二是"濒海临河的居民则以捕捞、渔猎为主，以采集为辅，没有明确的农业活动迹象"，珠江三角洲地区属于渔猎、采集经济活动类型。①

古代广东的土著居民是百越民族，从秦朝开始，有大批中原移民进入广东，与当地的土著或先来的居民结合，形成广东汉族三民系：广府民系操粤方言，以珠江三角洲为中心；客家民系操客家方言，主要分布在粤北和粤东北地区；潮汕民系操闽方言，主要分布在粤东沿海地区。其中，"广府人和潮汕人的祖先可能来自中国北方较偏北的地区"②，将稻作农业引入珠江三角洲地区的，不会是这些来自北方旱地粟作地区的秦朝或汉朝移民。

在楚地与岭南之间，有一种天然的地缘与人文的联系，南岭西端的骑田岭、越城岭、萌渚岭一带自古以来就是岭南与岭北的通道，这一地区在古籍中被称为"苍梧之野"，其范围"北起广西全州、湖南宁远，南到广东信宜、罗定，西到广西大瑶山，东到广东肇庆、连县"③。这一地区在先秦时期属于南楚之地，公元前387年，楚悼王任命吴起为相，《史记·吴起列传》载"于是南平百越"，《后汉书·南蛮列传》也说："吴起相悼王，南并蛮越，遂有洞庭、苍梧。"此时已经是战国中期。更早的记载是在春秋前期，《羊城古钞》引《广州旧记》曰："（周惠王）赐楚子熊恽（即楚成王，公元前671—626年在位）胙，命之曰：'镇尔南方夷越之乱。'于是南海臣服于楚，作楚庭以朝。"又引《寰宇记》曰："周时南海有五仙人，衣五色衣，骑五色羊来集楚庭，各以谷穗一茎六出留与州人，且祝曰：'愿此阛阓永无荒饥。'言毕，腾空而去，羊化为石，城因以名，故又曰仙城、曰穗城，皆以此也。"④ 由此可见，自古以来就有楚地的人们零散地迁入广东。

在秦朝和西汉初年大规模军事移民时期，虽然有部分移民经鄱阳湖沿赣江越南岭东端的大庾岭进入粤北，但是主要的移民线路仍然是经由南岭西端的湘桂走廊翻越骑田岭南下，沿西江水路进入珠江三角洲地区。这种古已有之的地缘人文联系延续至今，自改革开放以来，两湖的农民最先进入广东务工，今天在广东就业的各省民工中，以湘、鄂籍民工人数最多，也较有经济实力，许多

---

① 参见黄淑娉主编《广东族群与区域文化研究》，广东高等教育出版社1999年版，第20—23页、30—31页。
② 黄淑娉主编：《广东族群与区域文化研究》，广东高等教育出版社1999年版，第Ⅳ页。
③ 参见黄体荣《广西历史地理》，广西民族出版社1985年版，第23页。
④ 仇巨川纂，陈宪猷校注：《羊城古钞》，广东人民出版社1993年版，第569页。

人都成了小餐馆、小商店、小作坊的业主。

　　秦朝和西汉初年，由于军事征伐，北方秦晋方言区的移民大规模地进入珠江三角洲地区，秦晋方言与古越语相融合而发展成为今天的粤语。当大规模的军事移民结束之后，岭南岭北之间又恢复了民间的交往："在西汉末年，岭南一带的汉族人民主要来自楚地，其次才是秦晋和其他地区。"① 广东语言学家李新魁先生认为："在秦始皇派兵入越之前，楚国已经与广东发生长期的、大量的交往，特别是吴起平越之役，又迁移了许多楚人来到广东。""随着楚人进入广东，也就发生了楚语与壮语等的交融过程，这样，南来的楚人便成了汉语最早的传播者。"② 也就是说，粤语的最早来源，不是从中原汉语通过大规模的移民运动直接移植过来，而是经过楚方言作为媒介缓慢地推进，与当地的民族语言——古越语融合而成。李新魁先生的观点在语言学界有争议③，主要是因为秦晋方言的进入，使得粤语成为汉语的一种方言，其中所保留的古楚语成分微不足道，但从民族学、历史地理学等相关学科的角度来看，李新魁先生的观点是有事实根据的。由此类推，广州的五羊神话确实是由自古以来源源不绝地进入岭南的楚国人带来的。

　　最早的楚国移民进入珠江三角洲地区的时候，这里的土著越族尚未种植稻谷。楚国移民开荒种稻，在向土著越族传授种植稻谷经验的同时，自然也传播了楚方言版"五羊送稻种"的稻种起源神话。由于早期楚国的移民是零散的移民，他们在新的安居地里也是零散地、小规模地种植稻谷，因此，可能没有能够留下可供后人考古发掘的遗存。秦汉时代有大规模的中原移民进入广东，珠江三角洲地区的稻作农业才全面地发展起来。

　　由此可见，广州五羊神话的原型就是百越民族的"黄狗取稻种"神话，这一神话经由毗邻楚国的百越民族传入楚地，由于语言隔阂的原因，讹变为"五羊送稻种"。五羊送稻种的神话虽然改变了黄狗取稻种神话的部分内容，但已在珠江三角洲地区的楚国移民和南越族中深深扎根，成为广州建城的历史标志。秦、汉、两晋以后有更多的中原人民及官宦世族进入广东，他们在编撰岭南风土民俗的时候记录了五羊神话，并且增加了当时特有的神仙色彩。

三、东南亚的谷物起源神话与稻谷崇拜习俗

　　早在新石器时代，东南亚就开始了稻作农业生产，在历史上一直是重要的

---

① 刘君慧：《扬雄方言研究》，巴蜀书社1992年版，第266页。
② 李新魁：《李新魁自选集》，河南教育出版社1993年版，第298—299页。
③ 参见黄淑娉主编《广东族群与区域文化研究》，广东高等教育出版社1999年版，第90页。

稻米产区。20 世纪 80 年代，东南亚的大米占世界产量的 21.5%，占世界出口量的 42.9%。① 东南亚的 11 个国家在地理上分属于中南半岛和马来群岛两大地区，有数百个民族，许多民族分布在偏僻的山区或海岛，直至 20 世纪仍然过着采集狩猎或刀耕火种的生活，保存了非常悠久丰富的稻作文化习俗。20 世纪 20 年代，英国学者詹·乔·弗雷泽在其人类学巨著《金枝》的第四十六章第二节介绍了"东印度群岛的稻妈妈"崇拜，东南亚的一些南岛语系民族与百越同源，有着相似的谷物起源神话与稻谷崇拜习俗。

（一）谷物起源神话的类型

东南亚民族的谷物起源神话数量多、类型全，反映了东南亚民族的稻作农业历史。

1. 死体化生型

根据印度尼西亚加里曼丹岛（婆罗洲）的"稻谷女神卢英"神话：当时大干旱，族长的小女儿卢英为了拯救众人，自愿牺牲自己向祖先献祭，用鲜血滋润一块干裂的土地，让苍天降雨，解除了干旱。在卢英鲜血滋润的地方，长出了稻谷。卢英被尊为稻谷女神，并负责护送亡人的灵魂。在举行宗教仪式时，人们一边撒稻米，一边呼唤她的名字祈求保佑。②

2. 动物运来型

根据印度尼西亚巴厘人（Balinese）的"神鸟送稻种"神话：当时民众的主食是甘蔗，毗湿奴神于是化身为普莱图国王，请求土地女神赐予更好的食物，土地女神不惜牺牲自己变作黄牛，以供人们耕作。普莱图请求因陀罗神教导人们种植稻谷，因陀罗神不答应，俩人发生冲突，湿婆神派遣神鸟送来稻种给普莱图国王。毗湿奴神的妻子丝丽女神为了帮助丈夫，隐身在稻种之中，保护稻种的运送和种植。③

印度尼西亚托拉查人（Toradjas）传说他们的祖先是天上的公鸡神，踩着天梯来到人间，带来鸡、水牛、猪、稻谷和其他庄稼。④

3. 飞来型

柬埔寨神话《水稻的来历》说，水稻漫山遍野地自然生长，成熟后自动飞入人们的谷仓。一个横蛮不讲理的妇女嫌稻米飞进她家的谷仓时声音太吵

---

① 参见吴关琦、徐成龙编著《东南亚农业地理》，商务印书馆 1993 年版，第 9—10 页。
② 参见张玉安主编《东方神话传说》（第七卷），北京大学出版社 1999 年版，第 92—94 页。
③ 参见张玉安主编《东方神话传说》（第七卷），北京大学出版社 1999 年版，第 107—109 页。
④ 参见达·嘉查《印度尼西亚民间故事简介》，载许友年译《印度尼西亚民间故事》，中国民间文艺出版社 1983 年版，第 3 页。

闹，用木棒狠狠地打稻米。稻米生气，躲进深山老林的石头缝里。人们遭受饥荒，非常焦急，鱼儿自告奋勇去找稻王，央求稻谷回来救助人们。稻王答应回来，但是人们必须经过辛勤的耕作劳动，才能收获谷子。①

4. 天神赐予型

印尼巽他人（Sundanese）神话《迷途的黑猴》说，天国女王苏南安布的仙子仙女们都是种植旱稻和纺织的能手，她命独生子变幻大师变成长臂黑猿下凡，教导凡人种植旱稻和嚼萎叶、槟榔等。后来变幻大师爱上了人间王国的一位公主布尔巴沙莉，苏南安布也亲自下凡，在布尔巴沙莉熟睡的时候向其传授耕种山稻和收割祭祀的知识。在天神们的帮助下，布尔巴沙莉在种稻和纺织的竞赛中战胜她的大姐，夺回王位，与变幻大师结婚，俩人成为国王和王后。②

菲律宾神话《卢马威格的故事》说，天国有三位王子，小王子卢马威格不愿意在天父的仙田里干活，他下凡娶了人间的姑娘卡娅庞，并向人们传授捕鱼、打猎、种植水稻、编竹器、织衣衫的知识，还劝诫人们和睦团结，不可斗殴，然后带着妻子回到天国。③

菲律宾神话《大米》说，天国的国王卡布宁邀请人间穷苦的农夫巴拉巴特作客，巴拉巴特在天上第一次吃到了大米，而当时地球上只有薯类和土豆。卡布宁向巴拉巴特传授种稻技术，并送给他优良稻种。巴拉巴特回到人间后种植了菲律宾的第一代水稻，获得大丰收，人们争相购买他的种子，使他成为一个富翁，但他却不肯教导人们种植水稻。卡布宁为惩罚他的自私行为，派耗子下凡吃掉他的粮食和钱财，巴拉巴特知错悔改，开始传播种稻技术。④

5. 英雄盗来型

印尼万鸦老岛神话《杜米冷》说，农夫杜米冷从罗贡山的通天大树爬上天国，在仙女们的晒谷场走过，故意割开脚跟的皮肤，让脚跟沾上 12 粒天稻。天稻的颗粒像枇杷般大小，仙人称之为"马兰棱特"。仙人不想让人间得到马兰棱特，假装关心，叮嘱杜米冷下凡后将马兰棱特种在石榴树下，结果长出来的谷粒与普通稻谷一般大小。帮助杜米冷上天的马加埃拉一怒之下，挥刀砍倒罗贡山的通天大树，并将山峰削去一截，扔进海里，是为万鸦老岛。⑤

东印度群岛神话《猎人和两粒稻种》说，猎人勒特威尔出猎，猎犬坠落

---

① 参见张玉安主编《东方神话传说》（第六卷），北京大学出版社 1999 年版，第 105—106 页。
② 参见达·嘉查《印度尼西亚民间故事简介》，载许友年译《印度尼西亚民间故事》，中国民间文艺出版社 1983 年版，第 109—199 页。
③ 参见姜继编译《东南亚民间故事》（上），福建人民出版社 1982 年版，第 153—157 页。
④ 参见姜继编译《东南亚民间故事》（上），福建人民出版社 1982 年版，第 141—144 页。
⑤ 参见达·嘉查《印度尼西亚民间故事简介》，载许友年译《印度尼西亚民间故事》，中国民间文艺出版社 1983 年版，第 316—318 页。

山谷，勒特威尔下到谷底寻找猎犬，意外地遇上一个种稻的部族。他与该部族的一位妇女结婚，在山谷里生活了一段时间，学到了种稻技术，然后带着两粒稻种返回家乡种稻。他将收获的白稻留给自己食用，而将红稻（旱稻）卖给乡亲们。红稻对此愤愤不平，离开主人的家，自行播种和生长在其他人的土地上。当红稻成熟的时候，一位没有见过稻谷的妇人惊讶极了，她不敢贸然食用，先让猫、狗试食，又让佣人试食，看见他们平安无事，自己才敢食用。①

古代东南亚文化有两方面的特征：一是母系氏族社会的精神文化，二是稻作农业的物质文化。西方学者将其概括为："水稻田的耕作"，"黄牛和水牛的驯养"，"妇女及母系传宗的重要性"，"由于灌溉耕作而产生的组织"，"拜物教"，"祖先崇拜和土地神"。②"在古代，印度尼西亚人善航海，已能耕种水稻"，"古代的印度尼西亚人崇拜祖宗的灵魂，尤其是崇拜氏族或部落的建立者的灵魂。祖宗的灵魂住在高山之巅的仙境……祖宗之灵一般是借女巫的躯体而显示。"③

在氏族社会的早期，妇女是原始农业及家畜饲养的经营者，她们在生产和经济生活中处于主导和支配的地位，在神话中往往成为文化的发明者。此外，由于大多数东南亚国家地处偏僻的山区或海岛，这种特殊的地理环境使许多民族至今仍然保留着传统的生活方式：男性主要从事狩猎、渔业等需要体力的野外劳动；女性从事采集、种植和商业贸易，承担全部家务和大部分农业生产劳动，享有较高的社会地位，母系氏族制度的残余形态长期存在。反映在神话传说里，女主人公大多是家族的家长或者一夫一妻制家庭中的妻子，在社会和家庭中拥有主导和支配的地位，如印度尼西亚神话《迷途的黑猴》的天国王母苏南安布，以及人间的公主布尔巴沙莉等。

马来群岛民族有"死体化生"型谷物起源神话，如加里曼丹岛的《稻谷女神卢英》、爪哇人的《兄妹之死》④、巴厘人的《神鸟送稻种》等。弗雷泽在《金枝》中列举了世界上许多古代民族都有这种类型的神话，他认为这是人们将谷物精灵拟人化，使谷物和人类一样经历出生、成长、繁殖、死亡的全部过程，这种过程常常被拟人化为亲子关系，又或者由一个不朽的女神来代替。⑤死体化生型神话保存在马来群岛的许多民族之中，具有原始神话简朴离奇的特点，可能是当地土著民族的原始神话，反映了土著民族对于母系氏族制

---

① 张玉安主编《东方神话传说》（第七卷），北京大学出版社1999年版，第97—99页。
② 丹·乔·艾·霍尔：《东南亚史》（古代部分），赵嘉文译注，云南省历史研究所编印，1979年版，第10页。
③ 萨努西·巴尼：《印度尼西亚史》，吴世璜译，商务印书馆1972年版，第12—13页。
④ 张玉安主编《东方神话传说》（第七卷），北京大学出版社1999年版，第104—106页。
⑤ 参见詹·乔·弗雷泽《金枝》，徐育新等译，中国民间文艺出版社1998年版，第598—613页。

度和原始农业的宗教崇拜。

世界稻作农业起源于西起印度东北部阿萨姆邦、东迄中国云南省的一个椭圆形丘陵地带，其中一条传播线路是沿湄公河向南延伸至东南亚。湄公河是东南亚最大的河流，发源于中国唐古拉山的东北坡，在中国境内被称为澜沧江，流入中南半岛始称湄公河，自北向南流经缅甸、泰国、老挝、柬埔寨和越南，注入南海。分布在这一区域的孟－高棉语族有飞来型谷物起源神话。

高棉人（Khmers）主要分布在柬埔寨，是柬埔寨人口居多数的民族，此外还分布在越南南部、泰国东南部及老挝下寮地区，属南方蒙古人种，使用南亚语系孟－高棉语族高棉语。柬埔寨《水稻的来历》和越南《稻子的来历》属于飞来型神话①，神话中稻米会自然生长，成熟后自动飞入人们的谷仓，由于声音很吵闹，有妇女用木棒狠狠地打它们，赶走了谷物，以后人们必须经过辛勤的劳动，才能获得谷物。中国云南属于孟－高棉语族的布朗族也有"谷子的来历"神话："谷子哪里来？谷子自己会飞来。……只要人盖起仓房，谷子就成群飞来住下。"② 这些神话反映了妇女们最早从事稻作农业的情形，由于舂米的劳动很辛苦，妇女们可能一度放弃了谷物种植，但是由于遭遇饥荒，人们不得不重新恢复比较有保障的稻作农业。这些神话说明孟－高棉语族先民可能是中南半岛上最早种植稻谷的民族。

西方学者认为印度尼西亚等地有种植薯芋为主的新石器文化，没有发展起真正的农业经济。③ 新石器时代来自中国西部的原始马来人，"在到达海岛之前，他们就会种植稻谷了"④。"公元前3000—1000年马来人进入菲律宾群岛，使用石制农具，烧荒耕作，种植旱稻及薯类为粮，驯养禽畜。"⑤ 马来群岛民族没有飞来型谷物起源神话，只有动物运来型、天神赐予型、英雄盗来型等类型的谷物起源神话，可能是反映了史前马来人进入马来群岛后，才在原住民尼格利陀人之中传播稻作农业的史实。

这一文化传播的史实反映在马来群岛民族的谷物起源神话里，便是男主人公大多是天国或者人间的国王、英雄，他们给人间带来或者盗来稻种，教导人们种植水稻。印度尼西亚神话《迷途的黑猴》中天母的独生子变幻大师奉母命下凡，教导凡人种植旱稻，并且与人间的公主结婚，成为人间的国王。印度

---

① 参见张玉安主编《东方神话传说》（第六卷），北京大学出版社1999年版，第13—14页。
② 《中国少数民族文学作品选》编辑委员会编：《中国少数民族文学作品选》（第五分册），人民文学出版社1981年版，第286—287页。
③ 参见中国大百科全书出版社编辑部《中国大百科全书·10》（简明版），中国大百科全书出版社1998年版，"新石器时代"条目，第5429页。
④ 丹·乔·艾·霍尔：《东南亚史》（古代部分），赵嘉文译注，云南省历史研究所编印，1979年版，第8页。
⑤ 吴关琦、徐成龙编著：《东南亚农业地理》，商务印书馆1993年版，第73页。

尼西亚神话《杜米冷》和《猎人和两粒稻种》说男主人公从天上或人间盗取稻种。菲律宾神话《卢马威格的故事》说天国的王子下凡到人间传授稻作农业技术。菲律宾神话《大米》说天国的国王邀请人间的农夫上天国学习水稻种植技术，其中《大米》还反映了当时私有制的情形。

印度尼西亚托拉查人的神话说天上的公鸡神是他们的祖先，为他们带来谷种。这则神话简短古朴，可能是原始神话。托拉查人属蒙古人种马来类型，分布在苏拉威西岛中部山区。由于长期生活在偏僻的山区，托拉查人可能保存了史前马来人从家乡带来的谷物起源神话。

印度尼西亚巴厘人的《神鸟送稻种》是一个从原始神话改造而来的复合神话。巴厘人主要分布在巴厘岛和龙目岛，是公元前2世纪—16世纪迁入马来群岛的新马来人的后裔。新马来人受到印度、中国和阿拉伯文化的影响，社会发展水平较高。在《神鸟送稻种》中，有属于死体化生型的土地女神牺牲自己变作黄牛、丝丽女神隐身在稻种之中的内容；有属于动物运来型的神鸟送稻种的内容；有属于天神赐予型的因陀罗、湿婆、毗湿奴诸神活动的内容。此外，还包含了万物有灵的原始宗教和主神崇拜的印度教文化内容。

（二）稻谷崇拜习俗

东南亚民族的稻作农业源远流长，稻谷崇拜习俗丰富多彩，在许多民族之中，祖先崇拜与稻谷崇拜是人们重要的精神生活内容。

1. 马来群岛

马来群岛是世界上最大的群岛，旧名南洋群岛，有大小岛屿2万多个，散布在太平洋与印度洋之间的广阔海域上，分属印度尼西亚、马来西亚、文莱、菲律宾、东帝汶等国家，其居民主要是马来人。马来人使用马来语，属南岛语系印度尼西亚语族。

马来西亚的马来人（Malays）自古以种稻和捕鱼为生，虽然在15世纪以来接受了伊斯兰教信仰，但是保留万物有灵的传统宗教。在农村，如果有人生病，人们就做一只小船，在里面装上稻米、香料以及木头鬼偶，把小船放入河里，人们唱起歌曲，祈祷小船将疾病和恶鬼带走。①

马来西亚的伊班人（Ibans）是北加里曼丹岛最大的民族，属蒙古人种马来类型，采取刀耕火种的方式，主要种植旱稻，也种植少量水稻。他们特别注重祭祀稻谷神，在耕作季节开始之前要举行各种祭祀，祈祷丰收。他们使用一种带竹柄的小刀，轻轻地割下稻穗，以免惊动"稻魂"。他们认为受惊的"稻

---

① 参见陈鹏《东南亚各国民族与文化》，民族出版社1991年版，第123页。

魂"会飞到别人的田地里,造成减产。① 印度尼西亚的达雅克人(Dayaks)、爪哇人和巽他人也有类似的习俗,人们用一种可以握在掌心的小刀(ani-ani或者tuai)割稻,以免被谷神看见刀子而吓跑,出现秕谷,失去稻谷的营养成分。

印度尼西亚的托拉查人在耕作的季节里要举行各种娱乐稻谷神的活动:插秧时节表演双人舞,两个男青年用左脚蹦跳,用右脚去踢对方的小腿肚;收获时节人们一边荡秋千一边唱歌,感谢大自然和稻谷神;踩高跷并且努力把对方摔倒;玩陀螺;姑娘们踩着半个椰子壳走路;等等。在太阳下山之前,所有的娱神活动都必须停止,以免被鬼看见。托拉查妇女的装束是纱笼,已婚妇女不穿上衣,只是用布巾或者把纱笼向上提,遮住胸部。妇女们在家里大多裸露上身,但在收割稻谷或到谷仓里取谷子时,必须穿上上衣,以示尊重稻谷神。②

印度尼西亚的布吉人(Buginese)和望加锡人(Macassar)分布在苏拉威西岛西南部、加里曼丹岛东南部,是新马来人的后裔。他们自17世纪起皈依伊斯兰教,但是保留传统宗教信仰,特别崇拜鳄鱼和稻谷神,严禁妇女敞开胸怀到谷仓里取谷子。③

爪哇人(Javanais)是印度尼西亚的主体民族,主要分布在爪哇岛,属蒙古人种马来类型。爪哇人主要种植水稻,每次收割完毕都要祭祀稻谷神。在婚礼上,人们往新娘新郎身上撒稻米,祝他们像稻谷一样多生贵子。④

2. 中南半岛

中南半岛是亚洲南部三大半岛之一,又称中印半岛,旧称印度支那半岛,包括越南、老挝、柬埔寨、缅甸、泰国、新加坡及马来西亚西部。地势北高南低,多山地和高原。在大山之间有湄公河、红河等几条大河自北向南,汹涌奔腾,源远流长。一些河流的中下游河谷平原及各河的河口三角洲是主要农业区和人口集中区。

那加人(Nagas)分布在缅甸和印度那加邦,属蒙古人种南亚类型,使用汉藏语系藏缅语族那加语。信仰万物有灵,部分那加人仍然保留氏族组织,处于刀耕火种阶段。主要从事农业,种植水稻及杂粮,同时从事采集和渔猎。

缅甸的那加人、佤人与印度尼西亚的达雅克人过去都有猎头血祭的习俗。⑤ 他们在春种和秋收的季节外出猎取外族人的头颅,以此祭祀稻谷神、祈

---

① 参见陈鹏《东南亚各国民族与文化》,民族出版社1991年版,第132—133页。
② 参见陈鹏《东南亚各国民族与文化》,民族出版社1991年版,第195—200页。
③ 参见陈鹏《东南亚各国民族与文化》,民族出版社1991年版,第193页。
④ 参见陈鹏《东南亚各国民族与文化》,民族出版社1991年版,第146—147页。
⑤ 参见陈鹏《东南亚各国民族与文化》,民族出版社1991年版,第17—31页。

求丰收。猎头血祭起源于原始社会的人祭和食人习俗，原始人认为生命是一种有形的物质，人头（或者生殖器）是这种物质的象征，因此也是最重要的献祭物品。世界上许多原始民族都曾经有过这种习俗，那加人、佤人和达雅克人生活在几乎与世隔绝的偏僻山区，所以较长时间地保存了这种习俗。

中南半岛毗邻印度，许多民族信奉婆罗门教。婆罗门教起源于公元前3000—前1500年的印度河流域，婆罗门教的大母神（湿婆的妻子难近母）崇拜、生殖崇拜与农业生产密切相关，婆罗门教史诗《罗摩衍那》中的女主人公悉达，其名字的原意就是田地里的垄沟，象征农业技术。[1] 她既是大地女神的女儿，又是农业女神，因此受到崇拜。[2]

占人（Chams）主要分布在柬埔寨和越南，少数分布在老挝和泰国，属蒙古人种南亚类型，使用南岛语系印度尼西亚语族占语。部分占人保留母系氏族制度残余，妇女在宗教祭祀中处于重要地位。少部分占人改信伊斯兰教，大部分占人仍然信奉古老的婆罗门教和自然崇拜，保留了婆罗门教祭祀土地神的仪式——"开新犁"。[3]

泰国占人的"开新犁"仪式在20世纪80年代被官方采用。每年夏秋之交在曼谷皇家广场举行"开新犁"祭典，场地四周设置婆罗门教的曼陀罗祭坛，防止恶魔侵入。王室占星家挑选吉日，国王任命春耕大臣主持仪式。春耕大臣让一对套着犁铧的耕牛选食稻谷、玉米、大豆、芝麻等七类种子，被耕牛选中的种子预兆着该种作物在当年将获大丰收。春耕大臣下田扶犁耕种，从四位农妇手中接过装满神圣谷种的竹箩，将谷种遍洒田中，婆罗门教祭师用法水浇田。观礼的民众争抢神圣谷种，将其播入自家的田地里，祈求丰收。[4]

越人（Viets，又称"京人"）是越南人口占多数的民族，还有一些分布在柬埔寨、泰国、老挝和其他国家，属蒙古人种南亚类型，使用越语，系属未定。越人自古种植水稻，培养出几百个水稻品种，主要分为两大类：不透明的黏米和透明的粳米，其中的黏米饭是越人祭祖时必不可少的祭品。[5]

摩伊人（Moi，又称"山地高棉人"）是越南长山地区和西原地区30多个少数民族的通称。摩伊人信奉多神，部分部族尚保存母系残余，从事刀耕火种的山地旱稻农业，也种植少量水稻。摩伊人有许多与稻作农业有关的节日和禁

---

[1] 参见中国大百科全书出版社编辑部《中国大百科全书·6》（简明版），中国大百科全书出版社1998年版，"罗摩衍那"条目，第3139页。
[2] 参见任继愈主编《宗教词典》，上海辞书出版社1981年版，第960页。
[3] 参见陈鹏《东南亚各民族与文化》，民族出版社1991年版，第113页。
[4] 参见段宝林、武振江主编《世界民俗大观》，北京大学出版社1988年版，第49—50页。
[5] 参见陈鹏《东南亚各民族与文化》，民族出版社1991年版，第78—82页。

忌，例如有新年、新稻节、清泉节、择地节等节日，在耕地时不准洗澡和喝清水，只能喝酸的稀粥等。①

克伦人（Karens）是缅甸的第二大民族，部分克伦人分布在泰国，属南方蒙古人种南亚类型，信仰小乘佛教或者基督教，同时保有万物有灵信仰，相信鸡骨占卜。平原克伦人主要从事农业和伐木业，种植水稻、甘蔗、亚麻、橡胶等；山区克伦人仍从事刀耕火种农业，饲养家畜。

寮人（Lao）是老挝三个族系之一，又称"佬人""老挝人""老龙人"，是老挝人口占多数的民族，还有部分分布在泰国、柬埔寨、缅甸和越南，属蒙古人种南亚类型。寮人使用老挝语，属汉藏语系壮侗语族；信仰小乘佛教，也崇拜原始精灵；主食大米，尤喜糯米；实行一夫一妻制，保留母系残余，婚后丈夫从妻居。

20世纪六七十年代，美国华盛顿大学的人类学家彼得·昆斯达特夫妇考察了泰国的克伦人和佬人，发现他们的"生活和大米生长一样，有节奏地运行着，从四月栽种，经过劳累的除草到雨季，再到十月或十一月的收获。大米的栽种安排了人们岁月的进程"。

美国学者在考察报告中写道：

>……四月，克伦人在山脚下耕种，男子用带有铁尖的竹棍戳地，女人和孩子往洞里播撒稻种。家族长双手合掌举在脸前，祈祷："山神、水神、村神、寨鬼请降临走！洛袴克村神，洛袴克水神，赐给我们好的收成，免除杂草的危害……"他敬献了一只鸡，用几根鸡毛蘸鸡血在支撑一间神龛的竹竿上涂抹，然后把鸡放在田边的柴火堆上烤熟，将一些鸡肉、米饭、米酒放在小神龛里，点燃蜡烛，恭请神来享受。

>在第一次除草之后，克伦人在地里祭祀稻神，他献祭一只鸡，祈祷："稻谷，哦！好好地再度回来吧，白生生地再度回来吧，厚厚的沉甸甸地回来吧，绿茵茵的铺展开回来吧，你的茎干像香蕉一样粗地回来吧，谷粒像西瓜一样大地回来吧，被小红蚁吃掉的恢复起来吧，回来吃鸡血吧。哦！稻神。"

>打谷子那天，家族长到地里去转，他轻轻地叫喊："普罗！稻神啊！回到稻田的顶上来吧，回到稻田的里边来吧，如果你去太阳没落的地方，如果你去太阳升起的地方，由近处和远处回来吧，回来填满田地和谷仓吧！"……

---

① 参见陈鹏《东南亚各国民族与文化》，民族出版社1991年版，第108—109页。

……鲁阿人（引者按，即佬人）在泰缅边境的群山中定居，种植高地旱谷，刀耕火种，实行轮耕制，每块地只种一年，然后休闲7～10年。

鲁阿人村子的头人也是宗教领袖，称为"沙曼"（samang），许多重大事务诸如何时播种稻谷等，都由他们做出决定。

二月，长老们出外带回一些土样，然后杀鸡占卜，如果胆囊大而发亮，充满汁水，那是好的兆头，否则便得另外挑选一块地。每人都要到他挑选的地里献祭一只鸡，并且占卜吉凶。

有个名叫岩纽的老人，没有得到吉兆，他本可另换一块地，再杀一只鸡献祭，但他却很沮丧地说："今年我不打算种地了，我卜得一个凶兆：要是我吃了这块地里长出的稻谷，我会得病，甚至会送命。我上亲戚家吃去，以前我也供养过他们。"

播种结束后，大沙曼根据月相定期举办一次祭典，杀猪奉献给天上万能的"超奈"（chaonai）神，祈求其降雨。收获季节要举行多次祭典：将谷魂召回，确保稻谷与谷魂被一同收入仓廪。冬天到来之前，举办一次典礼，将收割时可能游荡在坡地上的谷魂召进村里，村寨就封闭了。[①]

四、廪君神话是壮侗语族的始祖神话

秦汉时期，在巴郡、南郡（约当今天的川东南、黔东北、鄂西、湘西地区）地区，活动着廪君蛮，又称"巴郡南郡蛮"。有学者认为廪君的族属"实出濮系"，本部分的目的就是要在前人研究的基础上，深入考辨廪君的族属究竟是属于壮侗语族的百越还是属于与孟－高棉语族有密切关系的百濮。

（一）廪君的族属

廪君的史迹最早见于《世本》。《世本》最初是先秦史官根据各国档案编写的，以后不断有人增补修订，至战国末年成书，是一部包含了上古谱牒（占了大部分篇幅）在内的、内容十分庞杂的古代历史资料汇编，其性质和体裁与《尚书》差不多，大约在五代时期亡佚。

南北朝时期，南宋的范晔写成《后汉书》，在《巴郡南郡蛮传》中也记录了廪君的史迹："巴郡南郡蛮，本有五姓：巴氏、樊氏、瞫氏、相氏、郑氏，

[①] 参见彼得·昆斯达特《变革的精神支配了克伦人》《生活在泰国善良的鲁阿人中间》，载刘达成、蔡家骐、李光照编译《当代原始部落漫游》，天津人民出版社1982年版，第64—93页。

皆出于武落钟离山。其山有赤、黑二穴，巴氏之子生于赤穴，四姓之子皆生黑穴。未有君长，俱事鬼神，乃共掷剑于石穴，约能中者，奉以为君。巴氏子务相乃独中之，众皆叹。又令各乘土船，约能浮者，当以为君。余姓悉沉，唯务相独浮。因共立之，是为廪君。乃乘土船，从夷水至盐阳。"唐朝章怀太子李贤注引《世本》曰："廪君之先，故出巫诞也。"①

四川学者段渝先生根据古代汉语音韵学和《史记·楚世家》《盐铁论·险固》《水经·江水注》《晋书·地理志》等资料，考证"巫诞"即是句亶，其地在巫山山脉的北端，即今鄂西竹山县南。自竹山以南至今川东北的巫山县，古代皆属巫地。

句亶在竹山以南，其东南即是蛮河，即古夷水，正是廪君的先世巫诞的所在。廪君所浮的夷水，原名盐水，由于廪君从古夷水南下而将夷水之名带至此，故改称夷水。古夷水（今蛮河）北至襄阳一带，正是殷周至春秋时代百濮的活动区域。段渝先生说："由此可见，廪君之先，实为由汉至江之濮。"②

段渝先生还援引了徐中舒先生在《巴蜀文化续论》中有关"廪君出自巫诞"，这是关于濮族的传说的说法。③

徐中舒先生认为，百濮起源于仰韶文化与龙山文化，加入了羌族。百越起源于龙山文化。仰韶文化"起自北方黄土高原，沿着大河河谷而向南向东发展"，龙山文化"起自黄河下游渤海湾地带，环绕泰山山麓分向南北滨海的广大平原发展"④。

有关濮人的记载，最早见于《尚书·牧誓》，他们参加了周武王的伐纣会盟。关于濮人的演变有三说：一说战国以后演变为百越，发展为汉藏语系壮侗语族各民族；二说百濮与百越是两个不同的族体，元代以后称蒲人，再后发展为南亚语系孟-高棉语族；三说前期之百濮与百越有密切关系，后期即为孟-高棉语族。

由于百濮的起源尚未论定，可能与壮侗语族或者孟-高棉语族有联系，本文将深入考证，具体分辨廪君究竟是属于百越还是百濮。

（二）地名与百越语言

《后汉书·巴郡南郡蛮传》李贤引《世本》注曰："廪君之先，故出巫诞也"。徐中舒先生说："巴族原来就是水居的民族。""巫是地名，诞是族名，

---

① 《后汉书·巴郡南郡蛮传》。
② 段渝：《政治结构与文化模式——巴蜀古代文明研究》，学林出版社1999年版，第73—74页。
③ 参见段渝《政治结构与文化模式——巴蜀古代文明研究》，学林出版社1999年版，第72页。
④ 徐中舒：《论巴蜀文化》，四川人民出版社1981年版，第68—73页。

诞今作蜑。蜑（引者按，同"蛋"）就是水居民族，他们习惯居住在大水两岸，所以《后汉书·板楯蛮传》说：'阆中有渝水，其人多居水左右。'""嘉陵江古又称渝水，即賨民所居之地。賨民就是板楯蛮，他们都是廪君之后……"①

但是徐中舒先生未能指出"蜑音水义"的来源，未能说明"蜑音水义"到底是属于与壮侗语言有关的百越，或者是属于与孟-高棉语言有关的百濮？

笔者认为"蜑"音就是百越语言中"河、池塘"的读音。

布依语：河 ta^6，池塘 tam^2。②

壮语：河 ta^6，池塘 tam^2，$thum^1$。③

"蜑""蜑人""蜑家""蜑民""蜑户"原来是指岭南西江流域和珠江三角洲流域的水上居民，据宋代周去非载："以舟为室，视水为陆，浮生江海者，蜑也。"④

明清之际的广东学者屈大均说，"蜑家本鲸鲵之族"，"诸蜑以艇为家，是曰蛋家"，"蜑妇女皆嗜生鱼，能泅。昔时称为龙户者，以其入水辄绣面文身，以象蛟龙之子。行水中三四十里，不遭物害。今止名曰獭家，女为獭而男为龙，以其皆非人类也"。⑤

岭南蜑家朝拜的圣地是西江上游的龙母庙，在广东省的德庆县城，每逢农历五月初八的龙母诞辰，民间举行传统的"龙母诞"仪式，祈求风调雨顺、五谷丰登。来自广东、广西以及东南亚的香客多达数十万人。

南朝宋人沈怀远在《南越志》中最早记载了龙母的事迹，此后的记载在此基础上有所增删。清朝屈大均说，"龙母温夫人者，晋康程水人也"，"夫人姓蒲，误作温"，"灵溪一名温水，以夫人姓温故名"，"然温非生龙者也，得大卵而畜之，龙子出有焉。养之以饮食物，龙得长大"。⑥

明代刘应麟在《南汉春秋》中说："庙旧名博泉神庙，在德庆州东一百里悦城之南。"《藤县志》说："温姓，或曰蒲姓，藤县二十一都筋竹村人。"⑦

由于历代行政区域划分，藤县义昌乡二十一都（即岑溪市的糯峒、三堡、波塘等部分地方）历史上屡有变更。1953年，三地的行政区域正式划归岑溪

---

① 徐中舒：《论巴蜀文化》，四川人民出版社1981年版，第22—24页。
② 参见喻翠容编著：《布依语简志》，民族出版社1980年版，第5页。
③ 参见韦稳庆、覃国生编著：《壮语简志》，民族出版社1980年版，第103页。
④ 〔宋〕周去非著，杨武泉校注：《岭外代答校注》卷三《蛋蛮》，中华书局1999年版。
⑤ 〔清〕屈大均：《广东新语》，卷七《蜑家贼》，卷十八《蜑家艇》，卷六《龙母》，中华书局1985年版。
⑥ 〔清〕屈大均：《广东新语》，卷七《蜑家贼》，卷十八《蜑家艇》，卷六《龙母》，中华书局1985年版。
⑦ 叶春生、蒋明智主编：《悦城龙母文化》，黑龙江人民出版社2003年版，第3、13页。

市管辖，龙母的诞生地也就由藤县的筋竹村变为岑溪市的糯峒镇大竹村。①

令笔者深思的是上述资料中一些地名，例如波塘、糯峒、三堡、博泉等，在壮侗语言的有关词汇中都可以找到对应的音义。

布依语：河 ta^6，池塘 tam^2。

壮语：河 ta^6，池塘 tam^2、$thum^1$。

黎语：河 nam^3，nom^3。②

布依语：村子 $baːn^4$。

壮语：村子 $baːn^3$。

黎语：村子 bou^3。

段渝先生考证廪君先世"巫诞"的所在地是句亶，即今湖北竹山县。无巧不成书，岭南西江上游的龙母诞生地也是以竹子命名的村子。同样令笔者深思的是壮侗语言中"竹子""竹笋"等的读音，不但包含有岭南龙母诞生地的地名"糯""峒""博"等的读音，而且还包含有龙母的姓氏"温""蒲"的读音。

布依语：竹子 vai^4、$zuat^8$。壮语：竹子 fai^4、dok^7、mai^4、bu^5；竹笋 no^5、mai^4；黎语：竹子 $roːn^2$、$laːu^1$。竹笋 $nwːng^1$。

语言学者李锦芳发现"夜郎"的"夜"是布依族的"依"，"郎"是壮侗语"竹笋"记音；"夜"是夜郎主体民族的自称，"夜郎"是"以竹为图腾的'夜'（越）人"③ 的意思。

由此可见，《巴郡南郡蛮传》中李贤引《世本》注的"廪君之先，故出巫诞也"，"巫诞"可能就是壮侗语言中"河、池塘""竹子、竹笋"的读音。

在壮族和布依族的神话中，竹子具有生殖能力，能够生育出人、兵马、神兵。竹子还是职司男女青年婚恋成功、保佑孩子健康成长的生命树，李锦芳说："古代壮人以竹子为男根，此即生命之源。'种'之音同'竹笋'都叫 $laːng^2$，'种猪'叫 mu^1、$laːng^2$。"④

布依族传说有一男孩在刚刚出生的时候，家庭遭受灭族之灾，母亲将其藏在大竹节里，从北盘江的上游漂流到下游，被人救起，保住了性命。他长大以后成为王，抵抗外侮，保卫家乡，所以布依人崇拜竹子，在村寨的周围和庭园前后栽种竹子。如果有的布依族妇女婚后不育，就要回娘家取竹子花，用围腰兜着走回夫家，放在枕头底下，途中不能够与人说话，以求得子。

---

① 参见广西地图院：《广西地图册》，广西美术出版社2000年版，第65页。
② 参见欧阳觉亚、郑贻青编著《黎语简志》，民族出版社1980年版，第109页。
③ 李锦芳、阿炳：《"夜郎"语源语义考》，载《贵州文史丛刊》1998年第1期。
④ 李锦芳：《壮族姓氏起源初探》，载《广西民族研究》1990年第4期。

竹子的神力还与龙神联系在一起。如果有的布依族家庭运气不好，人或牲畜生病，就认为是屋基龙脉气亏，需要砍来四棵大竹子插在房屋四边，谓之"护龙"，用竹子来恢复龙神的元气，保佑家宅平安。①

在壮族的丧葬习俗中，幡是死者灵魂的依附之物。上幡时，要在村边竹林中砍三根最茂壮的竹子，分别挂上幡龙，并在幡顶挂上一对小鸡，表示天公地母接亡灵上路。②

在壮侗语言中，"龙""竹子""竹笋"等有相近同的读音，例如：黎语：竹子 ro:n²、la:u¹，竹笋 nw:ng¹；布依语：龙 ngw:h⁸；壮语：龙 lung²、lu:ng²。

《后汉书·南蛮西南夷列传》《蜀王本纪》《水经注·温水注》《述异记》《华阳国志·南中志》中均有竹生人和竹王的记载，《南蛮西南夷列传》载："夜郎者，初有女子浣于遁水，有三节大竹流入足间，闻其中有号声，剖竹视之，得一男儿，归而养之。及长，有才武，自立为夜郎侯，以竹为姓。""夷獠咸以竹王非血气所生，甚重之，求为立后。"注引《华阳国志》曰："捐所破竹于野，成竹林，今竹王祠竹林是也。王与从人尝止大石上，命作羹，从者曰：'无水'。王以剑击石，水出，今竹王水是也。"③

由此可见，岭南的龙母神话、西南的竹王神话和巴巫的廪君神话，都与百越民族水上居民的蛋家文化有联系。

（三）生育女神

《巴郡南郡蛮传》载："（廪君）乃乘土船，从夷水至盐阳。盐水有神女，谓廪君曰：'此地广大，鱼盐所出，愿留共居。'廪君不许。盐神暮辄来取宿，旦即化为虫，与诸虫群飞，掩蔽日光，天地晦暝。积十余日，廪君伺其便，因射杀之，天乃开明。廪君于是君乎夷城……"

这段文字很奇怪，有学者从汉语文化的角度进行解释，例如郦道元的《水经注·夷水》奇："东南过佷山县南"，注曰："东经难留城南，城即山也。独立峻绝，西面上里余，得石穴。把火行百许步，得二大石碛，并立穴中，相去一丈，俗名阴阳石。阴石常湿，阳石常燥。每水旱不调，居民作威仪服饰，往入穴中，旱则鞭阴石，应时雨多，雨则鞭阳石，俄而天晴"，"东北面又有石室，可容数百人"，"盐水，即夷水也。又有盐石，即阳石也。盛弘之以是推之，疑即廪君所射盐神处也。将知阴石，是对阳石立名矣"④。郦道元还记

---

① 参见廖明君《壮族自然崇拜文化》，广西人民出版社2002年版，第233页。
② 参见廖明君《壮族自然崇拜文化》，广西人民出版社2002年版，第241页。
③ 《后汉书·巴郡南郡蛮传》。
④ 郦道元：《水经注》（下），华夏出版社2006年版，第697—698页。

载了这里的村人骆都遇仙的故事,这里的村民姓骆,可能正是远古骆越的后裔。

郦道元只是收集了汉语典籍中的资料写下自己的解释,笔者认为汉语文化的表层,掩盖了异域文化在交流中不可避免的误解与讹变。廪君的传说来自百越民族,要寻找这个神话的原型,还需回归到百越文化之中,汉语"廪君"的读音近同于壮侗语言的"山洞"。上古汉语:廪 $lǐem^1$,君 $kǐwen^1$;壮语:山洞 $kaːm^3$,$lu^2 ngeːm^2$,窟窿 $sjoːng^6$,lu^2;布依语:山洞 $kaːm^3$,窟窿 $tsuang^6$。

因此,我认为廪君的传说与百越民族的"山洞"传说有关。在壮族的神话中,"山洞"是一个生育的象征符号:"去请那带身孕进岩洞的女神。"①"甘歌女神在《布洛陀经诗》中的地位高于皇帝,壮语 gamjga 的 gamj 是岩洞,ga 是下肢或脚,下肢的岩洞,即是女阴,即是女性生殖器崇拜,即是祖先崇拜。"②

"传说宇宙天地分家以后,姆六甲从一朵花生出来。她平整了天地,创造了人类。后来从山洞里走出布洛陀男神,他们相爱,姆六甲把创造万物和安排社会秩序的任务交给布洛陀。"③"布洛陀的家在岩洞里,布洛陀的村子在石山脚下。"④"公公(布洛陀)的家在紫石山。"⑤"敬请布洛陀,恳请姆六甲,你们是神仙和圣王,恭请高坐正中央;古时你们最先来到人间,最早创造天地和人间,人间永不会忘记。"⑥"那时还没有人类,天与地混合在一起,不分白天黑夜,不分高与低,还未造出大地,还未造出月亮和太阳。布洛陀在上方看见一切,仙人在上边来做主,做成印把来传令,派来了盘古王,从此天分两半,……盘古造天地。"⑦"姆六甲撑开双腿在坳口上挡风,风吹到她身上便怀孕。屙了一泡尿,尿湿了泥土,便用湿软的泥土捏成人形,放到草堆上去壅,经过七七四十九天,泥人活了,敷衍成了人类。"⑧

由于廪君与盐神是男女相遇的故事,因此笔者将壮族生育神话中的一些主要词汇与廪君盐神神话中的一些主要词汇做比较,发现两者有许多相近同的读音。

尿:布依语 nju^6;壮语 $njou^6$,neu^6;黎语 dou^1,$nam^3 dou^1$。

---

① 《布洛陀经诗》整理小组:《布洛陀经诗译注·序歌二》,广西人民出版社1991年版,第63页。
② 《布洛陀经诗》整理小组:《布洛陀经诗译注·蓝鸿恩代序》,广西人民出版社1991年版,第16页。
③ 《布洛陀经诗》整理小组:《布洛陀经诗译注·序歌一》,广西人民出版社1991年版,第43页。
④ 《布洛陀经诗》整理小组:《布洛陀经诗译注·序歌一》,广西人民出版社1991年版,第30页。
⑤ 《布洛陀经诗》整理小组:《布洛陀经诗译注》,广西人民出版社1991年版,第54页。
⑥ 《布洛陀经诗》整理小组:《布洛陀经诗译注·序歌二》,广西人民出版社1991年版,第69页。
⑦ 《布洛陀经诗》整理小组:《布洛陀经诗译注·造天地三》,广西人民出版社1991年版,第114—115页。
⑧ 《布洛陀经诗》整理小组:《布洛陀经诗译注·造人一》,广西人民出版社1991年版,第134页。

盐：布依语 thju¹；壮语 kju¹；黎语 nja:u³。

虫：布依语 nuan¹，njum¹。

卵：布依语 tsjai⁵；壮语 kjai⁵，khjai⁵。

干土：布依语 na:m⁶；壮语 na:n⁶，tum¹；黎语 fan⁴，van¹。

花：布依语 da:i⁵；壮语 va¹，bjo:k⁷。

生育神即是女始祖神，宋人周去非说骆越人称母亲为"米囊"①，姆六甲是壮族的生育神和女始祖神，她的名字"mo¹，lo⁸，kja:p⁷"近同于壮侗语"母亲、山洞"的读音，如下。

母亲：壮语 me⁶，tsja³；布依语 me⁶。

山洞：壮语 ka:m³，lu²nge:m²；布依语 ka:m³。

由此可见，姆六甲是以山洞作为象征符号的生育神。汉语"廪君"两字的读音可能就是壮侗语言"山洞（六甲）"两音的讹变。廪君是男神，也符合姆六甲由女神变为男神的过程，蓝鸿恩先生说："在《布洛陀经诗》里时常提到的主神布洛陀和么渌甲，从整个经诗的文法结构来看，凡是对应的，虽然名字不同，但都是一个东西，所以好像两者就是同一个神……然而在河池本里却把'么渌甲'写成'姆六甲'，则露出了她原先是个女神的形象，道出了其中的秘密。""由姆六甲女始祖神变成布洛陀男始祖神，说明《布洛陀经诗》本身就产生在父系社会，由于父系社会代替了母系社会，当然用男始祖神代替女始祖神了。如果证之民俗，姆六甲已变成送子的花王，是生育神，儿童的保护神，所以壮族民间每家有孩子的妇女都会在床头的墙上安放她的神位。"②

由此可见，"岩洞"在壮族的生育神话中具有特殊的意义，是女阴的象征符号。姆六甲是一位造天地、造人类和万物的女始祖神："她没有丈夫，只要赤身露体地爬到高山上，让风一吹，就可以怀孕，但孩子是从腋下生下来的。她见地上太寂寞，便又造了各种生物。她的生殖器很大，像个大岩洞，当风雨一来，各种动物就躲进里面去。"③ 这是壮族的生育神和女始祖神姆六甲神话的原生形态。

在广西百色市永乐乡石坪村，有一尊被当地壮族群众称为"娅芒"的天然崖雕像，雕像凸现在百余米高的石崖上，高六七十米，宽三四十米，气势宏大，专家们认为这是姆六甲的祭祀神像。以前每年定期都有附近各县的妇女来到崖像前举行大型的哭祭活动，有独特的仪式和唱经音乐。壮语"娅芒"的

---

① 〔宋〕周去非：《岭外代答校注》卷四《方言》，杨武泉校注，第 159 页。
② 《布洛陀经诗》整理小组：《布洛陀经诗译注》，广西人民出版社 1991 年版，第 26 页。
③ 覃乃昌：《布洛陀：珠江流域原住民族的人文始祖》，载《广西民族研究》2004 年第 2 期。

意思就是阿芒姑娘,传说远古时代桂西一带遭遇特大旱灾,寸草不生,一位壮族青年历尽艰辛寻找水源,他的壮举打动了娅芒,于是娅芒与他结伴找水,打算一找到水源即喜结连理。谁知他们来到这个山头时,青年失足崖下丧生。娅芒痛不欲生,化作石像。娅芒的忠贞感动了布洛陀,布洛陀让这座山底流出滚滚的泉水,滋润了这方土地。这是壮族的生育神和女始祖神姆六甲神话的次生形态。

壮侗民族的始祖神布洛陀、姆六甲和廪君神话都具有山洞、石头、水等原始文化常见的生育象征符号,廪君与盐神是壮侗民族始祖神话布洛陀、姆六甲在古代百濮之中的变异。廪君神话的流传地巴山巫水地区的井盐业发达,《水经注·江水》载:"又东过鱼复县南,夷水出焉。"注曰:"北流经巴东郡之南浦侨县西,溪碨侧,盐井三口,相去各数十步,以木为劢桶,径五尺,修煮不绝。""江水又东,左迳朐忍县故城南……南流历县,翼带盐井一百所,巴川资以自给。""入汤口四十三里,有石,煮以为盐。石大者如升,小者如拳,煮之,水歇盐成。"① 由于盐石与当地人的生计密切相关,所以壮侗民族始祖神话中的生育神——岩洞之神布洛陀、姆六甲,便演变成为与盐石崇拜有关的廪君与女盐神。

布依族与壮族同源,在"壮侗语民族文化英雄神话中,布洛陀神话流行最广泛。除壮族以外,布依族、水族都有布洛陀神话,毛南族、仫佬族中也有与布洛陀、姆六甲相关的神话"。"就目前已掌握的资料看,布洛陀神话……主要分布在今百色市、河池市、崇左市、南宁市、云南省文山壮族苗族自治州、贵州省黔西南布依族苗族自治州、黔南布依族苗族自治州。"② 这个区域正好与廪君所属的巴郡南郡蛮的活动区域(相当于今天的川东南、黔东北、鄂西、湘西)相连接。据此,笔者认为廪君的族源属于壮侗语族的百越,而非孟-高棉语族的百濮。

五、"岭南歌仙"刘三姐(妹)与吴越神歌

被岭南各个民族广泛认可的歌仙刘三姐,虽然至今没有人能够确切地考证她来自哪一个时代、哪一个民族,但是她所代表的民间歌唱文化在当今仍然活跃,如同时常漂浮在天边的一朵绚丽彩云,没有人知道它来自何时何日,又要去向何方何处。

---

① 郦道元:《水经注》(下),华夏出版社2006年版,第639—640页。
② 覃乃昌:《布洛陀:珠江流域原住民族的人文始祖》,载《广西民族研究》2004年第2期。

有许多学者研究过这个传说,例如广东钟敬文先生的《论广东传说中之刘三妹》、叶春生教授的《歌谣:刘三妹与广东民间歌唱》、广西覃桂清先生的《刘三姐纵横》、浙江学者顾希佳先生的《祭坛古歌与中国文化》等著作。百越同根同源,岭南歌仙刘三姐与江浙祭坛古歌可能有根源性的联系。

(一) 相似的民俗

顾希佳先生在《祭坛古歌与中国文化》中提到的许多吴越地区的宗教民俗事象,在岭南地区都可以找到蛛丝马迹。

1. 五色米饭

顾希佳先生认为,太湖流域的赕佛是为了祈求五谷丰登,六畜兴旺,家丁平安,流年吉利,在家中设神筵祭坛,向神灵许愿、还愿。在赕佛的祭祀中有"送聚宝盆"的仪式,用晚稻米磨粉,做红、黄、蓝、白、黑五种颜色的粉团各一大块,由唱赞神歌的歌手将其捏成各种面塑,有聚宝盆、财神爷、老寿星、青龙、麒麟送子等形状,分赠参加仪式的各人,人手一个。[①]

岭南地区的少数民族也崇尚五色米饭。壮族是古代百越民族的后裔,在广西的壮族聚居地区,每年农历三月初三和清明节,家家户户都蒸煮五色糯米饭和制作红鸡蛋,人们认为一年之计在于春,因此,用五色糯米饭和红鸡蛋预祝一年里风调雨顺,五谷丰登,六畜兴旺,老幼安康。人们把蒸熟了的五色糯米饭分盛五碗,每碗中间放一个煮熟了的红蛋,表示吉利,喜报丰收。在清明节,壮家还会用五色饭来祭祀逝去的亲人。农历三月三是壮族的歌墟,男女老少盛装打扮,带着五色糯米饭和彩蛋,潮水一般涌向歌墟。歌手们一般先去祭祀歌仙刘三姐,祈求歌仙赐予自己歌唱的才能,然后开始赛歌和对歌。

布依族也是古代百越民族的后裔,他们也用五色糯米饭作为三月三歌墟和清明节时敬神祭祖的必备之物,同时作为馈赠亲友的佳品。

吴越地区和岭南地区的宗教民俗事象都有崇尚五色米饭的习俗,因此,"五色米饭"可能是百越民族文化中一种非常古老、重大的宗教祭祀仪式的残留。壮语中"饭"和"稻子"的读音 hau^4、$khau^3$,"五"的读音 ha^3,吴语中"五"的读音 eu^1,这些词汇都有相同或相近的读音。

因此,无论是吴越地区赕佛的五色米饭,或者是岭南壮族和布依族三月三、清明节的五色糯米饭和红蛋,其起源都应该是古代百越民族的祭天祀年仪式,是一种原始宗教时代的模拟巫术。先民们举行隆重的祭祀仪式,将稻子、米饭、禽蛋等珍贵的食物贡献给天神,乞求天神将丰收的果实回赠给自己。

---

① 参见顾希佳《祭坛古歌与中国文化》,人民出版社 2000 年版,第 24—25 页。

2. 祀田蚕、花棚会、跳禾楼

顾希佳先生认为,吴越地区的祭天又称"祀田蚕",是一种更为古朴的村落性大型祭祀习俗,祈求农业丰收、人口平安,由村中数户大户人家或者民间妇女宗教团体之类的"庚申会"发起,由族长主持。仪式在村中一块高爽开阔的荡田举行,用草绳打桩圈围,祭坛方圆几百丈之内不得放牧种植,这块荡田为此需专门荒芜一熟,以示虔敬。仪式一般在清明节前,或者在春季、秋季的某一个农历初一或者十五举行,由赞神歌手主持。祭坛用门板铺搭在田畈中央,犹如戏台。在三牲供品之前有一对用米粉捏成的"童男童女",可能是上古用人来祭祀的遗痕。①

顾希佳先生认为,吴越地区僮子会的名目很多,春耕有"开耕会",夏天莳秧有"青苗会",秋收之后有"花棚会",遇上虫害有"蝗虫会",等等。祭坛一般搭建在大户人家门前的场地上,形似戏台,台顶有布篷遮盖,四周用芦苇折子护围,插满纸花和绿叶,故又称"花棚"。有的地方的搭建在农舍堂屋之中,称为"坛门"。②

可见,吴越地区的"祀田蚕""开耕会""青苗会""花棚会""蝗虫会"等宗教民俗事象,与岭南地区的"跳禾楼"、唱"禾楼歌"有许多相似之处。

在广东省阳江市的农村中有"跳禾楼"风俗,相传为"歌仙"刘三妈(即刘三姐,她在广东各地有不同的称呼:"刘三妹""刘三姑""刘三妈""刘三妖"等,较多的地方称呼其为"刘三妹")所传:"六月村落中,各建小棚,延巫女歌舞其上,名曰跳禾楼,用以祈年。俗传跳禾楼即效刘三妈故事。闻此神为牧牛女得道者,各处多有庙。"(《阳江县志》)在广东清远有唱"禾楼歌"(又称"南歌")的习尚,相传为歌仙刘三妹所传授,用以感动"禾花仙女"以自己的乳汁喷洒禾苗(《羊城人仙神·禾楼歌的传说》)。③

广东化州市的化北民间在"跳禾楼"时,楼上必挂刘三仙像,乃因当年刘三妹到化州六皇山一带传歌时,正值虫害盛发,她发明了一种"百草丹",消灭了虫害,获得了丰收。此后人们庆丰欢歌,"跳禾楼"、唱"禾楼歌"时,必先拜祭她。④

3. 龙神崇拜的遗迹

顾希佳先生认为,吴越地区的"祀田蚕"祭祀仪式结束时,歌手唱《送神歌》,所有的神码被放入一只空栳栳或龙船里,由主东君(这个村子的长

---

① 参见顾希佳《祭坛古歌与中国文化——吴越神歌研究》,人民出版社2000年版,第31—40页。
② 参见顾希佳《祭坛古歌与中国文化——吴越神歌研究》,人民出版社2000年版,第50—54页。
③ 参见叶春生《岭南民间文化》,广东高等教育出版社2000年版,第67—72页。
④ 参见叶春生《岭南民间文化》,广东高等教育出版社2000年版,第76页。

老，代表全村主持此次祭天仪式的人）捧着，歌手一边唱歌一边带领众人绕着供桌转圈子，称作"牛牵磨"，然后按照预定的方向走向远方，是为送神。嘉兴郊区传说田公地母出生在石门县（今属桐乡市），当地的送神队伍就朝石门方向走去，到了一条河边，将那只龙船放入河中，再捧出一条脊鳍上拴有红头绳的黑鱼放入河中，让黑鱼拉着龙船游向远方，直至龙船沉入水底，黑鱼不知去向为止。①

岭南地区的许多祭祀仪式都有与龙和祈雨有关的内容。例如，在广东省阳江市的阳春、苍梧一带，当地人用檀香木雕刻了刘三妹的像，祀于通真岩中，每逢农历二月十五（即传说中刘三妹的诞辰），乡民纷纷前往拜祭，并把其像抬下山来游神，起牌楼搭歌台致庆。这一风俗一直沿袭至中华人民共和国成立初期。平时每逢天旱，就要抬大王公像（传说刘三妹有三个儿子，死后都成了大王公）到三妹山前做醮，祈求苍天降雨。②

大王公，职司降雨，相当于汉族民间传说中的龙王。在壮语中，"龙"的读音 $lung^2$、$luːng^2$，与汉语"龙"的读音 $lung^2$ 相同。壮语"儿子"的武鸣方言读音 lwk^8、$saːi^1$，龙州方言读音 luk^8、$baːu^5$，近似汉语"龙三"和"龙伯"的读音。因此，刘三妹的三个儿子为大王公的传说，其原型是来自古代百越民族的龙神崇拜。

广东省西部西江流域的民众崇拜大神龙母，大神龙母是祖宗神与自然神合二为一的显赫神灵，其祖庙在广东省德庆市，又称"悦城龙母"，但其祖籍却是在广西壮族自治区的藤县。广西宜山县和富川县的龙母神是刘三妹，《富川县志》记载："三妹生于富川之淮溪，尝夜守鱼梁，与白蛇交，后生子俱为龙，今称为龙母。"把悦城龙母拾卵得五龙子之事附会到了刘三妹的身上。③

在壮语中"蛇"读音 ngw^2、ngu^2，"五"读音 ha^3、ngu^4、ha^3，"白"读音 $haːu^1$、$khaːu^1$，这些词汇都有相近的音节。壮语"鱼"读音 pja^1，"蛋"读音 $kjai^5$、$khjai^5$，也有相近的音节。吴语"蛇"读音 zo^2，与壮语"鱼"的读音相近。由此可见，无论是吴越地区祭祀仪式中的龙船与黑鱼，或者是岭南地区西江流域的悦城龙母和富川刘三妹龙母，都是起源于古代百越文化中的祈雨和崇拜龙神等巫术祭祀仪式。

4. 拉柴宝塔与抢包山

顾希佳先生认为，在吴越神歌的"祀田蚕"祭仪中，祭坛前方数丈开外

---

① 参见顾希佳《祭坛古歌与中国文化——吴越神歌研究》，广东高等教育出版社2000年版，第39页。
② 参见叶春生《岭南民间文化》，广东高等教育出版社2000年版，第74—75页。
③ 叶春生：《岭南民间文化》，广东高等教育出版社2000年版，第74—75页。

的平地上，搭有一座高十米左右的柴宝塔，中间用一根长梢木做骨架，外面用稻草层层包扎，再用四根长绳将其按东南西北四个方向固定。送神程序结束以后，由主要出资的几户人家选派几名精壮的年轻人，分成四组将柴宝塔向自己的方向拉倒，柴宝塔倒向谁家的方向，谁家当年的田蚕就丰收。柴宝塔倒下后点火焚化，祀田蚕的仪式正式结束。①

香港地区的长洲岛有佛诞抢包山的习俗。传说18世纪中叶，长洲岛上发生大瘟疫，死人无数，后来得到玄天上帝的指示，请僧侣设坛，超度水陆孤魂，瘟疫才得以制止。后来居民为了酬谢神恩，每年在农历四月初八佛诞日举行"太平清醮"（包山节），在大街上进行一系列游行活动来驱赶瘟神，其中抢包山是这一活动的高潮。传统的"包山"是用竹子搭成棚塔，然后把成千上万个贡过功神、受过神灵庇佑的包子——"幽包"叠上去，叠成一座座包山。主礼人一声令下，人们就蜂拥爬上包山去抢包子。取的包子越多，福气就越高。

在壮语中"柴"的读音 fwn^2、fen^2，与汉语"饭"fan^4 的读音相近。香港长洲的抢包山风俗，可能与吴越地区"祀田蚕"中的拉柴宝塔有相同的起源，都是来自古代百越民族的祈年祭祀仪式，长洲岛的原住居民应该是百越民族的后裔。

5. 僮子、侲子、方与"僮族"族称的来源

顾希佳先生认为，僮子会又称"童子会"，在苏北一带流行。僮子自称巫师、巫医，主持民间祭祀并表演，群众称其为先生或香火。僮子的首领俗称"方"。② 僮子即是"侲子"，是在傩祭中驱逐疫鬼的巫，由10～12岁的贵族子弟担任。《后汉书·礼仪志》载："先腊一日，大傩，谓之逐疫。其仪：选中黄门子弟十岁以上、十二以下，百二十人为侲子。皆赤帻皂制，执大鼗。"③

神歌手之间各自的活动范围大致被划定，俗称"方"，一般不越界。"方"往往是按一些寺庙的"庙界"规定。有的歌手说这是阴间的地界划分。④

在壮语中，"鬼"的武鸣方言读音 $fa:ng^2$，与汉语"方"的读音 $fang^1$ 相近，《后汉书·徐登传》云："（赵炳）能为越方"，注："越方，善禁咒也。"⑤

壮族同胞往往以自己居住的地方和语言作为自称，例如"蛮"音在壮语

---

① 参见顾希佳《祭坛古歌与中国文化——吴越神歌研究》，广东高等教育出版社2000年版，第36—40页。
② 参见顾希佳《祭坛古歌与中国文化——吴越神歌研究》，广东高等教育出版社2000年版，第51—52页。
③ 《后汉书·志第五·礼仪中》。
④ 参见顾希佳《祭坛古歌与中国文化——吴越神歌研究》，广东高等教育出版社2000年版，第280页。
⑤ 《后汉书·徐登传》。

里有"村落、村子"的意思,自称"布曼"的人,意思是村子里的人、乡下种田人。他们的自称有"布壮""布土""布侬""布曼""布雅依""布衣""布傣""布那"等20多种。在宋代以后的汉文史籍中,将壮族称作"撞""僮"等,可能就是因为——壮族的巫术活动"越方"给当时的汉族人留下了深刻的印象,所以汉族人以此特点称呼他们作为"僮族"。"僮"原是"侲",即是指壮族的巫术活动,但由于"僮""侲"两字的音义偏僻,后人误读误写成为"撞",后改为"壮"。

6. 僮子与岭南歌仙刘三姐(妹)的原型

顾希佳先生认为,僮子"做会"时,总要男扮女装,头扎包头,腰束石榴红裙。《广东通志》引《粤东笔记》云:"永安俗尚师巫,人有病重,则画神像于堂,巫作姣好女子,吹牛角,鸣锣而舞,以花竿荷一鸡而歌。"《说文》云:"巫,祝也。女能事无形,以舞降神者也。"[1]

《后汉书·徐登传》云:"徐登者,闽中人也。本女子,化为丈夫。善为巫术。"[2]《粤风·瑶歌之十八》云:"读书便是刘三妹,唱价本是娘本身。立价便立价雪世,思着细衫思着价。"原注:"价是歌,立价是造歌,刘三妹是造歌之人。雪世是传世,细衫指唱歌之人,义同红裙。"[3]

被岭南各个民族广泛认可的"歌仙"刘三姐(妹),至今仍然没有人能够确切考证出她属于哪一个时代、哪一个民族,但是从古书和吴越地区的僮子做会时总要男扮女装的习俗看来,刘三姐(妹)可能是古代百越地区一个巫师,也可能是"巫"的集体形象在人们脑海中留下的深刻记忆,年代久远以后,人们依然记得其"姣好女子、而舞、而歌"的典型特色。

(二)百越的根源

吴越神歌与百越文化有渊源,顾希佳先生在书中明确地指出了这一点:"秦汉以前百越人居住在吴越地区,有一部分向西南迁徙,有一部分留在原地与南下的汉族融合,成为后世吴越人的祖先。吴语与中原的方言有很大的区别,是民族融合才能产生的语言现象。"[4] 但是顾希佳先生在《祭坛古歌与中国文化》中并没有对吴越神歌与百越文化的关系进行深入的探讨,而是主要介绍吴越神歌,并将其与北方游牧民族的萨满文化和古代中原地区的傩文化做比较研究。

---

[1] 顾希佳:《祭坛古歌与中国文化——吴越神歌研究》,广东高等教育出版社2000年版,第316—317页。
[2] 《后汉书》,卷八十二(下),《徐登传》。
[3] 商壁:《粤风考释》,广西民族出版社1985年版,第68页。
[4] 参见顾希佳《祭坛古歌与中国文化——吴越神歌研究》,广东高等教育出版社2000年版,第415页。

顾希佳先生认为，赞神歌是自古以来在祭祀仪式上唱给神听的歌，有社祭和傩祭的残余。社祭是祭祀社神，春祈秋报，是欢乐的祭祀、歌舞、占卜、会餐等；傩祭是驱赶巫术，是恐怖的，有化装、戴面具、歌舞、驱赶疫鬼入水中等内容。南北朝时期两者之间的界限分明，唐宋以后两者界限模糊不清。变化原因如下：一是鬼神意识渐淡薄，世俗文化增强；二是祭祖的地位渐高于祭祀鬼神；三是佛教与道教的发展。傩祭的巫术与儒家理性主义相去甚远，注定要走下坡路，其流变出现两种形态：①它比较完整地向南方荆楚、三苗地区转移，所以我们至今仍能在西南一带看到保存得比较完整的傩文化形态，尤其是在一些少数民族地区，其形态就更为古老；②它在中原地区的底层，以一种支离破碎的变体出现，每年腊月，一些流浪艺人沿街歌舞，做一些驱傩的动作，向人乞讨。①

顾希佳先生认为，造成神歌文化现象流变的重要原因在它的外部，即社会环境的客观条件，另外一个内部原因在于传承人（歌手）的主观因素。如果有几个技艺比较出色、知名度比较高的歌手敢于率先变革，走下祭坛，走入民间，局面就会随之打开。如果没有这样的先行者，整个文化样式就会因循守旧，不断退缩，直至人亡歌歇。②

明末清初的广东学者屈大均在其笔记体著作《广东新语》中说刘三妹本身就精通音律，咸解诸蛮种族语言："遇某种人，即依某种声音，唱和，某种人即奉之为式。"③ 刘三姐（妹）可能就是一位率先从祭坛走入民间、从某一个民族走入其他民族的古代名巫，她采用的民间歌唱形式能够被岭南许多民族所接受和欢迎，所以她的事迹能够在各个民族之中广泛流传。

顾希佳先生认为，吴越神歌的祭仪有一个简洁明了的总体格局，即"请神—酬神—送神"三部曲。④ 广西许多地方的歌墟（圩），都供有"歌仙"刘三姐（妹）的神像，对歌之前，首先要恭请其神灵前来镇场并祭祀，祈求"歌仙"的福佑；散堂之后再将其神灵恭送回去。⑤

吴越与岭南虽然同属于百越故地，但是岭南的一些宗教民俗事象更加简朴完整、原始古老，它们是百越文化起源之滥觞。人类学家李辉先生通过分子人类学材料——Y染色体DNA对民族系统进行精细分析，发现百越系统与中国的其他系统差异很大，而与南岛语系民族（马来系统）特别是闽南语族群体

---

① 参见顾希佳《祭坛古歌与中国文化——吴越神歌研究》，广东高等教育出版社2000年版，第322—332页。
② 参见顾希佳《祭坛古歌与中国文化——吴越神歌研究》，广东高等教育出版社2000年版，第371—372页。
③ 〔清〕屈大均：《广东新语（全二册）》，中华书局1985年版，第261页。
④ 顾希佳：《祭坛古歌与中国文化——吴越神歌研究》，广东高等教育出版社2000年版，第11页。
⑤ 参见叶春生《岭南民间文化》，广东高等教育出版社2000年版，第76页。

相当接近。百越民族系统遗传结构有三个特点：①百越有单起源的遗传学迹象，可能三四万年前发源于广东一带，而后慢慢扩散开来；②百越二分为以浙江为中心的东越和以版纳的中心的西越；③百越群体在发展过程中曾经由广东向东北、西北、西南三个方向迁徙。百越从广东经江西向浙江的扩散可能发生于很早以前，福建与浙江的越族群体是不同路线迁来的，在台湾原住民遗传结构中同样出现这种二元性。①

由此可见，百越文化与吴越神歌的关系应该是"源"与"流"的关系，两地某些相似的宗教民俗事象，正是百越原始文化的遗存，只要我们细心地钩稽梳爬，便有可能一睹百越先民之风采。吴越地区由于接近中原汉族地区，其原始的百越文化形态在秦汉以后便逐渐被汉族文化侵蚀与同化，因此在吴越神歌中较多地掺入了中原汉族文化的宗教民俗内容。岭南地区地处偏僻海隅，能够比较长时期地、完整地保留原始的百越文化形态，迟至清代才出现《粤风续九》和《粤风》等集中收录百越文化资料的书籍（清初吴淇编辑《粤风续九》，李调元在此基础上编成《粤风》）。《粤风》收录了粤地汉族客家情歌、瑶歌、俍（壮族的一支）歌、壮歌总共100多首，分别编为粤歌、瑶歌、俍歌、壮歌4卷，是中国第一部地区性的各族民间情歌专辑，具有重要的文学价值，同时还是民族学、民俗学、语言学等学科的重要研究资料。《粤风》中也记录了岭南歌仙刘三姐（妹）的传说。

六、刘三姐与岭南民俗峒溪文化圈

现代广东的两位著名民俗学家钟敬文先生和他的学生叶春生教授都研究过在岭南地区广泛流传的刘三妹传说，他们的研究成果是刘三姐传说研究的重要组成部分，钟敬文先生得出了"刘三姐乃歌圩风俗之女儿"的著名结论，叶春生教授则给广东刘三妹传说划出了一个岭南民俗峒溪文化圈，以下梳理这些研究成果，介绍岭南民俗峒溪文化圈的现状。

（一）钟敬文先生的奠基性研究成果

早在1927年，中国民俗学之父钟敬文先生就发表了自己的第一篇研究传说故事的文章——《歌仙刘三妹故事》。时隔将近半个多世纪，在1982年他又发表了《刘三姐传说试论》。钟先生早年研究的传说人物有孟姜女和刘三姐（妹），他在晚年完成了《为孟姜女冤案平反》和《刘三姐传说试论》这两篇

---

① 参见李辉《百越遗传结构的一元二分迹象》，载《广西民族研究》2002年版，第4页。

力作，全面地总结了自己长期以来对这两个传说人物的研究情况。

钟敬文先生的《刘三姐传说试论》包括"绪言""前代文学记录之功过""传说形态之发展""刘三姐乃歌圩风俗之女儿"等四个部分。

在"绪言"里，钟先生梳理了刘三姐传说在历代文献记载中的内容，指出这个传说故事在华南地区久远且广泛的流传情况。在"前代文学记录之功过"里，钟先生指出历代操笔之士由于种种原因，"在记述过程中，不免掺入某种偏见，以及不符合事实之想象或推测之辞，因而导致或多或少改变损害民间创作之原来面貌与意义"。在"传说形态之发展"里，钟先生介绍这个传说故事在各地流传的内容，寻找故事演变的线索，研究"传说之发展及停滞、传说形态发展中之不同线索、本传说与其他故事之牵连、传说在发展过程中丰富提高"等问题。在"刘三姐乃歌圩风俗之女儿"里，钟先生对这个传说故事进行性质判断与价值评价，认为这个传说故事是社会风俗为集体创造之产物，从而得出了"刘三姐乃歌圩风俗之女儿"的结论。

钟敬文先生主张用人类学、民俗学、民族学的观点来研究民间文学，把民俗学事象看成一个由物质文化、社会组织和意识形态组成的整体。钟敬文先生的"刘三姐乃歌圩风俗之女儿"的结论，获得了学术界的一致认同，广西学者农冠品先生称赞钟先生是刘三姐传说研究的开山之祖："'刘三姐乃歌圩风俗之女儿'，这是钟敬文先生研究刘三姐传说及其文化现象的科学的、经典的结论。在学界的文章与言谈中，凡提到刘三姐，皆脱口而出钟先生的这十一个字，铿锵而凝重的词句。钟先生对刘三姐研究的倾心与精神，在深深地潜入多少学人和世人之心！"[1]

在给广西学者覃桂清的著作《刘三姐纵横》所做的序中，钟先生的第一句话是："刘三姐传说是我学术工作上多年来萦心的一组故事。"他说，自从青年时代开始研究民俗学以后，"在这方面学术对象的关心中，我特别感兴趣的是刘三姐（妹）的故事群"。他说《刘三姐传说试论》"只着重讨论了传说中的三个问题，还有好些问题没有涉及，其中所凭借的现代资料，也只限于广西境内所流传的，因此，自己总感到有些欠缺"。"近年来，由于刘三姐故事记录的不断涌现（特别是广东东江及西江地区的），我很想续写一篇有关这个传说的论文，题目拟为《广东的刘三妹传说》。我希望有生之年能够完成这个夙愿。"[2] 非常可惜的是，钟敬文先生还未能够完成自己的夙愿就离开了人世。

幸好在钟敬文先生的晚年，他的学生、中山大学的叶春生教授在征得他的

---

[1] 农冠品：《钟敬文与刘三姐研究》，载《广西右江民族师专学报》2004年第1期，第8页。
[2] 覃桂清：《刘三姐纵横》，广西民族出版社1992年版，第1—2页。

同意之后，写作发表了《广东的刘三妹》一文，在一定程度上实现了钟先生的夙愿。叶教授的《广东的刘三妹》后来收录在他的著作《岭南民间文化》中的第四节"歌谣：刘三妹与广东民间歌唱"之中。

(二) 叶春生教授的继承性研究成果

钟敬文先生在《刘三姐传说试论》的结束语中说："由此观之，刘三姐传说，实与韩凭妻、孟姜女、山伯英台、白蛇娘子、望夫石等我国著名传说，同属于取材广泛社会生活而经过一定虚构之民间口头创作。其历史性，乃广义的，并非狭义的。"①

叶春生教授在此基础上广泛深入地研究了广东的刘三妹传说。

叶春生教授调查了解到在广东各地对刘三妹的称呼大不一样：在粤北的连县、阳山一带称其为"刘三姑"或"刘三娘"；在粤东的梅县、兴宁一带称其为刘三妹；在粤西清远、肇庆、阳春一带称其为"刘三妹"或称"刘三姐"；阳江称其为刘三妈；电白称其为刘三妣。叶教授认为广东至少有两个刘三妹，另一个是广府民系的刘三妹，一个是客家民系的刘三妹。叶教授说："新兴的刘三妹略早于兴梅的刘三妹，所以较早见于史籍，兴梅刘三妹的事迹多为口传，所以不够广远。加上兴梅地区偏处粤东一隅，唐宋以降被贬南来的文人墨客很少涉足。而新兴刘三妹所过之处，如肇庆、阳山、阳春等地，却有许多著名诗人来过，如刘禹锡、许浑、周敦颐、杜位（杜甫从侄）等，经过他们的渲染，皇帝加封晋爵，愈演愈烈，以至后人把兴梅的刘三妹附会到新兴的刘三妹身上，这是可能的。如今肇庆、新兴一带歌风已衰，而兴宁、梅县的民间歌唱却方兴未艾，亦可见当日兴梅之刘三妹不亚于新兴刘三妹，史家无意识之偏颇而已。从其传歌路线和歌唱风格可以肯定，这是两个文化系统的产物。前者为广府民系，后者为客家民系。"②

叶教授认为，广东刘三妹的传说划出了一个岭南民俗峒溪文化圈，它明显区别于珠江三角洲及潮汕平原地区的风俗文化："广东刘三妹的传说，涉及汉、壮、瑶、苗几个民族，从她的传歌路线，我们看到了岭南山歌的风物圈。这个风物圈东起梅县，西至廉州，北到韶关、柳州，南至雷州半岛。此间有许多相似的风物、风俗，都因共同的歌祖刘三妹而生；又有许多相异的传说和习尚，因民族和社区而有别。我们不必考究刘三妹到底属于哪个民族，亦不必追究她的故乡到底在哪一个社区，而应该把她看作岭南民间文化的一个综合机

---

① 钟敬文：《钟敬文学术论著自选集〈刘三姐传说试论〉》，首都师范大学出版社1994年版，第324页。
② 叶春生：《岭南民间文化》，广东高等教育出版社2000年版，第69页。

体。她不但是'粤俗好歌'的产物、'歌圩的女儿',而且凝聚了岭南民间信仰、交际、礼仪、婚嫁、生产等许多习俗,透过这一机体使我们看到了岭南民间文化的一个侧面。"①

叶春生教授的研究既有综合性的分析论述,也有深入细致的史料校勘。例如清初广东诗人屈大均在其《广东新语》卷八《女语·刘三妹》中详细地记录了"新兴女子有刘三妹者,相传为始造歌之人"的事迹,为了考证这段文字内容的真伪及性质,叶教授多次前往新兴进行田野调查,当地文化工作人员说至今尚没有发现与刘三妹传说有关的遗迹,当地的民间歌唱风气也不浓郁。通过实地调研与史料比较,叶教授指出了这段文献记录内容的讹误及其原因:"查及史志,得知唐代大中符祥九年(1016),新州曾与春州(今阳春市)合并,改称'新春州'。或许就是这一期间,《舆地纪胜》作者王象之把'新春州'误为'春州',屈大均又把'新春州'误为'新兴',屈翁为清初'岭南三家'之一,在广东影响甚大,后《肇庆府志》采入,讹传至今,亦有可能。"② 叶春生教授这种严谨的治学态度,体现了一个社会科学工作者和大学教师的高度责任感。叶春生教授关于广东刘三妹传说的研究成果,是我们继续深入研究这个传说故事的重要基础。

根据前文叶教授提出的广东至少有广府民系和客家民系两个刘三妹的结论,笔者把钟先生的《刘三姐传说试论》和叶教授的《歌谣:刘三妹与广东民间歌唱》中出现的与这个传说故事有关的县市地名逐一罗列。

在广东省境内有关的县市地名如下:

(1) 纯粹属于粤方言或以粤方言为主的县市有10个:封开、肇庆、清远、罗定、吴川、电白、阳春、阳江、开平、台山。

(2) 纯粹属于客家方言或以客家方言为主的县市有4个:梅县、兴宁、连县、阳山。

在广西壮族自治区境内有关的县市地名如下:

(1) 主要使用粤方言或部分使用粤方言的县市有6个:贺县、苍梧、桂平、贵港、邕宁、扶绥。

(2) 主要使用客家话或部分使用客家话的县市有4个:桂平、柳州、贵县、河池。

(3) 主要使用西南官话的县市有6个:恭城、象县、柳州、宜州、罗城、河池。

---

① 叶春生:《岭南民间文化》,广东高等教育出版社2000年版,第77页。
② 叶春生:《岭南民间文化》,广东高等教育出版社2000年版,第71页。

在上述总共 30 个县市地名之中，使用粤方言的县市地名占 16 个，使用客家话的县市地名有 4 个，使用西南官话的县市地名有 6 个，由此可见岭南地区的刘三姐（妹）传说故事确实是与广府民系有着特别密切的关系。

粤方言又称粤语，俗称广东话、广府话，当地人称白话，是汉语七大方言中语言现象较为复杂、保留古音特点和古词语较多、内部分歧较小的一种方言。

在语言学界，有人认为粤语由古汉语与古百越语言融合而成——现代粤语是一种在"古华夏语"（古汉语）和"古蛮夷语"（古瑶语和古壮侗语）相互"混合"的基础上发展演变形成的语言。[①]

也有人认为它的主要来源是古代中原一带的"雅言"。雅言是周朝时期中原一带的民族共同语，也可以说是我国最早的"普通话"。秦汉时期，中原或北方的汉族移民迁入岭南，固守原有的文化习俗以及语言，成为岭南地区最早的雅言传播者。当地土著将汉语作为第二语言来学习，雅言逐渐在岭南地区流行开来。东汉以后中原经历了数百年的战乱，民众大规模南迁，岭南地区的汉人移民数量激增。在北方游牧民族的长期统治下，中原的汉语言发生了很大的变化，而偏安一隅的岭南汉族移民语言没有受到影响，较多地保留了古代中原雅言的结构，成为中古以后汉语的一种方言。[②]

粤语无论是由古汉语与古百越语融合而成，或是主要来源于古代中原的雅言，它都是早期的汉族移民与岭南的百越土著接触之后产生的新的文化产物，是两者融合之后形成的新的民系——广府居民的母语。

根据 2005 年全国 1% 人口抽样调查结果推算，2005 年年末广东省常住人口 9194 万人，常住人口总量在全国 31 个省、市、自治区中居第三位。全省使用粤方言的人口总计在 3800 万人以上，纯粹属粤方言或以粤方言为主的县市有 47 个，占全省面积的 1/3 以上，其中包括珠江三角洲地区经济发达和政治文化中心的广州、深圳、顺德、香港、澳门等，以及西江流域历史文化底蕴深厚的肇庆、云浮、封开、德庆等。在全省的常住人口之中，省外流动人口为 1635 万人，占全省常住人口总量的 17.8%，省外流动人口总量一直居全国首位。令人欣喜的是，由于粤方言极具特色，许多进入粤方言县市的省外流动人口都积极学习粤语，努力接近和融入当地社会。笔者是粤西客家人，在广州居住了数十年，熟悉粤语，过去笔者在搭出租车时能够准确地辨别出那些讲粤语的外省出租车司机，现在则经常出错，因为许多外省出租车司机的粤语讲得非

---

① 参见李敬忠《语言演变论》，广州出版社 1994 年版，第 88 页。
② 参见罗康宁《粤语的起源地新探》，载《肇庆学院学报》1998 年第 2 期，第 30 页。

常流利。

(三) 岭南民俗峒溪文化圈的现状

峒溪文化圈的概念源于《峒溪纤志》，该书一共三卷，属于西南少数民族风俗杂记，是搜罗了各种有关四川、云南、湖南、贵州、两广（广东、广西）、海南岛等地区少数民族资料编撰而成的，上卷叙述苗、瑶、僰、八番、金齿、罗罗、黎等民族族属与部别源流；中卷专记风俗等事；下卷记其动植物产。作者陆次云（生卒年不详），浙江钱塘（今浙江杭县）人。康熙十八年（1679）举博学鸿词科，罢归，后来在郏县（今属河南）、江阴（今属江苏）等地当知县，著有《八纮绎史》《湖蠕杂记》等书。《峒溪纤志》自序："余之所志，有见而知者，有闻而知者，缕辑其说，以为宦于此土者告。非若朱季公《丛笑》一编徒姗其陋也。"作者亲历见闻，关于少数民族的宗教、婚嫁、仇杀、丧葬、器用、节令等习俗尤足参考，古籍里集中记载西南少数民族情况的专著不多，故此书虽然简略，却也弥足珍贵。

峒溪文化圈是指西南包括两广、海南岛等地区的世居少数民族，其中包括百越民族集团。两广的粤语居民与其有直接的渊源关系，两广的客家话居民在血统和语言上也受到其影响。这两大方言的居民有一个共同的风俗，那就是唱山歌，正好与峒溪文化圈中"刘三姐"这个独一无二的歌仙符号吻合，而广东的闽南语居民（潮汕地区）则缺少这种风俗。

1. 广府民系的民歌风俗

阳江地区民歌活跃，种类有山歌、牛歌、花笺调、儿歌、禾楼歌、堂梅歌、渔歌等，表现形式有独唱、对唱、山歌剧等，内容多以男女爱情、名人轶事、反封建礼教、反侵略、劝训守法等为主。有口头和文字创作两种，前者随口唱出，称"急才"，后者经过文人加工，或是文人创作。

20世纪五六十年代，阳江市北惯镇端陶村有个民歌手姓谭，因为手有残疾，故被称为"捞手谭""捞手王"。他有说唱天赋，以创作、卖唱民歌为生，将民歌油印成歌页，在漠江桥头或环城路等地卖唱，有不少听众听他唱的歌感动得流出眼泪，就花钱买歌册。爱情故事相比民歌较长，例如《歌唱何秀琼》等，经过"捞手王"口头唱、歌册传，现在还有不少人能背唱出来。①

清代有客家人迁入阳东县新洲镇，在禾叉坳山村留下一座传统的客家围屋，这是阳东地区唯一的客家村围屋，有人口1万多人。客家人与当地人同样爱唱民歌，自吟自唱，对歌、斗歌早已形成传统的风俗。客家山歌上承《诗

---

① 参见纯光《街头民歌手"捞手王"》，http://www.yjrb.com.cn/web/sh，访问日期：2012年12月8日。

经》遗风,有"赋""比""兴"等修辞手法,尤以"双关"见长。每首四句,每句七字。第一、二、四句押韵,韵脚多用平声。通俗易懂,形象生动,朗朗上口,可唱可诵,全用客家话传唱,具有地方特色。由于这些客家人生活在阳江话(粤语)的环境里,因此其山歌调子与梅州、惠州等地的客家山歌有所不同。①

云浮市有镇名"高村",原名"歌村",当地人人爱唱歌,事事皆歌唱。其中,有一则广为流传的当地趣事。正值插秧之时,有一妇女在田垄向邻居借农具,二人竟对唱了两个多时辰,完全忘记了插秧之事。那妇女的丈夫寻来,见状大怒,将妻子打倒在地,其妻一骨碌从地上爬起来,对着丈夫唱道:"值此风雅之时,为何打扰歌兴?"②近年,以连滩山歌闻名的云浮市郁南县出了一位著名的女歌手莫池英,人称连"连滩刘三姐",她可以连续记住10多个人的"歌尾",答唱如流,从不落空,每逢应邀演唱,都被大批山歌迷追捧,争相与她斗歌对唱。③

连滩山歌得名于连滩镇,属于郁南县、云浮市、广东省三级非物质文化遗产,承载着当地许多历史文化信息,被誉为南江文化"活化石"。

连滩山歌起源于明朝年间,流行于郁南、罗定、云浮、德庆及广西的苍梧、岑溪等县,最初是四句版,到了清朝发展到多句版,特点是句句同仄押韵,用南江地区地方方言演唱,内容丰富,形式活泼,情景交融,常用比兴手法。旋律和调式基本固定,套以不同的内容,有独唱、对唱、群唱(打擂台),三种打擂台是最热闹的一种场面。多数是即景演唱,心有所感发而为歌,包括爱情、生活中发生的某件事、劳动生产情景、猜谜语娱乐等,一般在节日、喜事、丰年、集合、劳动之余咏唱。有些歌手受聘到主家演唱,为喜庆活动增添欢乐气氛。打擂台时,男女歌手各一人当台柱,男称"歌伯",女称"歌妹",坐在群众中间,接受四面八方的歌手挑战,以歌答歌。每年正月,都有盛大的复古山歌节,吸引了云南、贵州、广西、湖南的远近乡邻踊跃参与。

名歌手历代有之,第一代有蔡氏(女)等人;第二代有曾简(女)、程姜(女)等人;第三代有郑泉、陈琼(女)、江口三(女)、伍凤英(女)等人;第四代有蔡梅英(女)、刘十妹(女)、关荣森等人;第五代有莫池英(女)、

---

① 参见佚名《阳江客家山歌》,http://www.xinyangjiang.com/xinxi/show.aspx?id=46c115955944c97b,访问日期:2011年1月3日。
② 周立:《由泷水山歌看乡村文化建设》,载《湖南科技学院学报》2005年第3期,第82页。
③ 参见佚名《广云浮农村有个"刘三姐"》,http://www.gd.xinhuanet.com/newscenter/2007-01/11/content_9012298.htm。

陶才、莫雪珍（女）、谢水莲（女）等人。他们在城乡歌坛演唱数十年，对邻近地区亦有广泛影响。现在越来越多人成为职业歌手，他们的足迹遍布郁南、罗定、云浮、德庆和广西梧州、苍梧等县市区，出现在各种喜庆场面、文化娱乐场所。

2. 客家民系的民歌风俗

广东省东北部的客家地区在唐代始有山歌，梅州市境内（梅江区、梅县区、兴宁市、五华县、丰顺县、大埔县、平远县、蕉岭县）民间流传的歌仙"刘三妹的故事"也发生在唐代神龙年间。现在这些地方每逢中秋举办山歌节，大打山歌擂台，非常热闹。

山歌是客家文化的重要组成部分，晚清黄遵宪、屈大均，当代钟敬文等学者都曾重视对客家山歌的收集、整理、研究工作。"梅州客家山歌历来由民间口头传承。现在唱山歌的队伍严重老化，不少优秀山歌手相继去世，青少年已不喜欢唱山歌、听山歌，山歌演唱青黄不接、后继乏人的情况日趋严重。"

为了保存或者复制这些文物和文化遗址，政府必须投入大笔资金，但是如果没有来自民间的真实需要，即使政府人为地保存了，也无法长久维持，各地由财政拨款资助建立的各种所谓"某某民族/地方传统工艺/文化研究中心"之类的机构就是例子。因此，各级政府要认真研究历史文物和文化遗址保护方案的可行性，不能只是贪图短期政绩而浪费资金。应该把财政资金用于更加紧迫的民生需求，例如教育、医疗、社保等。必须正视我国仍然是世界上最贫穷的国家之一，2015年3月15日第十二届全国人大三次会议闭幕后，国务院总理李克强在回答中外记者提问时说："按照国际权威统计，中国也就是世界第二大经济体。更重要的是，按人均GDP，我们是在世界80位以后……如果按照世界银行的标准，中国还有近2亿贫困人口，中国是实实在在的发展中国家。"①

【本章参考文献】

[1] 韦庆稳，覃国生. 壮语简志 [Z]. 北京：民族出版社，1980.

[2] 李珍华，周长楫. 汉字古今音表：修订本 [Z]. 北京：中华书局，1999.

---

① 中华人民共和国新闻网：《李克强总理答中外记者问》，http://cpc.people.com.cn/n/2015/0316/c64094-26696881.

第四章 百越与禹神话

禹神话是较早出现的神话,传说中大禹创建了夏朝,是中国历史的开端。1996年开展的国家重点科技攻关项目"夏商周断代工程",在2000年正式公布《夏商周年表》,确定夏代大约开始于公元前2070年,夏商分界大约在公元前1600年,商周分界定为公元前1046年,为研究中国古代文明的起源和发展提供了一个时间上的标尺。近年以来,笔者将禹神话中的一些主要词汇与闽方言和南岛语言做比较研究,发现禹神话与这些语言有着极其密切的联系。

一、南岛语系和闽方言

早期南岛语系民族使用有段石锛和几何印纹陶,在海峡两岸出土的文物中,这些相同的文物和文化特征都是大陆早于台湾,说明台湾岛的最早居民主要来自大陆的东南沿海。他们当中包括南亚的土著民族南亚人,身材矮小,肤色黝黑,属于达罗毗荼语系民族,《山海经》里有关于这些矮小黑人的记载。百越族群种族众多,其中主体应该是南岛语系民族的祖先。

(一) 南岛语系

南岛语系(Austronesian family)又称马来-波利尼西亚语系,主要由太平洋中各岛屿上的语言以及亚洲大陆东南端的中南半岛和印度洋中一些岛屿上的语言组成,有300～500种,使用人口约2.5亿,包括我国台湾地区、菲律宾、婆罗洲、印度尼西亚、马达加斯加、新几内亚、新西兰、夏威夷、密克罗尼西亚、美拉尼西亚、波利尼西亚等各岛屿的语言,还有马来半岛上的马来语、中南半岛上越南与高棉的查姆语(占婆语),泰国的莫肯语(Moken/Moklen)。

南岛语言按地域分成印度尼西亚、波利尼西亚、美拉尼西亚、密克罗尼西亚4个语族。属黏着型语言,主要构词和构形手段是词根添上附加成分和词根的重叠或部分重叠。常用词大多为双音节词,音节构造较简单。大多数词根既能作名词,也能作动词。人名、普通名词、方位名词分别用不同的冠词。代词第一人称有"我们"和"咱们"的区别。数词有十进位的,还有五进位甚至四进位的。动词有式、时、体、态的范畴。词序往往随谓语的性质变动,有的语言动词出现在主语之后,有的语言动词出现在句首。

关于南岛语系和其他语系的同源关系,有五个不同假设:

(1) 传统的观点是南岛语系和其他语系没有同源关系。

(2) 1904年德国传教士威廉·施密特提出其与南亚语系同源。

(3) 1942年国际学术界提出其与壮侗语和苗瑶语同源,应合成澳泰语系。

(4) 1970年美国学者达尔指出其与印欧语系同源。

(5) 1990年法国学者沙加尔提出其与汉藏语系同源,获得我国邢公畹教授的赞成。

南岛语系起源于何处?1975年,舒特和马克发表论文说台湾是南岛语最有可能的发源地。1991年,皮特·贝尔伍德在期刊《科学美国人》(Scientific American)发表论文,论述"南岛语的发源地在台湾",操南岛语的南岛民族是由亚洲大陆而来,可能与侗傣(Kam-Tai)民族或南亚民族原是一家,分家后到台湾来,年代是6000年前。5000年前,才开始从我国台湾地区南下扩散到菲律宾群岛,主要是北部的吕宋一带,然后到婆罗洲、印尼东部,时间大约是在4500年前。然后往东、西两方扩散,东至马里亚纳群岛(关岛、塞班岛一带),也到了南太平洋部分地区,往西到马来半岛、苏门答腊等,时间在3200年前。此后扩散到中太平洋美拉尼西亚区域的加罗林群岛一带。继续往东到波利尼西亚,约在300年。今天新西兰的毛利族(Maori),应是他们最晚的移民,约在800年。

近年又有人认为该语言的发源地是东南亚,特别是印度尼西亚或附近的岛屿。

(二) 闽方言

百越是我国古代东南沿海地区的土著民族,其活动范围与闽方言和印度尼西亚—马来语交集。闽方言又称闽语,俗称福佬话,是汉语七大方言中语言现象最复杂、内部分歧最大的一种方言。

闽语主要通行于福建、广东、台湾三省和浙江省南部,以及江西、广西、江苏三省的个别地区,使用人口约4000万。福建省有54个县市说闽语,约占全省面积的3/4。广东省东部有12个县市,此外,主要通行粤方言的中山市和阳江、电白等县也有部分区、乡说闽语,以上地区约占全省面积的1/3。海南省及雷州半岛(琼雷区)有19个县市,少数民族地区除外。台湾省的21个县市中,除约占人口2%的高山族地区说高山语,部分地区通行客家话以外,其余各地的汉族居民都说闽方言,占全省人口的3/4以上。浙江省南部以及舟山群岛的一部分地区说闽语。以上总计通行闽方言的县市有120个以上。

此外，江西省东北角的玉山、铅山、上饶、广丰等县的少数地方，广西壮族自治区中南部桂平、北流等县的少数地方，江苏省宜兴、溧阳等县的少数地方，也有人说闽语。

散居南洋群岛、中南半岛的华侨和华裔中，祖祖辈辈也以闽语作为"母语"。在新加坡、马来西亚、菲律宾、印度尼西亚、泰国、缅甸以及印度支那各国的华裔社区中，闽语也是主要的社会交际语之一。

闽方言有一大批属于本方言区常见而其他方言少见的方言词，这些方言词有两个特点：一是继承古代的语词多，二是单音节词多，例如"卵"（蛋）、"目"（眼睛）、"涂"（泥土）、"曝"（晒）、"拍"（打）等，都可以从古籍中找到出处，也都是单音节词。此外，也有一部分闽方言词借自外语，这些外来词大都借自印度尼西亚-马来语，形成了闽方言词汇中的独特色彩，例如厦门话"雪文"（肥皂）来自 sabon，"道郎"（帮助）来自 tolong，"洞葛"（手杖）来自 tongkat，"斟"（接吻）来自 chium。

二、禹神话与南岛语系民族的鱼类图腾崇拜

作为夏朝历史开端的禹神话，在华夏的许多地方都留有遗存，早在 20 世纪 30 年代顾颉刚等学者就讨论过禹神话的族属问题，但是至今仍然没有能够取得共识。顾先生说："这几年之中，常有人问我：'你们讨论古史的结果怎么样？'我屡次老实答道：'现在没有结果。因为这是一个大问题，它的事实在二三千年以前，又经了二三千年来的乱说和伪造，哪里是一次的辩论所能弄清楚的！我们现在的讨论只是一个研究的开头呢，说不定我们一生的讨论也只是一个研究的开头咧！'""我们要有真实的哲学，只有先从科学做起，大家择取了一小部分的学问而努力，等到各科平均发展之后，自然会有人出来从事会通的工作而建设新的哲学的。"[①]

（一）为何顾颉刚先生研究禹神话得出了不同的结论？

顾颉刚先生的治学思想和方法受到康有为、胡适等人的影响，认为要用科学的方法（归纳与演绎）研究古史。他说："我先把世界上的事物看成许多散乱的材料，再用了这些零碎的科学方法实施于各种散乱的材料上，就喜欢分析、分类、比较、试验，寻求因果，更敢于做归纳，立假设，搜集证成假设的

---

① 顾颉刚：《古史辨》第一册自序，载中国社会科学院科研局组织编选《顾颉刚集》，中国社会科学出版社 2001 年版，第 44—45 页。

证据而发表新主张。……但是我常常自己疑惑：科学方法是这般简单的吗？只消有几个零碎的印象就不妨到处应用的吗？在这种种疑问之下，我总没有做肯定的回答的自信力。"①

为何顾先生会有这种疑惑与不安呢？这是因为古史"它的事实在二三千年以前，又经了二三千年来的乱说和伪造"，难以验证。顾先生说："我知道我所发表的主张大部分是没有证实的臆测，所以以后发现的证据足以变更我的臆测时，我便肯把先前的主张加以修改或推翻，决不勉强维护。"② 顾先生对禹神话的研究就是一个例子。

1922年，顾先生在起草《最早的上古传说》一文时，发现在西周时就有了禹神话，尧舜神话是在春秋末年才出现的，经过分析归纳，他发现了禹神话可能是出现较早的神话，因为"古史是层累地造成的，发生的次序和排列的系统恰是一个反背"③。

1923年，顾颉刚先生根据《左传》上王孙满对楚子说的话，"昔夏之方有德也，……铸鼎象物，……螭（魑）魅罔两，莫能逢之"，以及彝器上有"螭"，正作蜥蜴之形，又根据《说文》训"禹"为虫，训"禼"为兽足蹂地等资料，认为禹可能就是九鼎上的蜥蜴。④ 他说："商周间，南方的新民族有平水土的需要，酝酿为禹的神话。这个神话的中心点在越（会稽），越人奉禹为祖先。"⑤ 在时隔14年之后的1937年，顾先生在《九州之戎与戎禹》一文中修正了自己以前的说法，认为禹神话是出自西方的戎族，他说："由戎之宗神禹，演化而为全土共戴之神禹，更演化而为三代之首君。"⑥

为何顾颉刚先生要做出修正？他最重要的学术成就是提出了"层累地造成的中国古史"的观点，王熙华先生说这"既是中西文化结合后长出来的硕果，又是我国历代考辨古史由感性认识上升到理性认识的规律性总结。它的出世是我国辨伪史上的一个重大突破性的发展，标志我国的疑古辨伪之学进入了

---

① 顾颉刚：《古史辨》第一册自序，载中国社会科学院科研局组织编选《顾颉刚集》，中国社会科学出版社2001年版，第99页。
② 顾颉刚：《古史辨》第一册自序，载中国社会科学院科研局组织编选《顾颉刚集》，中国社会科学出版社2001年版，第88页。
③ 顾颉刚：《古史辨》第一册自序，载中国社会科学院科研局组织编选《顾颉刚集》，中国社会科学出版社2001年版，第61页。
④ 参见顾颉刚《顾颉刚古史论文集》（第一册），中华书局1988年版，第143页。
⑤ 顾颉刚：《顾颉刚古史论文集》（第一册），中华书局1988年版，第151页。
⑥ 顾颉刚：《九州之戎与戎禹》，载中国社会科学院科研局组织编选《顾颉刚集》，中国社会科学出版社2001年版，第342页。

一个新的时代"①。受到胡适先生"大胆假设、小心求证"治学思想影响，顾先生应用归纳与演绎的方法研究古史，结合考古学和民俗学的方法，"研究了考古学去审定实物，研究了民俗学去认识传说中的古史的意义"②。顾先生发现禹神话是较早出现的神话，但是却无法确定是出自南方的百越或者是北方的西戎。

是什么问题难倒了这位卓越的学者？顾先生说："许多学问没有平均发展时，一种学问也要因为得不到帮助而不能研究好。"③ "学问是没有界限的，实物和书籍，新学和故书，外国著作和中国撰述，在研究上是不能不打通的。无论研究的问题怎样微细，总须到浑茫的学海里去捞摸，而不是浮沉于断港绝潢之中所可穷其究竟。"④ 由于当时人文和社会科学尚没有充分发展，许多学科的研究还处于初始阶段，因此顾先生未能够得到更多的帮助。

在后来的 60 多年里，历史学及其相关学科民族学、考古学和语言学等都得到了充分的发展，现在我们可以"会通"各种科学的研究成果，利用更多科学的研究工具与方法，探索某一个学科的某些学术问题，这正是当年顾颉刚先生梦寐以求的学术条件与环境。

（二）民族学等相关学科的研究成果及其启示

早在 20 世纪上半叶，梁启超、顾颉刚、吕思勉、林惠祥、凌纯声等学术大师们就开始研究百越民族的起源问题，林惠祥先生说："古代诸民族以越族之系统最为不明，至今尚有疑问甚多。"⑤ 当时林惠祥、凌纯声两位先生认为百越民族就是居留在大陆的原马来人，华南大陆是马来人的起源地。⑥

半个多世纪过去了，民族学相关学科人类学、考古学和语言学的研究成果证明了古越人的后裔就是今天我国南方的壮侗语言民族，古越人与南太平洋地区的南岛语系民族（马来人是其中的组成部分）有渊源。

体质人类学的研究表明，我国东南地区的人类化石遗存都不同程度地表现出与华北同期人类不同的地理分域特征，而这些分域特征也表现在东南亚群岛

---

① 王熙华：《顾颉刚古史论文集·前言》，载顾颉刚《顾颉刚古史论文集》（第一册），中华书局 1988 年版，第 5—6 页。
② 顾颉刚：《古史辨》第一册自序，载中国社会科学院科研局组织编选《顾颉刚集》，中国社会科学出版社 2001 年版，第 68 页。
③ 顾颉刚：《古史辨》第一册自序，载中国社会科学院科研局组织编选《顾颉刚集》，中国社会科学出版社 2001 年版，第 89 页。
④ 顾颉刚：《古史辨》第一册自序，载中国社会科学院科研局组织编选《顾颉刚集》，中国社会科学出版社 2001 年版，第 96 页。
⑤ 林惠祥：《百越系中国民族史》，商务印书馆 1993 年版，第 115—117 页。
⑥ 参见吴春明、陈文《"南岛语族"起源研究中"闽台说"商榷》，载《民族研究》2003 年第 4 期。

和大洋洲的人类化石上。①

考古学的研究表明，华南和东南亚地区在旧石器时代分布着砾石石器工业，到新石器时代则发展为印纹陶文化，而华北地区则分布着石片石器工业，"这说明，南岛语族的东南亚、大洋洲史前文化与百越民族的华南史前、上古文化同属于一个系统"②。

在语言学方面，20世纪40—70年代美国学者本尼迪克特发表了《台湾、加岱语和印度尼西亚语——东南亚的一个新联盟》和《汉藏语概论》等论著，认为在中国学者所假设的汉藏语系中，侗台语族和苗瑶语与汉藏语系并没有发生学上的关系，应当归入南岛语系。③

我国语言学者倪大白也提出了南岛语与我国和中南半岛的百越族后裔所操的侗台语同出一源的观点。④

1992年，法国学者沙加尔发表《汉语和南岛语之间亲属关系的证据》一文，我国语言学者邢公畹先生对此做了肯定与补充，说两者"是从一个共同的祖语——原始汉澳语衍生下来的"，并且提出一个假设："在人类语言史上有两支规模最大的语系：一支从南向北延伸，叫作印度欧罗巴语系；一支从北向南延伸，叫作汉藏澳泰语系。"⑤

在我国语言学者的最新研究成果之中，还揭示了汉语与印欧语在上古时代也有过密切的接触，周及徐先生说："从大约公元前1500年上溯至新石器时代甚至更早的相当长的时期内，汉语和印欧语有过密切关系，也就是操汉藏语（或华澳语）系语言的民族与操印欧语系语言的民族有过密切关系。""汉语与印欧语在史前时期的密切关系是什么性质……我们倾向于两者之间有发生学关系……现代东亚人群源于非洲……今天地球上的人类在分化为不同的种族之前，他们共同的祖先曾有过共同的语言。即，人类（共同）语言的历史长于人类种族的历史。"⑥

我国历史学者余太山先生在追溯古代中亚游牧民族"塞种"的起源时，发现我国古史传说中的有虞氏自蜀迁鲁，其中一支复自鲁迁晋，以后又有一支北迁雁门，并西迁到达阿尔泰山东端，即是后来的月氏人。这支西迁的有虞氏部落联合体被希罗多德的《历史》称为Issedones（有虞氏），斯特拉波的《地

---

① 参见吴春明、陈文《"南岛语族"起源研究中"闽台说"商榷》，载《民族研究》2003年第4期。
② 吴春明、陈文：《"南岛语族"起源研究中"闽台说"商榷》，载《民族研究》2003年第4期。
③ 周及徐：《汉语印欧语词汇比较》，四川民族出版社2002年版，第3页。
④ 倪大白：《南岛语与百越诸语的关系》，载《民族语文》1994年第3期。
⑤ 周及徐：《汉语印欧语词汇比较》，第5—7页。
⑥ 周及徐：《汉语印欧语词汇比较》，第615—616页。

理志》称其为 Gasiani，汉语史籍中的允姓之戎和大夏，在西方史籍里分别被称为 Asii 和 Tochari。在约公元前6世纪20年代末，有虞氏西向扩张至锡尔河北岸，驱逐了原居该处的 Massagetae（马撒该塔伊人），开始与波斯人发生关系，被波斯国王大流士一世的《贝希斯敦铭文》称为 Sakā，即《汉书·西域传》中的"塞种"。《史记·大宛列传》称："自大宛以西至安息，……其人皆深眼，多须髯。"这一范围包括了奄蔡、大夏、大月氏、康居诸国，既然安息人无疑是欧罗巴人种，则 Asii、Tochari、Gasiani 和 Sacarauli 也可能是欧罗巴人种。①

有虞氏来自蜀地，蜀地毗邻西藏，西藏的南部和西南部又与印度、尼泊尔等有欧罗巴人种分布的国家接壤，因此，有虞氏有可能是欧罗巴人种。

西戎是我国古代西北各族的通称，殷周之际分布在黄河上游及甘肃西北部，春秋战国时有一部分融入华夏社会。余太山先生所说的有虞氏和月氏人都曾经在西戎故地活动，因此，西戎之中可能有属于欧罗巴人种的人群。

百越是我国东南沿海的土著民族，其活动范围达到东北亚的沿海地区。新石器时代文化（前4300—前2500）——大汶口文化分布在今天的山东省和江苏省的淮北地区，以种植粟为主，兼营渔猎和采集。当地居民盛行枕骨人工变形和青春期拔除一对侧上门齿。这种凿齿习俗，在世界上其他地区如东亚、东南亚等地区亦流行，在中国则流行于东南地区、黄河下游、长江中下游及珠江流域，在越、僚、乌浒等少数民族中长期流行，直至20世纪三四十年代，仍然存在于部分仡佬族、高山族之中。

禹神话到底是来自百越，或者西戎？笔者的研究方法是引入民族学和语言学的资料，将禹神话的主要内容与有关民族语言进行比较研究，分析哪一种语言与禹神话有较多的联系。

百越的后裔是今天的壮侗民族，壮侗语言属于南岛语系，本文选用南岛语系中的印度尼西亚语作为古代百越语言的参照。

周及徐先生认为，汉语与印欧语言在史前时期的密切关系可能属于发生学关系，余太山先生则认为有虞氏可能是欧罗巴人种。有虞氏原居蜀地，笔者认为其有可能是来自南亚次大陆的印度-伊朗语言民族。汉代张骞在出使大夏时获悉蜀道可通身毒（今印度）。大夏在今新疆和田一带，属东伊朗人种。张骞劝汉武帝开辟西南夷道以通大夏，但为昆明夷所阻，未能通。印度-伊朗语族是印欧语系最东部的一个语族，由于笔者不熟悉该语族语言，故只能采用英语作为参照。

---

① 参见余太山《古族新考》，中华书局2000年版，第29—44页。

（三）鱼类图腾崇拜

本节中关于禹神话的资料，主要来自司马迁《史记》中的《夏本纪》和《五帝本纪》，以及历代注释《史记》的《史记正义》《史记索引》《史记集解》等文献。

《史记·夏本纪》："禹之父曰鲧。"①

1. 释禹

顾先生根据《左传》上说"昔夏之方有德也，……铸鼎象物，……螭（魑）魅罔两，莫能逢之"，以及彝器上有"螭"，正作蜥蜴之形，又根据《说文》训"禹"为虫、训"禸"为兽足蹂地等资料，认为禹可能就是九鼎上的蜥蜴。

"蟲"字的甲骨文字形是蛇形，"蟲"字本读"虺"，是指一种毒蛇，即蝮，后简化为"虫"字。蟲的本义是昆虫的通称。《说文》释虺："虺以注鸣，《诗》曰：'胡为虺蜥。'从虫，兀声。"虺的本义是蜥蜴。

以上是通过语义考释禹与蜥蜴的联系。那么，禹字在语音上与蜥蜴有没有关系呢？

百越民族分布在福建、台湾、广东、海南、浙江等省，以及江西、广西、江苏、安徽的个别地区，这些地区通行闽方言。闽方言有一批特有词汇，这些词汇具有两大特点：一是古代的语词较多，二是单音节词较多。此外，有些闽南方言借自印尼—马来语。因此，我们可以利用汉语的上古音和闽方言，辨认一些汉语词汇是否与其他语言有联系。

在汉语上古音和闽方言中，有关词汇的读音如下：

禹，上古音 Yǐwa，闽东话 y，闽南话 u。

螭，上古音 thǐai，闽南话 thi。

虺，上古音 hǐwi、hui，闽南话 hui、hue。

昆，上古音 kun，闽东话 khoun，闽南话 khun。

虫，上古音 dǔun，闽东话 thyn、thyn，闽南话 thin、than。

蛇，上古音 diai，闽东话 sie，闽南话 sia、tsu。②

在印尼语中，有关词汇的读音是：昆虫 serangga，kutu；蛇 ular；蜥蜴 bengkarungular，kadal；巨蜥 biawak。③

---

① 《史记·夏本纪》。
② 参见李珍华、周长楫《汉字古今音表》（修订本），中华书局1999年版。
③ 参见北京大学东方语言文学系印度尼西亚语言教研室《新印度尼西亚语汉语词典》，商务印书馆1997年版。

在英语中，有关词汇的读音是：昆虫 hexapod，insect；蛇 snake，serpent；蜥蜴 lizard，cabrite。

在上述三种语音中，有些音节是三种语言共有的，例如昆虫的舌根音节（汉语上古音 kun，印尼语 kutu，英语 hexapod），可能是保留了远古人类共同语的读音。

在上述语音中，汉语与印尼语的有关词汇读音有较多相似之处，汉语的有关词汇读音可能是来自古代南岛语言。但是在印尼语和英语的"蜥蜴"读音中，没有与汉语的"禹"字非常接近的读音，因此，无法确定汉语的"禹"字是否与蜥蜴有关。

2. 释鲧

禹的父亲是鲧。《说文》释："鲧，鱼也，从鱼系声。"段玉裁注曰："此未详为何鱼。"《说文》释："鱼，水虫也。""禹，虫也。"

由此可见，古代汉语中的"虫"，可以是指陆地上的爬行类动物蛇和蜥蜴等，也可以是指某种水生动物，生活在环太平洋地区的南岛语系民族最常见的水生动物就是鱼类。

既然鲧是鱼，则其子禹也应该是鱼。在汉语上古音中，禹（鱼匣上）、鱼（鱼疑平）、鲛（宵见平）① 三字音韵相通，属于同源词，三字可以同音假借，因此，禹可以是鱼，也可以是鲛。

鲛是什么呢？我国各海区以及朝鲜、日本等地都有蓝点马鲛分布，蓝点马鲛在鱼类分类学上属于鲭亚目鲅科马鲛属。② 马鲛鱼体侧扁，长达 1 米多，银灰色，具有暗色横纹或斑点，常群集作远程洄游。

《山海经·中山经·荆山》载："漳水出焉，而东南流注于睢，其中多黄金，多鲛鱼，其兽多闾麋。"③

《博物志》载："南海外有鲛人，水居如鱼，不废织绩，其眼能泣珠。"④

"鲛"有时又写作"蛟"，《说文》释蛟："池鱼，满三千六百，蛟来为之长，能率鱼飞置笱水中，即蛟去。"《段玉裁注》曰："郭氏山海经传曰，似蛇，四脚，细颈，颈有白婴。""按蛟或作鲛，然鲛者鱼名，其字不相代也。"⑤ 清代杰出的语言学家段玉裁明确地指出了鲛是鱼类，而蛟则是爬行类动物。

明代屠本畯撰写《闽中海错疏》，记载了福建沿海一带 200 多种海产动物

---

① 参见李珍华、周长楫编撰《汉字古今音表》（修订本），中华书局 1999 年版。
② 参见李明德《鱼类分类学》，海洋出版社 1998 年版，第 225—226 页。
③ 沈薇薇：《山海经译注》，黑龙江人民出版社 2003 年版，第 99—100 页。
④〔晋〕张华，范宁校证《博物志校证》（卷二），中华书局 1980 年版，第 24 页。
⑤〔清〕段玉裁《说文解字注》（十三篇上），江苏广陵古籍刻印社 1997 年版，第 670 页。

（包括少数淡水种类），以海产经济鱼类为主，是中国最早的海产动物志，当地渔民称某种鲨鱼为"鲛鲨"，屠本畯将其记入书中："鲛鲨似蛟而鼻长。"①

在印尼语中，蛟音为 naga banjir。鲛音为 ikan hiu、ikan cucut。② 龙音为 naga。发大水、泛滥音为 banjir。鱼、鱼类音为 ikan。鲨鱼音为 hiu、yu、cucut。③

印尼语言的蛟与龙、发大水、泛滥有关系，而鲛与则鱼、鱼类有关系，由此可见，汉语古书中对于蛟与鲛的分辨，是来源于南岛语言。

在汉语上古音和闽方言中，禹，上古音 Yǐwa，现代音 y，闽东话 y，闽南话 u；鲧，上古音 kuen，现代音 kuen，闽南话 kun。④

在上述读音中，禹音与印尼语言的鲨鱼 yu 相近同，鲧音与印尼语言中的鱼类 ikan 相近同，禹、鲧原来都是鱼类。禹字在汉语里还与鱼、鲛二字同源，因此，禹是鲨鱼，而且很可能就是屠本畯所说的鲛鲨。

此外，汉语的鲆与禹谐音。鲆体长呈梭形，黄褐色，头长，口大，吻尖，牙锐，性凶猛，成群捕食群集性小鱼。由于鲆的性情与鲨相似，所以也用南岛语言中的鲨音为其取名。

综上所述，汉语上古音中，鱼类和爬行类动物有关的词汇的读音主要是来自南岛语言。远古时代生活在南太平洋海岸的南岛语系民族崇拜性情凶猛的热带海生鱼鲨和鲆等，以及体形硕大的两栖爬行类动物蛇和蜥蜴，他们以这些动物作为氏族部落的图腾崇拜对象，他们是禹神话的原创主人。

3. 释夏

禹的原型是鲨鱼、是鲛，禹建立的王朝称作夏，禹、夏二字有没有联系呢？

在汉语与闽方言中，有关词汇的读音是：

禹，上古音（鱼匣上）Yǐwa，近代音（鱼模影上）iu，现代音（一七影上）y。闽东话 y，闽南话 u。

鱼，上古音（鱼疑平）nǐa，近代音（鱼模影阳平）iu，现代音（一七影阳平）y。闽东话 nｙ，闽南话 gu、hi。

鲛，上古音（宵见平）keau，近代音（萧豪见阴平）kau，现代音（遥条基阴平）tɕiau。闽南话 kau。

夏，上古音（鱼匣上）Yea，近代音（家麻晓去）hia，现代音（发花希

---

① 屠本畯：《闽中海错疏·鳞下》，载《四库全书》（史部三四八地理类），上海古籍出版社 1987 年版，第 503 页。
② 参见《汉语印度尼西亚语词典》编委会：《汉语印度尼西亚语词典》，外文出版社 2002 年版，第 280—281。
③ 参见北京大学东方语言文学系印度尼西亚语言教研室：《新印度尼西亚语汉语词典》，商务印书馆 1997 年版。
④ 参见李珍华、周长楫编撰《汉字古今音表》（修订本），中华书局 1999 年版。

去）cia。闽东话 ha，闽南话 ha，he。

鲨，上古音（歌生平）eai，近代音（家麻审阴平）a，现代音（发花审阴平）a。闽南话 sa，su。[①]

在汉语上古音里，"禹""夏""鱼""鲛"四字音韵相通，属于同源词，在闽方言里四字读音也相近同，因此，"夏"字可能是"禹""鱼""鲛"等字的同音假借。

禹的原形是鲨鱼，崇拜鲨鱼的氏族部落以禹为图腾，自称是禹的族人，在汉字形成的年代里被写作"夏"。"夏"是会意字，根据小篆字形，"页"是人头，"臼"是两手，"夊"是两足，合起来像人形，本义是古代汉民族的自称。《说文》释夏："中国之人也。从夊、从页、从臼，臼两手，夊两足也。"《说文》释页："头也。"由此可见，禹是鲨鱼，而夏则是崇拜鲨鱼的氏族部落，禹与夏的关系反映由图腾崇拜发展为氏族政权、国家政权。

"夏"字的读音在汉语近代音里发生变化，近同于"鲨"字的读音。汉语的"禹"字和"鲛"字的读音来自南岛语言的鲨鱼，汉语的"鲨"音从何而来？在汉语上古音中，"鲨""沙"两字都是《诗经》用字，读音相同。[②]

汉语的鲨音可能是来自英语的鲨鱼"shark"。英语的"shark"词源不详，可能来自德语的坏蛋、恶棍"schurke"。因为日耳曼语是在原始印欧语言内部发生"日耳曼语音变"时分化出来的，英语则从古日耳曼语的西支发展而来。

（四）夏朝的原义

德意志人是古代日耳曼人的直系后裔，日耳曼诸族在青铜器时代晚期居住在现今瑞典南部、丹麦半岛以及德国北部，其族源至今尚无定论。

这些地区濒临北海。北海是大西洋东北部的边缘海，鲨鱼分布在热带、温带的海域，包括大西洋、太平洋和印度洋的深海，古代日耳曼民族可接触到鲨鱼。

鲨鱼的显著特征之一是坚硬的灰色皮肤上有大量瘤子，很粗糙，汉语以沙子来形容，造字为"鲨"。汉语的沙音也是来自印欧语言，英语"sand"是指沙子、沙滩、沙地，源自古英语。

英语的"shark"是指鲨鱼、骗子。鲨鱼具有狡猾、残忍、贪婪的特点，例如大白鲨在捕猎食物时会漫不经心地游向猎物，然后假装毫无兴趣地离开，待猎物放松警惕时才出击，使猎物措手不及，束手待毙。对于人为投放的诱饵

[①] 参见李珍华、周长楫编撰《汉字古今音表》（修订本），中华书局1999年版。
[②] 参见李珍华、周长楫编撰《汉字古今音表》（修订本），中华书局1999年版。

或者海中的漂浮物，大白鲨并不急于吞食，而是绕圈观察，小心翼翼地接近目标，觉得万无一失时，才迅速冲向目标。

英语的 shark（鲨鱼）与德语的 schurke（坏蛋、恶棍）有联系。德语的"schurke"在读音上与英语的 king（国王）、czar（沙皇）有联系。

king 源自古英语 cying、古挪威语 konun、古高地德语 kuning。czar（tsar、tzar）源自哥特语 kaisar、希腊语 kaisar、拉丁语 caesar（皇帝）。而哥特人是在公元初几个世纪时侵犯罗马帝国的日耳曼人，"king"与"czar"都是来自古日耳曼语。

鲨鱼是海洋中性情最凶猛的鱼类，远古北大西洋沿岸的日耳曼民族也崇拜鲨鱼，有些氏族以其作为图腾，并作为部落首领的称呼，以后发展成为国王和君主的称呼。我国古代北方和中亚的一些阿尔泰语部落首领为 khan、cham（可汗）、pasha（帕夏），都是来源于印欧语的 king 和 czar。

因此，笔者认为印欧语言文化与汉语文化的关系来自两个方面：

第一，史前人类共同语言时期的文化积淀，例如一些最基本的原始图腾崇拜内容是史前人类共同语言时期所共有的，并且不同程度地保留在不同民族的文明之中。当我们深入研究汉族主要的神话传说之一——禹神话时，就会发现它的语源和演变与人类语言史上两支规模最大的语系印度欧罗巴语系和汉藏澳泰语系都有密切的联系。

第二，印度-伊朗语言民族自古以来就分布在我国的西南和西北地区，对当地汉语文化有长期性的影响。以禹神话为例，与其故事内容有关的地点主要分布在我国的东南沿海、西南和西北地区，东南沿海的百越民族与南岛语言民族有渊源关系，他们是这个神话的原创主人。西南和西北地区一些受到印欧语言文化影响的民族可能是接受和再解释了这个神话，也有可能是用自己的语言文化传承和演绎了这个来自史前人类共同语言时期的图腾故事。由于在新石器时代以后汉语文化处于主流地位，所以这些民族的类似的图腾故事便被附会于汉语文化的禹神话里，使得禹神话能够在中国大地上一些不同语系不同源流的民族之中流传。

中古以后，中原地区多次受到北方游牧民族的入侵，汉语受到北方游牧民族语言的影响，而北方游牧民族语言可能较多受到印欧语言的影响。夏字由于代表了中原地区最早的国家政权和传统文化，所以多次被北方游牧民族采用作为国家政权的名称，夏字的读音因此也发生了变化。

我国考古学家和历史学家们都认为中华文明在新石器时代起源时就表现出多元性中蕴含统一性的特点，现在语言学家也加入了这一阵营。我国的蜀、鲁、夏等地都是中华文明的重要发源地，都有印欧语言民族活动的痕迹，因此中华文明起源的多元性应该包括原始南岛语系文明与原始印欧语系文明的交流融合，顾颉刚先生认为禹神话出自百越，后来又认为出自西戎，正是这两种文明交流融合的体现。

（五）释文命和高密

《史记·夏本纪》曰："夏禹，名曰文命。"《索引》引《系本》曰："鲧娶有辛氏女，谓之女志，是生高密。"宋衷云："高密，禹所封国。"① 这里说禹有两个别名，分别是"文命"和"高密"，这两个别名是什么意思呢？它们之间有没有语言学的联系？清代王念孙认为应就古音以求古义，不必限于文字形体。

1. 释"文命"

在汉语中，甲骨文的"文"字是纹理纵横交错，"命"字从口从令，表示用口发布命令。

《说文》释"禹"为虫（蟲），虫（蟲）字的甲骨文字形是蛇形，虫（蟲）字本读虺，虺的本义是蜥蜴，因此，禹字与蜥蜴有语源联系。

汉语里与爬行类动物有关的词汇读音主要是来自南岛语言，因此我们可以将禹神话的一些内容例如"文命""高密"与南岛语言做比较。

在汉语上古音和闽方言中，有关词汇的读音是：

文 mǐwen（文明平），闽东话 ung，闽南话 bun。

命 mǐeng（耕明去），闽东话 meing, miang，闽南话 bing, bi a。

蟒 mueng（阳明上），闽东话 moung, moyng，闽南话 bong, beng。

蚺 nǐam（谈日平），闽南话 liam。②

在印尼语中，蟒 ular sawa、ular sanca，草 rumput，干稻草 jerami，鳖 labi-labi、bulus，蜥蜴 bengkarung ular、kadal，巨蜥 biawak，龟 kura-kura。

在英语中，海龟 turtle（语源不明，可能源自拟声）。蟒蛇 boa（源自拉丁语的大水蛇）。大蟒、巨蟒 python（源自拉丁语）。

古汉语中的"蟒""命"两字耕、阳两韵旁转，明、母双声，音韵相通，"命"字可能是"蟒"字的假借。

汉语的文命、蟒、蚺、蜥蜴等词汇与印尼语都有相近同的读音，因此，汉语的读音是来自古代南岛语言而非印欧语言，"文命"是蟒、蜥蜴等读音的讹变，称呼禹为"文命"的人们应该是南岛语言先民。

---

① 《史记·夏本纪》。

② 参见李珍华、周长楫编撰《汉字古今音表》（修订本），中华书局1999年版。

"蟒"字从虫，莽声，本义是指巨蛇。蟒是一种无毒的大蛇，体长可达一丈以上，头部长，口大，舌的尖端有分叉，背部黄褐色，有暗色斑点，腹部白色，多产于热带近水的森林里，捕食小禽兽。"文命"中的文字可能就是表示蟒蛇身上像草一样的花纹。蟒蛇又称蚺蛇，蚺与苒同音。"苒"字从艸，冉声，"苒苒"是指草茂盛的样子。

2. 释"高密"

汉语的"高"字，在甲骨文中的形状是楼台重叠，本义是离地面远，从下向上距离大。"密"字从山，宓声，本义是形状像堂屋的山。"高密"是禹所封的国名，那么，这两个字与禹字有没有语言学的联系？

前述禹是鲨鱼、是鲛，在汉语上古音中，高 kau（宵见平），鲛 keau（宵见平），两字双声叠韵，因此，"高"字可能是"鲛"字的同音假借。

此外，汉语的高、鲛与印尼语的蜥蜴（bengkarung ular、kadal）、巨蜥（biawak）、龟（kura-kura）都有相近同的读音。

在汉语上古音中，密 mǐet（质明入），命 mǐeng（耕明去），质耕两韵通转、明母双声，"密""命"两字音韵相通，前述"蟒""命"两字音韵相通，因此"密""命"也可能是"蟒"的同音假借。

由此可见，禹所封的国名"高密"，也是鲛、蟒的意思。此外还有另外一种可能性，"高密"可能是马鲛的倒读。

马鲛鱼身上具有暗色横纹或斑点，类似蟒蛇身上的斑纹，古代南岛语言民族可能称其为"蟒鱼"，"蟒"音在汉语中被记录为"马"音或"密"音，"鱼"音在汉语中被记录为"鲛"音或"高"音。汉语的所有修饰语都必须放在被修饰成分的前边，因此读作"马鲛"。壮语的前身是古越语，古越语与南岛语言同源，壮语的修饰语一般在名词后面，因此读为"鲛马"，如果用汉字记音，便有可能写作"高密"。

（六）释"会稽"

《史记·夏本纪》曰："帝禹东巡狩，至于会稽而崩。"顾颉刚先生说禹神话的中心点在会稽。"会稽"的地名从何而来？其真正的含义是什么？

会稽在今浙江省绍兴市，是山名、地名、县名。

在现代汉语拼音中，"会"字分别读为 kuài 和 huì，前者是总计的意思，后者是会合的意思。

在汉语上古音和闽方言中，"会"的读音有：①kuet（月见入），闽东话 kuei，闽南话 kue；②ɣuet（月匣入），闽东话 huei、a，闽南话 hue、e，鳄，

ngek（铎疑入），闽东话 ngauh，闽南话 gok。①

在印尼语言中，鳄鱼 Bicokok，蜥蜴 bengkarung、kadal。

汉语的鳄与印尼语言的鳄鱼、蜥蜴有相近同的读音，古代汉语的"鳄"音来自古代南岛语言。汉语上古音的"会""鳄"两字是见、匣、疑旁纽，月、铎通转，音韵相通，"会"字可能是"鳄"字的假借，会稽的"会"音在上古时代可能是鳄鱼的意思。

在汉语上古音和闽方言中，稽 kiei（脂见平），闽东话 khie，闽南话 khe、khue。"尯"的读音有：①hǐwei（微晓上），闽南话 hui；②huei（微晓平），闽南话 hue。②

"稽""尯"两字是见、晓旁纽，脂、微对转，音韵相通，"稽"字可能是尯字的假借，"稽"字与印尼语言的蛇 ular、蜥蜴 bengkarung 等也有相近的读音。

在现代汉语拼音中，"稽"字有两种读法与意义：①jī，从禾，像树木曲头止住不上长的样子，从尤，旨声。本义：停留，阻滞，引申为囤积，《说文》释稽："留止也。"②qǐ，叩头至地，表示恭敬。

由此可见，汉语上古音中的"会稽"二字，在南岛语言中可能是"蛇都"的意思。上古的会稽是东南沿海地区南岛语系民族的一个聚居中心，其首领人物居住于此，图腾崇拜中心也在此地，图腾崇拜的主要对象是蛇、蟒蛇、鳄鱼、蜥蜴、海龟等爬行类动物。

（七）释"武夷"

武夷山是闽越地区最著名的山脉，位于江西、福建两省边境，东北—西南走向，海拔 1000 米左右，是赣江与闽江的分水岭，长 550 千米。主峰黄岗山，海拔 2158 米，为中国大陆东南部的最高峰，位于福建省武夷山市西北。年降水量 2000 毫米，湿度大，森林覆盖率截至 2014 年，已达 79.2% 以上，是中国国家级森林公园。两栖和爬行类动物 100 余种，其中蛇类有数十种，鱼类有 30 余种。

我们要问的是，"武夷"的地名从何而来？其原始的含义是什么？

在汉语上古音中，武 mǐwa（鱼明上），蟒 mudng（阳明上），鱼、阳两韵旁转，明、纽双声，武、蟒两字音韵相通，武字可能是蟒字的同音假借。

在汉语上古音中，夷 jǐei（脂余平），蛇 d iai（歌船平），余、船两声旁纽，

---

① 参见李珍华、周长楫编撰《汉字古今音表》（修订本），中华书局 1999 年版。
② 参见李珍华、周长楫编撰《汉字古今音表》（修订本），中华书局 1999 年版。

脂、歌两韵旁转，夷、蛇两字音韵相通。①

《说文》曰："夷，东方之人也。从大，从弓，会意，弓所持也。字亦作巳。"《说文》曰："巳也，四月阳气已出，阴气已藏，万物见成文章，故巳为蛇，象形。"由于夷字的形状和读音都与蛇字有联系，因此，夷字可能是蛇字的同音假借。

由此可见，古代汉语中的"武夷"二字，在南岛语言中可能是蟒蛇和蛇的意思。

（八）结论

在汉语上古音中，禹（鱼匣上）、鱼（鱼疑平）、鲛（宵见平）、越（月匣入）四字音韵相通，其音义皆来源于南岛语言的鱼、鲨鱼等词汇；蟒（阳明上）、蛮（元明平）、闽（文明平）三字音韵相通，其音义皆来源于南岛语言的蛇、蟒蛇等词汇。

上古时代分布在我国江浙闽粤等东南沿海地区的原住民是南岛语言民族，他们崇拜鲨鱼、鳄鱼、海龟、蟒蛇等性情凶猛或者体型硕大的热带水生动物，以此作为部落氏族的图腾。

他们有的氏族以鲨鱼作为图腾，被称为"越"，由于"禹""鱼""鲛""越"音韵相通，所以越即是鲛，即是鱼，即是禹，"越"是以鱼类作为图腾的氏族。

他们有的氏族以蟒蛇作为图腾，被称为闽或蛮，由于"蟒""蛮""闽"三字音韵相通，所以蟒即是蛮即是闽，"闽"是以蛇类作为图腾的氏族。

原始南岛语系民族的主要聚居中心在东南沿海的浙江省，当时被称为"会稽"，原意是蛇都。东南地区海拔最高的山峰是福建省的武夷山，"武夷"的原意是蟒蛇和蛇。

由此看来，当时的南岛语系先民最害怕，因而也最崇拜的动物是蛇类。

在采集和渔猎经济的时代，人们居住在近水的山坡上，毒蛇时刻威胁着人们的生命安全。"蛇"的小篆字形状是"它"，《说文》释曰："它，虫也。从虫而长，像冤曲垂尾形，上古草居患它，故相问'无它乎?'"②

科学的真理具有客观性和普遍性，顾颉刚先生提出的"层累地造成的中国古史"的观点，不仅可以解释到商周以来有文字记载的历史，还可以解释到传说中的夏朝史，可见，这是一个的科学真理。笔者通过对禹神话的研究，

---

① 参见李珍华、周长楫编撰《汉字古今音表》（修订本），中华书局1999年版。
② 许慎撰、徐铉：《说文解字》（附检字），中华书局1963年版，第285页。

发现禹神话中至少"层累地"叠压着三种不同时空的文明内涵：人类共同语时代的动物图腾崇拜、上古南岛语系民族和印欧语系民族的鱼类和爬行类动物图腾崇拜、夏朝的第一代国王禹的神话传说。

这三种不同时空的文明内涵在华夏大地上交流融合，向着一个共同方向发展延伸：古汉语、华夏族、龙文化。

顾先生认为禹神话出现的时间是在商周之际，这仅仅是从汉语文字资料得出的结论。当我们将禹神话还原到百越民族的海洋文化背景、追溯到在新石器时代的前夜原始南岛语系民族与原始印欧语系民族在远东大陆初次接触的洪荒远古岁月，遥想到古汉语与华夏族开始出现在中华大地上的历史时刻，笔者不禁对周及徐先生在长达45万字的《汉语印欧语词汇比较》一书中的结束语深有共鸣："愿我们摆脱束缚，扫除迷雾，各学科共同努力，让科学之光照亮尚在黑暗和朦胧之中的人类史前史。"[①]

[①] 周及徐：《汉语印欧语词汇比较》，四川民族出版社2002年版，第616页。

第五章 南方少数民族与《山海经》

《山海经》古代地理著作，撰者不详。古本原有34篇，由于历代校订、删并，至今仅存18篇，其中的14篇是战国时期作品，《海内经》4篇则为西汉初年的作品。《山海经》的内容为民间传说中的地理知识，包括地理、物产、神话、巫术、宗教、古史、医药、民俗、民族等方面的内容。经晋代郭璞作注而流传下来，清代毕沅和郝懿行考证注释。

有人认为《山经》和《海经》各成体系，成书时代应不相同。《山经》为巫祝之流根据远古以来传说记录的巫觋之书，专门记述海内各方名山大川、动植物产、祯祥怪异、祭祀所宜，成书时代一般认为是战国初期或中期。《海经》为方士之书，专门记载海内外殊方异国传闻，夹杂大量古代神话，是秦或西汉初年的作品。

我国神话基本来源于《山海经》，如夸父追日、女娲补天、羿射九日、黄帝大战蚩尤、共工怒触不周山、鲧禹治水等。

一、《海内南经》与南方地名

《山海经》由晋代郭璞作注，清代毕沅校正，郝懿行笺疏。历代学者的注疏，对于《山海经》中记录的汉族地区以及邻近汉族的民族地区的地理方物，一般都解释得比较清楚，但是对于边远民族地区的地理方物，其解释则不够清楚，甚至多有谬误和阙疑。其原因在于《山海经》收集了许多民间的口头传说，边远民族地区的地名、物名多来自当地的民族语言，记录者用汉字记音或记义，有些有加以解释，有些则没有解释。年代久远之后，那些没有解释的地名、物名，其含义只能加以猜测，或者误解为汉族地区的地理方物。如果以我国南方少数民族语言释读"海内南经"的一些疑问，可能会得到正确的答案。

（一）《海内南经》涉及的地区

根据前人的考证，《海内南经》《海内西经》《海内东经》《海内北经》等海内四经多有错漏，今将《海内东经》的几段话补入《海内南经》，以使《海内南经》所指的地理范围包括今天的东南、中南、西南等各省区的民族地区。

经过增补，重新排列之后的《海内南经》全文如下：

第五章 南方少数民族与《山海经》

海内东南陬以西者。瓯居海中。闽在海中,其西北有山。一曰闽中山在海中。三天子鄣山在闽西海北。一曰在海中。

湘水出舜葬东南陬,西环之。入洞庭下。一曰东南西泽。汉水出鲋鱼之山,帝颛顼葬于阳,九嫔葬于阴,四蛇卫之。蒙水出汉阳西,入江,聂耳西……沅水出像郡镡城西,入东注江,入下隽西,合洞庭中。赣水出聂都东山,东北注江,入彭泽西。(引者按,此段从湘水至赣水是取自《海内东经》补入)。

桂林八树在番隅东。伯虑国、离耳国、雕题国、北朐国皆在郁水南。郁水出湘陵南海,一曰相虑。枭阳国在北朐之西。其为人人面长唇,黑身有毛,反踵,见人笑亦笑手操管。兕在舜葬东,湘水南。其状如牛,苍黑,一角。苍梧之山,帝舜葬于阳,帝丹朱葬于阴。氾林方三百里,在狌狌东。狌狌知人名,其为兽如豕而人面,在舜葬西。

狌狌西北有犀牛,其状如牛而黑。夏后启之臣曰孟涂,是司神于巴。人请讼于孟涂之所,其衣有血者乃执之。是请生,居山上,在丹山西。丹山在丹阳南,丹阳居属也。窫窳龙首,居弱水中,在狌狌知人名之西,其状如龙首,食人。有木,其状如牛,引之有皮,若缨、黄蛇。其叶如罗,其实如栾,其木若茵,其名曰建木。在窫西弱水上。

氐人国在建木西,其为人人面而鱼身,无足。巴蛇食象,三岁而出其骨,君子服之,无心腹之疾。其为蛇青赤黑,一曰黑蛇青首,在犀牛西。

旄马,其状如马,四节有毛。在巴蛇西北,高山南。匈奴、开题之国,列人之国并在西北。①

春秋战国时代,东越居于今浙、闽境内,建立越国,后被楚国攻灭,其后人在秦汉时被称为东瓯与闽越。东越较早与汉族发生接触,也较多地受到汉文化影响,其地名及事物没有特别生僻怪异之处。

赣、鄂、湘在先秦时期是三苗故地,秦汉时被包括在"长沙""武陵蛮"或"五溪蛮"的名称中,是今天苗、瑶等民族的前身。三苗是一个历史悠久的古代民族,与传说中的尧、舜等北方民族有密切关系,但三苗由于受到北方民族的南下攻击,其部族四散,分布于中南、西南各省的僻远山区之中,语言文化也受到其他民族影响。因此,先秦时期三苗族或其后人留在《山海经》中的地理事物名称,有些便不能直接从汉族语言文字资料中寻找解释,而应从当时或今天的苗、瑶等少数民族语言中寻找证据。

---

① 参见袁珂《山海经校注》,上海古籍出版社 1980 年版,第 188、463 页。

巴、氐在先秦时期分布于陕、甘、川境内，战国时期秦国开发巴中，在岷江下游建造大型水利工程——都江堰，使四川盆地成为天府之国。因此，前人对于四川境内的巴、氐等民族的了解也比较详细，其地理事物大都可以从汉族语言文字资料中得到佐证。

壮族主要聚居在今天的广西境内，傣族聚居在云南南部，布依族聚居在贵州西南部，黎族聚居在海南岛，这些少数民族都与古代的百越有渊源。由于峻岭、高山、大河的阻隔，先秦时期他们与中原的交往不密切，《汉书·贾捐之传》载："越裳氏重九译而献。"①《后汉书·马融传》载《广成颂》言："南徼因九译而致贡。"李贤注引《尚书大传》曰："周成王时，越裳氏重九译而献白雉。"② 他们的语言需要经过9次翻译才能与汉人交流。通过一些民间商人和官府使臣的辗转相传，他们的一些地名和事物也被写入《山海经》中，但大部分是汉字的记音或记义，不能直接根据汉字的音义去解释，前人在理解与这些地区和民族有关的文字时，多有阙疑。

本文试图用今天中国南方的壮侗语族及苗瑶语族诸语言，解释《海内南经》中的若干地名。

（二）汉水出鲋鱼之山

"汉水出鲋鱼之山"，郝懿行笺疏认为汉水所出已见于《西山经》的嶓冢之山，这里的鲋鱼之山是《海外北经》的务隅之山，及《大荒北经》中的附隅之山，即广阳山。《北堂书钞》卷九十二引汉水作濮水，水在东郡濮阳，山在濮阳顿丘城外广阳里中。③ 濮阳，在今河南境内，晋时置郡、国，辖境有今河南滑县、濮阳、范县、山东郓城、鄄城等地，与汉水的出处不合，郝懿行认为这是伪文。

笔者质疑郝懿行的质疑，试以苗瑶语言作考释解读，因为汉水流经之地，正是昔日三苗故地，今天的苗、瑶语言应与当时的三苗语言有关联。

《尔雅翼》云："鲋，鲭也，今作鲫。"④

苗语（湘西方言）中，鱼 dad mloul，鲫 bad bil mloul，鲇 mloul gieb。⑤

瑶语（勉语）中，鱼 bjau^4，鲇 bjau$^{4.2}$（Khaŋ^2、tɕaːu^3），鱼鳃

---

① 《汉书·严朱吾丘主父徐严终王贾传》，中华书局1962年版，第2831页。
② 《后汉书·马融列传》，中华书局1965年版，第1967页。
③ 参见《山海经笺疏》（册三），《海外北经》《海内东经》，上海中华书局据郝氏遗书本校刊。
④ 转引《康熙字典》，亥集中鱼部五画，中华书局1958年版。
⑤ 参见向日征《汉苗词典》，四川民族出版社1992年版。

bjau$^{4.2}$、fo:i^1。①

根据苗语（黔东方言除外）一般有带鼻冠音的复辅音声母［mp］、［nt］、［nts］的特点②，"鱼"字的主要构词成分 mloul 的读音，包含汉语"鲋"（fu）字的读音。瑶语的鱼鳃一词中"鳃"的读音 fo:i^1，与汉语的"鲋"字更加接近，因此，汉语将"鲋"写为"鲫"，有可能是源于古苗词，因为鲫鱼是江汉水产中最常见的鱼类品种。

《西山经》中有"蟠冢之山，汉水出焉，而东南流注于沔"的记载《海内东经》中又说"汉水出鲋鱼之山"，汉水不应有两个出处，笔者将其改读作"汉水入鲋鱼之山"，似乎言之成理。汉水下游有支流经沔阳（今改称仙桃）入武昌，武昌有龟、蛇二山在长江沿岸。仙桃市之南有嘉鱼县，汉水支流东荆河流经县北注入长江。嘉鱼县原名鲇渎镇，隋置，五代时升为嘉鱼县。③ "鲇"苗语读作 mloul gieb，瑶语读作 bjau$^{4.2}$ 或 khaŋ^2、tɕa:u^3，都接近或含有汉语"嘉"（jiā）字的读音。因此，五代时将鲇渎镇改名嘉鱼县，可能是沿用了当地少数民族语言中鲇渎镇的读音。

嘉鱼县在长江北岸，与其对应的南岸有蒲圻市，古称鲍口。④ 鲍鱼是海洋软体动物，不是生活在汉水或长江的淡水之中，但是鲍鱼又称"腹鱼"，腹、鲋音同。⑤ 此外，古人将盐腌的干鱼称为"鲍"，《周礼·天官·笾人》："朊鲍鱼鱐"，郑玄注："鲍者于榀室中糗干之，出于江淮也。"⑥ 今天的湖北人仍喜欢在冬天将鱼剖开，用盐腌并风干食用。"鲫鱼"苗语读作 bad bil mloul，瑶语鱼读作 bjau^4，读音与汉语的"鲍"（bāo）字非常接近，因此，"鲍"作为鱼干，"鲍口"作为地名，都可能是来自古三苗族的语言。

将"汉水出鲋鱼之山"改作"汉水入鲋鱼之山……四蛇卫之"，既与今天汉水下游长江两岸的嘉鱼、蒲圻、武昌等地的历史地理相吻合，又与下文的"蒙水出汉阳西"相承接，今天的武汉市正是由武昌、汉口、汉阳三镇组成。由于这里的"鲋鱼之山"是古苗语言的记音与释义，前人未能加以注意，仍然将其按照汉语的音义考证，附会为河南的濮水及广阳山，笔者今用少数民族语言校正之。

---

① 参见毛宗武《汉瑶词典》，四川民族出版社1992年版。
② 参见陈永龄主编《民族词典》，上海辞书出版社1987年版，第658页。
③ 参见复旦大学历史地理研究所《中国历史地名辞典》编委会《中国历史地名辞典》，江西教育出版社1986年版，第990页。
④ 参见复旦大学历史地理研究所《中国历史地名辞典》编委会《中国历史地名辞典》，江西教育出版社1986年版，第990页。
⑤ 参见《四角号码新词典》，商务印书馆1985年版，第197页。
⑥ 《周礼》（卷五），《天官冢宰》（下），《笾人》，上海中华书局据永怀堂原刻本校刊。

汉水入长江，在长江南岸的西部有沅水，"沅水出像郡镡城西……合洞庭中""赣水出聂都东山……入彭泽西"，这一地区与《史记·五帝本纪》所载三苗在江、淮、荆州（今河南南部至湖南洞庭、江西鄱阳一带）基本吻合。镡城县，西汉置，在今湖南靖州苗族侗族自治县南。①

长江之南还有洞庭，洞庭南出湘水，湘水之西是沅水，湘水之东是赣水，以上三水包括汉水流域所在地，都是古代苗瑶语族少数民族的聚居地，考释这一地区的历史地理事物，应该参考苗、瑶语言，而不能完全依靠汉族语言文字的资料。

在沅、湘、赣三水的南部，便是古代壮侗语族少数民族的聚居地了。

（三）伯虑国与北朐国

"伯虑国、离耳国、雕题国、北朐国皆在郁水南。郁水出湘陵南海。一曰相虑。"湘江下游进入广西境内即为漓江，"相虑"可能是"湘漓"的别字。

离耳国、雕题国，郭璞已有注释，与今天海南岛的黎族及桂、云、贵诸省区少数民族中的纹身及戴大耳环的风俗吻合。伯虑国、北朐国这两个地名郭璞没有注释，郝懿行笺疏引《伊尹四方令》疑伯虑为伊虑，又引《尔雅·释地》疑北朐为北户，现在笔者试以壮侗语言作考释。

在壮侗语言中，有关文字的音义如下：

山：壮语 pla^1，布依 po^1，仫佬 $p\gamma a^1$，水语 $pija^1$。

人家（住家）：壮语 vun^2（$hai^3 vun^2$），布依 $za:n^2 hun^2$，水语 $\gamma u^1 \gamma a:n^1$。

场（集）：壮语 hau^1，布依 $t\varphi e^4$（hu^1），毛南 hu^1。

城市：壮语 $si\eta^2$，布依 ϱu^1（$\varrho i\eta^2$），水语 $zi\eta^2$（jon^6）。

黎族：壮语 $pou^4 li^2$，布依 $li^4 tsu^2$，黎语 $\nmid ai^1$。②

汉语"伯"字音 bó，"北"字音 běi，与壮侗语族语言"山"字的发音非常接近，p、b 两音同发双唇塞音，p 为清音，b 为浊音。此外，壮语语法的特点是"其命名方式是通名在前，专名在后，即所谓齐头式，与汉语地名齐尾式正好相反。"③ 因此，"伯虑"就有可能是壮语对黎族的称呼了，"伯"是通名山，"虑"是专名黎。

"黎"字出现很早，在《大荒西经》中有"颛顼生老童，老童生重及黎"。

---

① 参见复旦大学历史地理研究所《中国历史地名辞典》编委会《中国历史地名辞典》，江西教育出版社 1986 年版，第 990 页。

② 参见中央民族学院少数民族语言研究所第五研究室编《壮侗语族语言词汇集》，中央民族学院出版社 1985 年版。

③ 司徒尚纪：《广东文化地理》，广东人民出版社 1993 年版，第 330 页。

《史记》的《五帝本纪》及《夏本纪》有"黎民怀之""黎民始饥"等记载,故"黎"可以专称某一个人或某一个部族,也可以作为对人的一般通称。

壮语的 pou⁴li²,可以译作"山里的人",也可译作"山里的黎"。

伯虑国之后接着是离耳国、雕题国,郭璞注释离耳即是儋耳,"儋"同"担",在今天的海南省有儋州市。雕题即是文身,古代越族有断发文身的习俗,其范围遍及吴、越、荆蛮、交趾。今天的傣族、基诺族、高山族中仍有文身习俗。基诺族语言属于藏缅语族,与壮侗语族有所区别,但"基诺族文身多请傣人施刺"。高山族语言属于南岛语系的印度尼西亚语族,但台湾北部的"泰雅族与剃头黎族妇女面纹,几相一致","从文身的图案或花纹看来,黎族是我国最突出的文身民族之一,也是世界文身图式最丰富的一族"①。高山族与基诺族的文身,可能都是受到古越族的影响。

正是因为百越族文身穿耳的习俗给人们留下了深刻的印象,所以在《海内南经》中便接连用 3 个具有这些习俗的地名代表郁水之南这一广大的越人地区。

"北"同"伯",可释作壮语的"山"字。"朐"郭璞注释"音劬",今汉语拼音读作"qú",《尔雅疏》作北煦。煦、户声之转,汉语拼音分别读作"xù""hú",故《尔雅·释地》云:"四荒有北户",说当地居民习惯向北开户,郝懿行笺疏也认为北朐即北户。

前述壮侗语族诸语言中的人家(住家)、场(集)、城市等表示人群聚集场所的词汇,都含有与汉语"户""朐"相同的主要元音"u",其声母也相近,都是擦音。因此,北朐可能就是北户,在壮侗语言中是指山里的人们,而不是汉语字面上的向北开门户的意思。以今天粤桂两地的居民为例,城市新建的住宅一般坐北向南,向南开门户,乡村住宅或是坐北向南,或是坐西向东,目的都是要避免冬季从西、北方向吹袭而来的寒风,因此,一般没有向北开门户的习惯,《史记·秦始皇本纪》所说的"南至北向户","皇帝之土,南尽北户",大致是说到达古称的南交、交趾之地。粤桂与中原有五岭阻隔,与云贵更有高原阻隔,居住在这里的百越诸族对外人自称为"北户",即山里的人,外人也就以此作为他们的指代称谓了。司马迁读万卷书行万里路,"西至空峒,北过涿鹿,东渐于海,南浮江淮",他博闻多见,知道"北户"是指南蛮之人、交趾之地,但其后的学人不明其意,仅从字面寻其意义,造成许多牵强附会,误认为北户是向北开门户。

在今天广西的北部、东南部,有许多以北字开头的地名,在北部桂、贵两

---

① 曾昭璇:《岭南史地与民俗》,广东人民出版社 1994 年版,第 512—513 页。

省交界处的苗、仫佬、毛南等各民族聚居区，有北遐镇，属罗城县。在东部的桂江流域有北陀营，属昭平县。浔江流域有北流市。郁江是浔江的支流，向西南流入邕江。北流市的南面是玉林市，其南有浦北、博白两县，博白县的濂江中有北戍滩。在南部中越边境处，有北仑河。越南北部河内地区有北江、北带县。这些带"北"字头的地名，主要集中在广西东部与南部原来乌浒蛮聚居的地区，"乌浒"可能是当地越人的自称，两字急读即为"户"，"北户"便是汉人对他们的指代称谓了。

(四) 枭阳国

"枭阳国在北朐之西，其为人人面长唇，黑身有毛，反踵，见人笑亦笑手操管。"以北朐国为乌浒蛮之地，枭阳国在乌浒之西，即是在今云南境内。枭阳，在汉代扬雄的《羽猎赋》及《淮南子·汜沦训》中作"嚣阳"，《说文》作"䝙"："周成王时，州靡国献䝙，人身，反踵，自笑，笑即上唇掩其目，食人。北方谓之土蝼。"《尔雅》云："䝙䝙，如人，被发。一名枭阳，从厹象形。符未切。"① 周人楚人谓之"䝙䝙"，是根据其有毛如人披发及体形巨大的样子，读音符未切，可能是从"州靡"两字得来，疑为狒狒。商周时的土人自称"州靡"，向周人献奇兽，周楚之人便将奇兽取名为䝙，形象取自奇兽，音读取自土人的自称"州靡"。但是土人并不是将奇兽称为狒狒，而是称为"山都"②，北方汉人也因此而称为其为"土蝼"。

苗瑶语言读音如下：苗语 nbeat doub（野猪），瑶语 tɕop⁷（熊），ɕe²tuŋ⁴（野猪）。

壮侗语言读音如下：布依语 tuə²po¹（野兽），壮语 mou¹tuːn⁶（山猪）。

综上所述，元音 u 及辅音 t 是苗瑶语族及壮侗语族对大型野兽称谓的共同音素，"山都"的读音最接近瑶语"野猪"的读音，这里的瑶语发音采自桂北。自桂北龙胜、桂西都安、巴马，直至云南东南部金平，都有瑶族自治县，故今天云南南部的瑶族，是从桂北迁来，他们也可能称狒狒为山都。

云南西部的壮侗语族傣族的语言，可能受到藏缅语族中彝、哈尼、拉祜、基诺以及孟-高棉语族中佤、布朗等少数民族语言影响，将狒狒称为"枭阳"。澜沧江下游的傣语西双版纳方言（景洪县允景洪）、怒江下游的德宏方言（潞西县芒市），其对于较大野兽的称谓与壮、布依、苗、瑶等语言读音有所不同，例如：

---

① 《说文解字》（卷十四·下部），内部，丛书集成初编，商务印书馆民国二十六年版。
② 《山海经》（卷十），《海内南经》，郭璞注，丛书集成初编，商务印书馆民国二十六年版。

狮子：傣（西）siŋ¹，傣（德）xaːŋ⁵si³，壮语 ɕaːi¹ɕai³。
老虎：傣（西）sɤ¹，傣（德）sə¹，壮语 kuk⁷。
豹子：傣（西）sɤ¹⁷ɕm²，傣（德）Sə¹thau¹，壮语 peu⁵。

枭阳，汉语拼音为 xiāo yáng，与傣族德宏方言对狮子的称呼比较接近，因此，"枭阳"可能是云南西部傣族对狒狒的称呼。云南傣族与藏缅语族、孟－高棉语族杂居，其语言可能受到这些语族语言的影响，与壮、布依语言有一定的差别。

在枭阳国之北，便是四川盆地，这里是古代巴人与氐人的聚居区。巴人分布在川东，廪君为其著名首领。氐人分布在川、甘、陕广大地区，从事畜牧业和农业，他们都是商周时代常见于文献记载的少数民族。

"在巴蛇西北，高山南，匈奴、开题之国，列人之国并在西北"，是指甘青一带的游牧民族，这是秦汉时期人们的增补文字了。

二、南方民族语言与怪兽名称

前一部分《〈海内南经〉与南方地名》采用汉语与苗瑶语言、壮侗语言对比研究的方法，考释鲋鱼之山、伯虑国、枭阳国等地名的来源与原义，本部分继续采用上述的方法，考释《山海经》中一些奇异动物的名称。通过采用多种语言进行对比研究，考释汉语典籍中一些难以解释的名物典故，深入发掘蕴藏在语言学中的民族学资料。

（一）犀兕辨别

犀与牛同属哺乳纲有蹄类，犀与马等属于奇蹄目，牛与羊、猪、河马等属于偶蹄目，在拉丁文里犀科写作 Dicerorhinus，牛科写作 Bovidae，没有相同的词根，表示它们不是同一类型的动物。但是在汉语里，犀被认为是牛的一种，"犀"字以"牛"字作为部首，犀被通俗地称为"犀牛"。

《海内南经》说："兕在舜葬东，湘水南，其状如牛，苍黑，一角。……狌狌西北有犀牛，其状如牛而黑。"东汉许慎《说文解字》释犀："南徼外牛，一角在鼻，一角在顶，似豕。从牛尾声。先稽切。"释兕："如牛而青，象形。"《尔雅》释兕："兕似牛。"晋代郭璞注释："一角，青色，重千斤。"

由此看来，汉语古籍中的犀是指双角犀，兕是指独角犀。

"汉典"中说"兕"音 sì，是古书上所说的雌犀牛。又说"犀"音 xī，哺乳动物，形状略像牛，皮粗而厚，多皱纹。角生在鼻上，产于印度一带的只生一只角，产于非洲的有两只角，其角可做器物，亦可入药，通称"犀牛"。

亚洲犀中的双角犀又称苏门犀，雌雄均长双角，重约1000千克，肩高约1.2米，是犀科中体形较小者，故《说文解字》说犀"似豕"。现生的苏门犀分布在印度尼西亚的苏门答腊以及加里曼丹一带。

独角犀仅雄兽长角，现生的独角犀有两种，一种是印度犀，重约2000千克，肩高1.8～2米，分布在印度、尼泊尔、不丹等地。另一种是爪哇犀，又称小独角犀，重约1500千克，肩高约1.5米，分布在印度尼西亚、马来西亚、缅甸等地。

现生的犀科动物分布在热带的东南亚及非洲地区，但是在更新世时期的分布则比现代偏北1～2个自然地带，因此当时我国的华南、中南、西南等地区都有犀科动物的活动，《海内南经》说："苍梧之山，帝舜葬于阳，帝丹朱葬于阴"，"兕在舜葬东，湘水南……狌狌西北有犀牛"。

苍梧被认为在今天的湘桂粤三省交界处，独角兕活动在这一带，亦即中南地区，而双角犀则分布在西南的川黔滇三省交界处。

我国中南与西南地区自古以来就是壮侗语言民族与藏缅语言民族的聚居地。在上古汉语里，"犀"音"siei"，与"兕"音"ziei"相通。① 在壮侗语言里，黄牛的读音近似汉语的"犀"音，例如：黄牛 çw（壮语），çie（布依语），sən（侗语）。② 在藏语（拉萨）里，公犏牛（黄牛与牦牛杂交所生）tʂo，母牦牛 tʂi，野牛 tʂoːŋ。③ 由此可见，汉语的犀音来源于壮侗语言与藏缅语言中的黄牛、牦牛、犏牛、野牛等。在更新世时期，我国北方生活着披毛犀，与牦牛一样身披长毛发，而我国南方的亚洲犀则与黄牛相似。

汉字是表意文字，也有人认为是表意与表音相结合的文字，犀字中的"牛"字是形符表意，"㞑"字是声符表音，由于"㞑"的读音接近壮侗语言与藏缅语言中"牛"字的读音，因此，用"㞑"字作为声符，用来记录壮侗语言与藏缅语言中"犀"字的读音。

《说文》说兕字是一个象形字，但并没有说兕是独角犀，《本草纲目》兽部第五十一卷兽之二"犀"说兕是雌犀，犀的一个异体字写作"犀"，兕的一个异体字写作"㺆"，从形象上看，羊的肚子不如猪的肚子大，所以兕有可能是怀孕的双角雌犀。在壮侗语言里，女性生殖器读音近似兕音：çet（壮语），çiːt（布依语），se（临高语）。藏语（拉萨）母牦牛读音作 tʂi。因此，汉语的兕应该是雌犀，而不是独角犀，《本草纲目》的记载是准确的。

---

① 郭锡良：《汉字古音手册》，北京大学出版社1986年版。
② 《壮侗语族语言词汇集》，中央民族学院出版社1985年版。
③ 瞿霭堂、谭克让：《阿里藏语》，中国社会科学出版社1983年版。

（二）白犀辨疑

《山海经》提到白犀以及其他一些白色的牛，例如《中山经·中次八经》的琴鼓之山"多豕鹿、多白犀"，《西山经·西次三经》的三危山"其上有兽焉，其状如牛，白身四角，其豪如披蓑，其名曰傲𢒉，是食人"。《东山经·东次四经》的太山"有兽焉，其状如牛而白首，一目而蛇尾，其名曰蜚，行水则竭，行草则死，见则天下大疫"。《北山经》之首经的灌题山"有兽焉，其状如牛而白尾，其音如讥，名曰那父"。

现生的非洲犀属于双角犀，有黑、白两种，白犀重约 2500 千克，肩高约 2 米，是双角犀中的体形最巨大者。白犀体色褐，稍带青白，故称白犀，分布在非洲中部的苏丹、乌干达等地。

《中山经·中次八经》所说的地区包括今天的鄂西北至鄂东北一带。在鄂省长江以南的大冶县和长阳县，出土过更新世时期的亚洲犀化石，因此，琴鼓之山上的"白犀"并不是现生的非洲白犀的祖先，可能是《山海经》在成书的过程中，由于使用汉字来记录其他少数民族的语言因而造成的误差。

传说中苗瑶的祖先曾居于长江以南的彭蠡、洞庭之间，商周时代百濮居于江汉以南，百濮与百越有渊源，战国秦汉时期华夏居于长江以北至黄河流域的中原地区，因此，《山海经》中用汉字记录的"白犀"，有可能是用汉字记音的苗瑶语言或者壮侗语言，其原意并不是指"白色的犀牛"。

前述在壮侗语言里黄牛读音近似犀，在苗瑶语言里黄牛的读音也含有"犀"的音节，例如：taʐu（湘西苗语）①，nausa（拉珈瑶语）②。

此外，在壮侗苗瑶语言里，"白"字的读音也近似汉语"白"字的读音，例如 beak（古代汉语）、pɛ（瑶语勉语方言）、pieːk（瑶语拉珈方言）、piːk（壮语）、pok（毛南语）、paːk（水语）。苗语中"白"字的读音与汉语"白"字的读音不相近，因此，瑶语"白"字的读音可能是来自壮侗语言，瑶语拉珈方言属于壮侗语言侗水语支，勉语方言属于苗瑶语言瑶语支，由于瑶族比苗族更南移，所以瑶语更多受到南方土著民族壮侗语言的影响。

如果《中山经》的"白犀"两字是用汉字记音释义的壮侗或者瑶族的语言的话，那么可能是指黄牛或者白色的黄牛，因为在壮侗语言里，"黄牛"除了与汉语的犀音相近之外，还与汉语的白音相近，例如毛南语：pɔ、母黄牛（未产崽）pɔsai。

---

① 参见王辅世《苗语简志》，民族出版社 1985 年版。
② 参见毛宗武、蒙朝吉《瑶族语言简志》，民族出版社 1982 年版。

我国黄牛的种类中有不少体色带有白色的，例如北方的蒙古牛被毛多黄褐、黑白花，腹部及四肢内侧颜色较浅或白色。中原的南阳牛被毛多黄色，亦有淡黄、红、白等颜色。现生的野牛主要生活在我国的滇南及南亚地区，但是在更新世时期却向北分布至长江流域。野牛的体色自浅棕色至黑棕色不等，从口、角至眼上为灰白色，鼻、唇为灰白色，四肢下部为白色，故称"白肢野牛"。

因此，《山海经》中的"白犀"以及其他带有白色的怪牛，可能是壮侗或者瑶族神话传说中的动物神祇，其原型可能是黄牛或野牛，在新石器时代后期汉藏语言形成的时候，我国南方还有野牛活动，壮侗先民称呼其为"白犀"，即白色的牛。

《西山经》中的三危山"其上有兽焉，其状如牛，白身四角，其豪如披蓑，其名曰徼䖑，是食人"可能是指牦牛或犏牛。现生牦牛生活在青藏高原，但是在更新世时期却分布至华北、内蒙古等地，牦牛与黄牛杂交的第一代后代为犏牛，犏牛兼有双亲的特点，有较多的体毛；牦牛更是"其豪如披蓑"。"徼䖑"两字在上古汉语中的读音为：ŋauːien，可能是壮侗语的黄牛与藏缅语的黄牛的合音，例如壮侗语的"黄牛"：ŋu（临高）、ŋo（傣）、iu（黎），藏语的"黄牛"：laːŋ（拉萨），公黄牛：laǔː（阿里）。

（三）白豹辨正

《西山经》之首经南山"兽多猛豹"，郭璞注释曰："猛豹似熊而小，毛浅，有光泽，能食蛇，食铜铁，出蜀中。豹或作虎。"郝懿行疏："猛豹即貘豹也，貘豹、猛豹声近而转。"郭璞注释《中山经·中次九经》的崃山："邛崃山出貊貊似熊而黑白驳，亦食铜铁。"

《说文》释貘："似熊而黄黑色，出蜀中。"《尔雅·释兽》："貘白豹。"郭璞注释："似熊，小头庳脚，黑白驳，能舐食铜铁及竹骨，骨节强直，中实少髓，皮辟湿。"邢昺疏："豹白色者别名貘。"郝懿行疏："《列子·天瑞》篇释文引尸子云中国谓之豹，越人谓之貘，是貘即豹矣。"

貘与犀在我国生存的时间及地域大致相同，其化石出土的地点，北至陕西蓝田，东至安徽和县，西南至川黔桂。貘的形体似猪，鼻端无角，但是向下突出很长，可以自由伸缩，尾巴极短，亚洲马来貘的背部与两胁皆灰白色，头、肩、腹和四肢皆黑色。

豹形体修长，尾巴粗壮且长，鼻端极短，体色带有黑色金钱形斑纹。我国的北豹与南豹体色均呈黄色或橙黄色，北豹体色较淡，金钱形斑纹较显著。南豹体色较深，金钱形斑纹不显著。云豹呈淡灰褐色，有黑色云纹。雪豹被毛较长，呈灰白色，体侧及臀部有清晰叶状黑色环纹。

现代的动物学词典以及一般辞书都说貘形体似犀或似豚，而我国古人却说貘似熊或豹，并说豹白色者别名貘，似乎貘即是雪豹，但是雪豹是生活在高寒地区的动物，分布在我国的西藏、新疆等地；而貘是热带地区的动物，与雪豹分布的地域相距较远，古人不会将两者混淆。此外，在雪豹的故乡阿里藏语的各种方音中，"雪豹"一词的读音并没有近似汉语"貘"的音节，因此，汉语的"貘"与"雪豹"没有关系。

但是这仍然未能够否定貘即是豹的说法，因为郝懿行说远在华南热带地区的壮侗先民——越人也说貘即是豹，猛貘即是貘豹。

如果说雪豹全身灰白色，貘的背部与两胁也呈灰白色，两者在体色上尚有一些相似之处，但是生活在华南地区的南豹体色呈较深的黄色或橙黄色，与"黑白驳"的貘实在有较大的区别，因此，越人所说的貘，难道真的是豹吗？如果不是，那么误差及讹传到底出在什么地方呢？

原来，壮侗语言中的"豹子"读音近同汉语的貘豹，例如：豹子 məmpeu、məmpiu（侗水语支）。此外，在壮侗语言中"虎"与"熊"的读音也近同汉语的貘，例如：虎 məm（侗水语支），熊 me（侗），mɯi（壮），mui（黎）。

在藏语中，"棕熊"（又称马熊）的读音也有汉语"貘"的音节，例如：tʂemoː（拉萨），tʂemoːŋ、tʂemoːn（阿里）。

难怪我国古人会说貘是豹、虎，或者说其"似熊"，原来这些动物的名称在古代周边少数民族的语言中，都与汉语的"貘"有近似的读音，或者有近似的音节。汉语的"貘"音，就是从周边少数民族的语言中演变而来的，因此，古人在寻释"貘"的来源时，最终又回到了它的起点。这种研究方法是正确的，只是缺乏动物学的知识，未能用动物学的知识去区别传说中与豹子、虎、熊等名称相近的貘。古人对于貘的习性的描述也是不够准确的，例如郭璞说貘"能食蛇，食铜铁"，事实上貘是素食性动物，以植物为主食。郭璞还说貘"皮辟湿"，这是由于貘习性喜水，常栖于大河沿岸，能在水中潜行。

先秦至汉晋时代，貘早已经从中原消失，许行、郭璞等人都没有见过貘，他们收集到的有关貘的知识，都是来自南方民族地区。在汉语中，貘的读音可能是来自壮侗语言的豹、虎、熊等的读音，那么南方民族的先民真的是用豹、虎、熊的称呼来称呼貘吗？

《说文》中说"犀""似豕"，今人在注释《尔雅》时说犀"猪头，大腹"①，由此可见，貘与犀都似猪。貘与犀是野生动物，不易常见，但猪却是农业民族最常见的家畜，因此，人们可能会用猪的体型去描述貘，也有可能会用猪的名称去称呼貘。根据这一思路，可以发现在壮侗语言的许多方言中，"猪"音也读"貘"音，例如：mou，mu，mo（壮傣语支）；ŋu，mu，mu（侗水语支）；黎语支的"猪"音读 pou，近同汉语的豹音。

此外，在苗瑶语言中，"猪"的读音近同"貘豹"两音，例如苗语：pa（黔东），mpua（川黔滇）；瑶语：mpai（布努）。

在我国地境上，由北至南，华夏居于黄河流域，三苗居于江汉流域，百越居于江汉流域以南。由西至东，氐羌居于长江上游，三苗居于中游，百越居于下游。在语言文化的交流上，三苗是为华夏接触百越的中介。因此，解读《尔雅·释兽》中的"貘、白、豹"这三个字，也许不应该直接用汉语的意义去解释，而应该还原为苗瑶语言的音义，亦即"猪"。

但是有学者认为苗瑶可能起源于中原，那么他们有关貘的知识与称呼也是来自南方的原住民族——百越先民。在壮侗语言中，"白"字的读音近同上古汉语的豹音 peauk，例如：piːk（壮），phrk（傣西），phək（傣德），pakːk（侗、仫佬、水），pok（毛南）。此外，壮侗语言的语法与汉语略有不同，汉语将定语置于中心词之前，例如"白猪"，是指白色的猪；而在壮侗语言中，定语被置于中心词之后，白色的猪读作"猪白"。因此，《山海经》中的猛豹、貘豹等，可能是壮侗语言中"猪白"（白色的猪）的音译，"猪"音猛或貘，"白"音豹。前述貘的背部及两胁呈灰白色，故百越先民有可能将这种外形似猪的动物称呼为"猪白"。

郭璞注释《中山经》的崃山曰："邛崃山出貊貊似熊而黑白驳，亦食铜铁。"古代汉语"貊貊"的读音 meak 也近似壮侗语言中"母猪"的读音，例如：moume（壮），mume（布依），maimo（临高），mumɛ（傣西），mume（傣德），mumai（仫佬）。

由此演绎推论，笔者认为古代的南方民族先民可能将貘称为白猪，这是对貘的最直观的称呼，西汉成书的《尔雅》所记录的"貘白豹"，是壮侗语言的"猪白"，经过苗瑶语言的转介再加上汉人的翻译之后，苗瑶语言中的"猪"音 pa、mpua、mpai，便变成了汉语的"豹"，汉人或直接将其理解为豹、白豹，或者将其与毗邻的少数民族的语言对音，由于其音与熊、虎等读音相同或相近，古人以为是熊是虎，或者似熊似虎。貘在传说中是有点奇异的野兽，古代汉族学者完全没有想到南方民族先民会将其直截了当地称为"白猪"。

---

① 徐朝华：《尔雅今注》，南开大学出版社 1987 年版，第 333 页。

  《尔雅》所说的"貘白豹",郝懿行疏曰:"猛豹即貘豹也……中国谓之豹,越人谓之貘,是貘即豹矣。"他们所依据的是来自南方民族语言的资料。郭璞注释《西山经》之南山"兽多猛豹",以及注释《中山经》的崃山"邛崃山出貊貊"时,都说它们"似熊而黑白驳",南山和邛崃山都在蜀地。《说文》也说貘"似熊而黄黑色,出蜀中",郭璞和许行所依据的是来自西南民族语言的资料,今人认为他们所说的"貘"可能是大熊猫①,而非古生的貘科动物。黑熊(狗熊)分布在我国南北各地,棕熊(马熊)活动在北温带林区,川、藏两省属于棕熊的分布区域。在藏语中,"棕熊"的读音带有汉语"貘"的音节,例如前述的 tṣemoː(拉萨),tṣemoːŋ、tṣemoːn(阿里)等。熊的尾巴极短,性孤,喜游泳,这些习性与貘非常相似,因此,生活在蜀地的藏缅语先人有可能认为貘是熊或大熊猫的一种,用熊或大熊猫的形态和习性去描述传说中的貘。

---

① 徐朝华:《尔雅今注》,南开大学出版社 1987 年版,第 337 页。

第六章 岭南民俗"封利是"的源头

"封利是"是岭南地区粤语居民对压岁钱的特殊称谓，它可上溯至秦汉，甚至可早至古史传说中的舜虞封禅，其源流则与东夷文化相关。

一、利市钱不是封利是的起源

20世纪60年代初期，《羊城晚报》曾对"封利是"风俗做过专门的讨论；20世纪80年代后期，叶春生教授对仍然在香港完整地保留着的"封利是"风俗进行考察之后，指出这种风俗起源于宋代，"《东京梦华录》载：'娶妇至家门，从人及家人乞觅利市钱物'"[①]。

"利市"与"利是"这两个名词，在汉语通用语，即普通话中同音读"shì"，但在粤语中却有所区别。"是"粤语音作 xi^6，同"事"字读音 si^6，"市"字粤语音作 xi^5，不同于"是"与"事"两字的读音，故粤俗称"封利是"或者作"封利事"，而不作"封利市"。因此，宋代的"利市钱"可能不是"封利是"的源头。

"封利是"与压岁钱的风俗大致相同，"除夕达旦不眠谓之守岁"，"除夕有压岁钱谓之所始"[②]，因此"封利是"与压岁钱可能有共同的起源。

一般认为华夏民族起源于黄河中上游的黄帝部族，以及黄河中下游的炎帝部族，"岁"字出现得较早，与黄帝部族有较密切的关系，"岁"原是星名："岁行三十度十六分度之七，率日行十二分度之一，十二岁而周天。"[③]《尔雅·释天》："夏曰岁。"郭璞注："取岁星行一次。"[④] 根据《史记·历书》的记载，最早考定星历的是黄帝："黄帝考定星历，建立五行，起消息，正闰余，于是有天地神祇物类之官，是谓五官。"

压岁钱的风俗，是与农业民族的天文历算经验联系在一起的："夏曰岁（郭注：取岁星行一次），商曰祀（郭注：取四时一终），周曰年（郭注：取禾

[①] 叶春生：《岭南风俗录》，广东旅游出版社1988年版，第28页。
[②] 《中国民俗方言谣谚丛刊初编（一）》，载〔清〕顾张思《土风录》卷一，江苏广陵古籍刻印社1985年版。
[③] 《史记》卷二十七《天官书》，中华书局1982年版。
[④] 《尔雅·释天》，丛书集成初编，商务印书馆民国二十六年版。

一熟），唐虞曰载（郭注：取物终更始）。"① 压岁、守岁等风俗，正是根据农业时令气节的变化更替，进行相应的祭祀、喜庆等活动，表达人们对逝去岁月的怀恋，对即将开始的新的岁月的庆贺。

"封利是"与压岁钱的内容大致相同，两者都是起源于古代农业民族对于时令气节更替的纪念性活动。令人费解的是，岭南粤语居民为何不接受"压岁钱"这一汉语通用语的通俗性称谓，而是独特地保留着"封利是"这一方言用语呢？"封利是"的风俗及用语在岭南地区有着如此强大的生命力，表明它有着非常浓厚的历史文化渊源，它的起源及内涵，远远超越宋代的婚嫁利市钱。

二、封禅原是东夷葬俗

前引《尔雅·释天》云："夏曰岁，商曰祀，周曰年，唐虞曰载。"夏人发祥于中原，周人发祥于关中，正是传说中的黄帝部族活动的黄河中上游地区。夏人和周人继承了黄帝部族注重总结农业生产经验的传统，分别以岁星运行的周期及农作物成熟的次数命名四季的更替。

虞舜不是黄帝部族的后人，他"生于诸冯、迁于负夏、卒于鸣条，东夷之人也"②。商人曾建都于东夷故地奄（今山东曲阜），至盘庚时才从奄迁于殷（今河南安阳）。以炎帝为代表的东夷部族有着不同于黄帝部族的文化传统，他们注重人与人、人与自然之间关系的协调，他们分别以物象的变化以及祭祀来命名四季的更替。

因此，"压岁""守岁"等风俗及用语，最早可能是起源于中原、华北地区的黄帝部族后人，以后随着汉语通用语的形成而传播到全国各地，成为全国性的风俗及用语。起源于华东、东南沿海的炎帝东夷部族却另有一套内涵独特的风俗习惯，这种东夷部族的风俗及用语很可能就是"封利是"的源头。

"封"字对于史前活动在齐鲁地区的东夷族有着特殊的意义，《淮南子·本经》及《左传·昭公二十八年》中记载了唐尧虞舜时代有"封豨"之族，以泰山地区泰安大汶口遗址命名的新石器时代大汶口文化，包括了豫东、鲁、江皖之间的部分地区。在大汶口遗址发掘了133座墓葬，其中1/3以上用猪殉葬，有人据此认为大汶口文化可能就是封豨族文化。③

---

① 《尔雅·释天》，丛书集成初编，商务印书馆民国二十六年版。
② 《韩诗外传》卷三《舜》，清光绪乙亥望之益斋周廷棠赵怀玉本合刊。
③ 参见王一兵《虎豹熊罴演大荒——图腾与中国史前文化》，陕西人民教育出版社1991年版，第99、101、102页。

传说伏羲作八卦，誉称"人文始祖"。《路史·太昊纪》云"伏羲母华胥居于华胥之渚……因生伏羲"。《水经注》载"雷泽在城阳故城西北，昔华胥履大迹处也"，城阳即今山东营县，王献唐先生考证"华"字转音"风""封"，伏羲风姓，是为东方九夷之中的防风氏。①

"华、伏、风、封"四字音韵相通，是为东夷族的一个姓氏，封豨之族以猪殉葬，因此"封豨"二字也可能是指一种葬丧仪式，《说文·穴部》："窆，葬下棺也。"段玉裁注："土部曰：堋，葬下土也；《春秋传》：'朝而堋'。《礼》谓之封。《周官》谓之窆。按：'堋、窆、封'三字分蒸侵东三韵，而一声之转。"②"封"（同华、伏、风）原为东夷族自称，又指族中的葬丧仪式，祖先埋骨之地，也是子孙守望之地，到夏商周三代之时，"封"字的含义得到进一步发挥，被引用为"爵诸侯之土"的封邦建国仪式。

从"岁"字与"封"字的起源，可以清楚地看到黄帝部族与炎帝部族的文化分野。黄帝部族注重总结农业生产经验，拥有较强大的物质基础，战胜了炎帝部族。炎帝部族地区注重协调人伦关系，伏羲作八卦，虞舜封禅泰山，孔子从葬丧礼仪中总结出仁义孝悌的人伦关系准则。

黄帝部族的最后一代君主唐尧将帝位禅让给虞舜，虞舜在登基的过程中，糅合了黄帝部族与炎帝部族最隆重的风俗礼仪，亦即后世所称说的"封禅"大典。《尚书·舜典》："正月上日，受终于文祖……岁二月，东巡守，至于岱宗，柴。"

文祖是唐尧的祖庙，虞舜于正月初一在尧的祖庙受禅登基，是尊崇了黄帝部族敬尚岁首更始的风俗，而柴祭岱宗则是尊崇东夷部族祭祀天地鬼神祖先的礼俗。在东夷人的心目中，泰山是天地之间的鬼神栖身的地方，它主持天下阴阳交替："岱者，胎也。宗者，长也。万物之始，阴阳交代。"③而"柴"又作"祡"，指焚柴祭祀天神。"禅"在《说文》中是"祭天也"，"禅"又作"嬗"，替代也。《管子·封禅》云："古者封泰山禅梁父者七十二家。"《韩诗外传·卢序》云："孔子升泰山《观易姓而王》可得而数者七十余人，不得而数者万数也。"这些在泰山上祭祀并留下印记的君王，可能就是东夷族历代的酋长。虞舜接替唐尧成为炎黄两族部落联盟的酋长，糅合了两族重要风俗举行封禅大典，成为历史传说中一项重要的国家典礼。

---

① 参见王献唐《炎黄氏族文化考》，齐鲁书社1985年版，第452、472页。
② 段玉裁：《说文解字注》，江苏广陵古籍刻印社1997年版，第347页。
③ 〔汉〕应劭：《风俗通义校注》，王利器校注，中华书局1981年版。

三、东夷族风俗事物对于南越族的影响

东夷族是华东地区经济文化发达的民族，对同处于东南沿海地区的东越族、南越族产生辐射影响。因此，南越族虽然是土生土长的族群，但在其语言风俗中，亦留下了东夷文化的斑斑痕迹。粤语居民至今仍称扫墓为"扫山""拜山"，以墓为山，可能就是魂归泰山的简称。《史记》《礼记》《山海经》都称帝舜南巡驾崩葬于苍梧之野，苍梧地处西江流域，是岭南较早开发的地区之一。叶地先生指出，"自汉、晋直至隋，苍梧郡的郡治均在封开江口镇"①。封开县得名于封溪水，封溪水源于梧州市的贺县，今称贺江，南流入西江。东江流域有博罗县，秦时置县，原名傅罗，《逸周书》中有"符娄"部族，疑即"傅罗"②。珠江三角洲是东、北、西三江汇流入海处，其地有扶胥江，曾昭璇先生指出："'扶胥'亦古越语，'扶'即人……'胥'即'溪边'。"③

伏羲为何姓风？王献唐先生指出，"此以族居之地产生凤鸟，因以为号也。古无风字，风皆作凤"，"古凤地所在，即今濮县，即泗水。凤族之女华胥，华、濮同音，皆读重唇，即风之音转，其转濮转华，犹《庄子》之转搏也。故濮县之濮即凤，华胥之华亦然"④。

扶胥江流经黄埔港，黄埔旧称"凤埔"，相传古时有凤鸟集于滩浦觅食、洗澡⑤。粤语"埔"读音"布"bou³，贵州布依族自称"布越""布夷""布依"，学者指出："'布依'，正是古越人苗裔的体现。"⑥"学术界一般均认为壮族、黎族都是古代越族的后裔。"⑦

一个民族的地名和自我称谓是变化最小的基本词汇，南越族地名和称谓中的"傅""扶""封""凤""埔"等词语，显然是来自古东夷的风姓之夷，"根据语言相互影响的规律，一般是先进民族的语言影响后进民族的语言"⑧。在岭南的三江流域，大都可以找到与"凤凰"及与帝舜有关的事物与风俗，三江流域是岭南联系内地的交通要道，上溯至新石器时代，在大汶口文化遗址

---

① 叶地：《广东地名探源》，广东地图出版社1986年版，第111、114页。
② 叶地：《广东地名探源》，广东地图出版社1986年版，第98页。
③ 曾昭璇：《广州历史地理》，广东人民出版社1991年版，第245页。
④ 参见王献唐《炎黄氏族文化考》，齐鲁书社1985年版，第540—542页。
⑤ 参见叶地《广东地名探源》，广东地图出版社1986年版，第4、5页。
⑥ 中国百越民族史研究会：《百越史研究》，贵州人民出版社1987年版，第373页。
⑦ 陈国强等：《百越民族史》，中国社会科学出版社1988年版，第216页。
⑧ 李敬忠：《语言演变论》，广州出版社1994年版，第123页。

中，有拔牙风俗，有段石锛①；在广东佛山的河宕遗址中，男女性都有拔牙风俗；在浙江吴兴的钱山漾遗址中，有段石锛。② 东南的夷越与西北的华夏有着明显的经济地理上的区别，在石器文化及青铜器文化时代，东夷是东南沿海地区经济文化最发达的民族，它的语言和风俗对东越和南越以及江淮之间的三苗都产生了一定的影响。

四、秦皇汉武封禅泰山与开发岭南

在先秦时期，封禅泰山仅仅是一种历史传说。秦始皇一统天下，举行封禅大典，但是得不到齐鲁儒生的积极配合，秦崛起于西土周原，奉行急功近利的法家政策，与讲求仁政的儒家思想格格不入，儒生们怀念被东夷文化同化了的周朝王室及六国宗室。秦始皇向儒生们征询封禅方式时，儒生们既不提供切实可行的建议，又不提供准确的气象资料，致使秦始皇在封禅途中遭遇暴风雨。

汉室起源于古淮夷地区，与古东夷血脉相连。汉武帝虽然也认为儒生们提出的封禅方式难以施行，但不像秦始皇那样一概加以罢黜，而是尽可能地加以采用，如"射牛""一茅三脊""五色土""蒲车"等。汉武帝顺利地举行了封禅大典，将汉家的一统大业祭告天地鬼神，东南儒生们给予了密切配合，关中缙绅们也推崇备至。

历史的奇迹往往伴随着惊人的巧合。秦皇汉武将史传中最隆重的国家典礼变成现实，使封禅成为秦汉社会生活中一件激动人心的大事。秦皇汉武时期又是中原中央政权首次大规模开发岭南的时期，中央政府在岭南开凿运河、修筑道路、设置郡县、派遣官吏，迁徙数十万军士、徙谪民户进入岭南安家置业，岭南地区有史以来第一次与中原文化全面接触。粤语就是在这种历史环境下由古越语与古汉语混合产生的一种汉语方言，而粤语居民的"封利是"风俗，则是与粤语同时产生的封禅遗风的流传。

五、封利是的风俗及用语细析

李敬忠先生指出，粤语"主要集中分布在广东省的中部、西部和南部，广西壮族自治区的东南部，以及香港和澳门地区"③。这些地区包括岭南的三

---

① 山东省文物管理处、济南市博物馆编：《大汶口——新石器时代墓葬发掘报告》，文物出版社1974年版，第115、116页。
② 《中国考古学会第三次年会论文集》(1981年)，文物出版社1981年版，第1、88页。
③ 李敬忠：《语言演变论》，广州出版社1994年版，第79页。

江流域及其下游的珠江三角洲地区,这些地区是古代岭南的对外交通要道,同时也是经济文化发达的地区。在汉代扬雄所著的《方言》一书中,代表南越的地名共出现 21 次,所记录的词语共有 31 个,其中有一个无法考证。在其余的 30 个词语中,汉语词有 22 个,非汉语词只有 8 个。在这 22 个汉语词中,有 7 个词语无法确定其出处,而可以确定是来自秦晋方言和楚方言的词语各占 7 个。因此,学者指出:"在西汉末年,岭南一带的汉族人民主要来自楚地,其次才是秦晋或其他地方。"①

有人认为古代的楚民族以及今天的苗、瑶等少数民族,可能是古史传说时期的三苗的后裔。三苗居于江汉、荆州一带,与夷越两族毗邻。《尚书·舜典》述舜、禹征伐三苗,《淮南子·修务训》载舜"南征三苗,遂死苍梧"。三苗与舜有如此密切的联系,三苗后裔中保留了某些东夷风俗应不足为奇。在今天粤桂湘三省区交界处的粤北连县过山瑶民族之中,每年的农历二月初一,都有过"小鸟节"的风俗:人们在竹竿尖上穿上一个糍粑,插到田头,任由小鸟啄食,称之为"封鸟嘴"②。这是除了"封利是"以外,笔者至目前为止能够找到的与"封"字、与春季有关的风俗和用语。

正因为秦汉时期的岭南移民主要是来自与岭南毗邻的楚地,所以南越族中原有的与东夷族有关的语言与风俗才能得以大量保留。假如当时的新移民主要是来自北方秦晋方言区,而秦晋方言又是秦汉社会的通用语言,则岭南越族可能更大程度地被同化,保留在粤语中的古越语的成分可能更少,"封利是"这一特殊的风俗用语也早已被北方方言的"压岁钱"所取代。

"封利是"与"封禅"有何相似之处?《尚书·舜典》述虞舜:"正月上日,受终于文祖。在璇玑玉衡,以齐七政。肆类于上帝,禋于六宗……觐四岳群牧,班瑞于群后……岁二月,东巡守,至于岱宗,柴。……协时月正月,同律度量衡。修五礼、五玉、三帛、二生、一死,贽。"在虞舜正月初一的受禅及二月的封禅活动中,主要包括三个内容:一是祭祀祖先天地神鬼;二是接见并重新确认诸侯群臣的权益;三是订正律历度量衡。以上三个内容,融汇了东夷族重人伦以及黄帝族重农时的文化传统,以后历代封建帝皇的新春祭祀都包含这些内容,并演化为相应的民俗行为。

但是在民间的新春祭祀喜庆活动中,则主要是注重人事人伦的内容,以山东地方的风俗为例,"莱芜等地有初一下午送家堂的习俗。人们上坟、烧纸、鸣炮、叩头,将祖宗送回坟茔,回家以后,把家谱收起来,春节祭祖仪式遂告

---

① 刘君惠等:《扬雄方言研究》,巴蜀书社 1992 年版,第 260、265、266 页。
② 刘志文:《广东民俗大观》,广东旅游出版社 1993 年版,第 570 页。

结束"①。虞舜正月初一在唐尧的祖庙受禅,祭祀唐尧的祖先;二月上泰山封禅,祭祀自己的祖先。莱芜在泰山东麓,为莱夷旧地,迟至春秋后期,齐国才兼并莱国。莱芜等地"送家堂"的风俗,可能就是虞舜在祭祀唐尧的祖先之后又上泰山封禅的史迹的遗留与演变。

在山东,"春节拜年的习俗由来已久,至今不衰","晚辈向长辈拜年时,长辈要给'压岁钱'"②。按辈分拜年,显然也是虞舜按等级向诸侯群臣班瑞修五礼的民俗化形式。在民间的新春祭祀喜庆活动中,唯有"封利是"这一名称,保留了一丝虞舜受禅封禅时注重农事气节的影子。

粤语居民新春"封利是"风俗与上述山东地区的送家堂、拜年风俗大致相同,但是如同粤语没有被汉语通用语所同化一样,粤语的风俗用语"封利是"也没有被汉语通用语的风俗用语"压岁钱"所取代。究其原因,一是岭南地方偏僻,没有像齐鲁大地一样,多次受到北方大规模移民浪潮的冲击;二是"封利是"风俗用语与粤语同时产生,是为粤语中变化较少的基本词汇之一。

"封""利""是"三个字是秦汉时期使用频率较高的词语,"封"既作名词,又作动词,汉制规定,奏事皂囊须封以木板以防泄密,称之为"封事":"诸乘传者持尺五木传信封以御史大夫印。"③ 粤语中的"封"字功能也是如此,"封利是"作动词,指将压岁钱装入红纸袋之中;"利是封"则是作名词,专门指装压岁钱的红纸袋。

"利"字在汉武帝时经常出现。武帝拜齐鲁方士栾大为"五利将军",令其求长生之药,栾大之妻被武帝赐名"当利公主"。"五利"指五行之利,源于齐人邹衍的阴阳五行学说。汉武帝有宠妾李夫人,其兄李广利被拜为贰师将军,远征大宛掠取汗血天马。

"是"字在汉代与"氏"字通假,《汉书·地理志》记载:"秦之先曰柏益……至玄孙,氏为庄公。""陈国……周武王封舜后妫满于陈,是为胡公。""氏""是"两字在粤语中同音,故"封利是"本作"封利氏",表示新春祭祖有利于氏族子孙后代,但汉人以"是"代"氏",后人不明白"是""氏"通假,以为"是"字生僻,常以"事"代"是",失却"封利是(氏)"的本来含义。

北方各地的"压岁钱",不一定要用红纸包装,但"封利是"却一定要用

---

① 山曼等:《山东民俗》,山东友谊书社1988年版,第8页。
② 山曼等:《山东民俗》,山东友谊书社1988年版,第6页。
③ 《汉书》卷十二《平帝纪》,中华书局1983年版。

红纸包装，在东南各地也是如此。东南及沿海都是与东夷毗邻的闽越、东越、三苗故地，三苗与虞舜的关系尤为密切，《尚书》云舜正月上日受禅于文祖，《史记·五帝本纪》索隐引《尚书·帝命验》曰："文祖者，赤帝熛怒之府，名曰文祖。火精光明，文章之祖，故谓之文祖。"文祖为尧之大祖，尧为黄帝之后裔，与火、赤有关的应是炎帝，因此，虞舜在祭祀崇尚黄土的黄族祖先之时，也援引了崇尚火利的炎族风俗。用红纸包装压岁钱，正是炎黄两族风俗融合的反映。

岭南越族自古通过三苗、东越的中介，接受东夷族文化。但是无论是虞舜抑或是汉武帝的"封禅"，都过分官方化，不适宜作为民俗的用语。北方语言中的"岁"字更不适合岭南民俗的需要，因为岭南地方四季不分明，岁时的变换没有明显的气候物象作为标志，冬春两季尤其如此，所以岭南先民迟迟未能为新春祭祀喜庆的风俗进行命名。秦皇汉武封禅泰山，将传说中的虞舜封禅大典变成现实，秦晋楚移民进入岭南，既强化了原有的东夷文化底蕴，又带来了新的全国通用的民俗用语词汇，于是，"封利是"这一既有东夷文化特色，又有当时流行民俗文化特色的地方性民俗用语便奇迹般地诞生了，成为粤语的基本词汇之一以及粤语居民中不可缺少的新春民俗。

第七章 岭南石狗崇拜

在岭南的雷州半岛有一个石狗文化圈，以雷州为中心，包括我国的茂名至广西合浦一带，以及海南和云南，石狗塑像多达数万个，几乎村村都有，越南也有此风俗。人们认为石狗具有神性，岁时拜祭，祈福驱邪。2008年，石狗入选国家非物质文化遗产保护名录。

学者们一般认为，岭南石狗崇拜的近源是外来的瑶畲槃瓠文化，远源是土著的百越图腾文化。刘岚与李雄飞认为："雷州石狗崇拜是以原始图腾崇拜为根源，以生殖崇拜、守护神崇拜为后续生成主体，具有多重性的、特征鲜明的区域民俗文化事象。"[1] 此文没有提及石狗的起源，只是根据宋代以来的史籍记录归纳石狗的特征。陈志坚说雷州石狗融会图腾的因素，是"僚人对雷神的崇拜与瑶人对狗图腾的信奉，已为雷州古越族人从生产生活的现实中所认同。故此，雷州石狗具有百物之形的特征"。[2] 刘佐泉认为远源是南蛮槃瓠文化，近源则与雷祖崇拜有关。[3] 在前人的成果上结合民族语言的资料深入研究，笔者得出的结论是岭南石狗崇拜与上述民族文化只有单一的源流关系：土著的百越文化。

一、何种类型的崇拜

古代岭南地区居住过许多少数民族，包括今天的壮侗语言民族和苗瑶语言民族。属于苗瑶语族的瑶畲民族是南迁的民族，他们拥有共同的图腾崇拜对象，即槃瓠。属于壮侗语系的百越是土著民族，各个族群拥有各自的图腾崇拜，个别族群以狗作为图腾，例如海南岛的黎族。

瑶畲民族拥有统一的图腾——槃瓠，他们自从唐宋以来陆续迁入岭南各地，有人认为岭南石狗崇拜是他们的文化遗存。

由于史前人类遗留下来的神灵崇拜文化丰富多彩，如有动物崇拜、自然崇拜、图腾崇拜等，因此本文首先要厘清岭南石狗属于何种类型的崇拜。

---

[1] 刘岚、李雄飞：《雷州石狗崇拜变迁与民族格局之关系》，载《广西社会科学》2008年第8期。
[2] 陈志坚：《雷州石狗文化初探》，载《岭南文史》2004年第3期。
[3] 参见刘佐泉《雷州半岛石狗文化探源》，载《岭南文史》2002年第4期。

第七章 岭南石狗崇拜

什么是图腾崇拜？"图腾"是印第安语 totem 的音译，源自北美阿耳贡金人奥季布瓦族方言 ototeman，意为"他的亲族"或"他的氏族"，是将某种动物或植物等特定物体视作与本氏族有亲属或其他特殊关系的崇拜行为，相当于整个部族的标记。原始人把某种动植物或者没有生命的事物当作自己的祖先或者亲属，氏族、家族等社会组织以图腾命名，以图腾作为标志。原始人相信它们不仅不会伤害自己，而且还能够保护自己，自己能够获得它们的超人的力量、勇气和技能。人们以尊敬的态度对待它们，一般情况下不得伤害。图腾崇拜是原始宗教的最初形式，大约产生于旧石器时代晚期的氏族公社时期。

什么是动物崇拜？动物崇拜是一种自然崇拜，以动物或幻想中的动物作为崇拜对象。人类最早是与动物接触，动物是早期人类生活的来源。大约从新石器时代开始，人们驯化猪、羊等食草动物，当时给人们以最大帮助的不是手中的棍棒，而是这些被驯养的动物，猪与羊给人们提供肉食来源，狗能为人们狩猎，看守其他家畜。在以狩猎为主的社会里，动物崇拜与物质生活有着密切的关系。原始人还没有把自己与动物区分开来，认为动物和人一样有思想、感情、灵魂。人们为了维持生活的需要而捕杀动物，但又怕动物灵魂予以报复，所以对动物进行膜拜，以求得到宽恕；还因为原始人在动物面前常感到软弱无力，对动物有敬畏感，因此产生动物崇拜。

（一）岭南石狗是动物崇拜

岭南石狗是动物崇拜，其造像是动物形象，大大小小、形态各异的石狗被放置在路口、桥头、村头、家门口，类似镇邪祛恶的泰山石敢当，崇拜石狗的人们相信石狗具有神性，可以保佑作物丰收、人畜兴旺、家宅平安、生儿育女、添丁发财等。

石狗文化圈的居民并不禁忌吃狗肉，他们甚至以狗肉作为最珍贵的佳肴。广西壮族也是岭南土著百越人的后裔，他们之中的许多族群也无吃狗肉的禁忌，靖西市、隆林各族自治县和德保县的壮族还有狗诞辰节，传说狗是天上的龙犬，每年农历的二月二十二日，在它的诞辰日里狗神显灵，当日吃狗肉可令人益寿延年，是日人们热衷于烹食狗肉。

但是壮族也有禁忌吃狗肉的族群，据说是两种人：一是前辈被杀害的；二是张姓人家。人们杀狗多是用斧头砸其头，狗死得惨不忍睹；人被谋财害命，也死得很惨，因此，死者的亲属忌吃狗肉。广西东兰县张姓壮族忌吃狗肉却是因为一个传说：古代张家有一个新生儿，其父母病死了，只有祖父一个人照料孩子，祖父无奈，用一张席子铺在屋堂神龛地面给孙子睡觉，祈求祖宗保佑。孩子饿得日夜啼哭，张家有条刚生了仔的母狗，听到孩子啼哭，就躺下让孩子吸狗奶，后来索性把两个狗仔带来与孩子一起吸奶喂养。孩子长大了，祖父在弥留之际说出真相，从此张家爱狗如命，发誓不吃狗肉。①

这个传说可能是祖先起源神话，其禁忌吃狗肉可能是图腾遗存，但是由于壮族的各个族群都各有的图腾，且瑶畲民族南迁之后，带来了全民性质的槃瓠图腾崇拜，原来崇拜狗图腾的一些壮族族群可能有意无意地弱化其图腾性质，强调其他类型的内容，以区别于瑶畲民族。

（二）瑶畲槃瓠是图腾崇拜

槃瓠崇拜是瑶畲民族的祖先崇拜，具有图腾的特点，其造像人兽结合或者拟人化。瑶畲民族把泥塑或者木刻的槃瓠塑像放置在庙宇里，或者把布质、纸质的槃瓠画像收藏在家中，以其诞生日——"盘王诞"作为全民族最重要的节庆，举办隆重的祭祖仪式。

唐宋以来，瑶畲民族从华东和中南地区迁徙进入岭南，他们留下许多盘瓠庙或盘古庙，其造像都是狗头或者狗首人身的塑像。瑶畲民族继续迁徙进入西南之后，客家人分布在他们曾经居留过的地方，客家人称盘瓠庙为"狗头皇宫"或者"山王爷"。现在广东境内的瑶畲民族没有在室外放置石狗，查阅《岭外代答》《粤中见闻》《广东新语》等书籍，也没有见到类似内容，由此推测瑶畲民族没有室外放置石狗塑像的风俗。这是一个重要的区别，说明瑶畲民族视盘瓠为家人、为祖先，将其画像珍藏于室内，不轻易示人。雷州石狗则是动物造像，被置于路口、桥头、村头、家门口，保留了狗的本性。

狗是人类最早驯服的野生动物之一，是原始人类生活的主要助手，许多民族都有与狗有关的神话传说，狗崇拜是原始人类神话传说的一个母题，衍生出祖先起源与谷物起源等若干种神话类型。

苗瑶畲民族具有祖先起源与谷物起源这两种与狗有关的神话传说。

1. 祖先起源图腾

苗瑶畲民族原居于华东与华中地区，魏晋以来，由于北方游牧民族入侵，北方汉族南迁，苗瑶畲民族向西南山区迁徙，他们在迁徙的过程中强化了全民性质的图腾崇拜对象：苗族崇拜蚩尤，瑶畲崇拜盘瓠。

关于蚩尤的形象与事迹，《述异记》记载，蚩尤"人身牛蹄，四目六手……耳鬓如剑戟，头有角"②。《史记·五帝本纪》载："轩辕乃修德振兵，

---

① 汐缘：《东兰张姓壮族狗肉禁忌》，http://www.gx12301.com/Public/Article/ShowArt.asp?Art_ID=43081，访问日期：2010年3月21日。

② 〔梁〕任昉：《述异记》（卷上），清光绪纪元湖北崇之书局木刻本，第1页。

治五气，艺五种，抚万民，度四方，教熊罴貔貅貙虎，以与炎帝战于阪泉之野。三战然后得其志。蚩尤作乱，不用帝命，于是黄帝乃征师诸侯，与蚩尤战于涿鹿之野，遂禽杀蚩尤。"① 当时的"国"实为部落，熊、罴、貔、貅、貙、虎为6种兽名，应是有熊部落中的6个氏族名称，或谓图腾。

关于槃瓠的形象与事迹，《后汉书·南蛮传》载："昔高辛氏有犬戎之寇，帝患其侵暴，而征伐不克。乃访募天下，有能得犬戎之将吴将军头者，赐黄金千镒，邑万家，又妻以少女。时帝有畜狗，其毛五彩，名曰槃瓠。下令之后，槃瓠遂衔人头造阙下，群臣怪而诊之，乃吴将军首也。帝大喜，而计槃瓠不可妻之以女，又无封爵之道，议欲有报而未知所宜。女闻之，以为帝皇下令，不可违信，因请行。帝不得已，乃以女配槃瓠。槃瓠得女，负而走入南山，止石室中。所处险绝，人迹不至。于是女解去衣裳，为仆鉴之结，著独力之衣。帝悲思之，遣使寻求，辄遇风雨震晦，使者不得进。经三年，生子一十二人，六男六女。槃瓠死后，因自相夫妻，织绩木皮，染以草实，好五色衣服，制裁皆有尾形。其母后归，以状白帝，于是使迎致诸子。衣裳班兰，语言侏离，好入山壑，不乐平旷。帝顺其意，赐以名山广泽。其后滋蔓，号曰蛮夷。"②

瑶畲民族传说盘瓠是一条五色龙犬，是为瑶族十二姓之祖。畲族敬拜描绘着龙犬咬敌王之首立功，被招为驸马，繁衍出盘、蓝、雷、钟四姓子孙故事的"祖图"，规定对犬不得打骂，更不能杀食。

槃瓠传说也表现在瑶族的服饰习俗中。广西大瑶山区的瑶族有缠头习俗，妇女把周围的头发剃掉，只留头顶上那一部分，然后把辫子盘在头顶上，再用约10米长的黑布头巾包上，形象草帽，大如脸盆。有的头上戴有3条弧形大银钗，两头上翘，重量500克左右。桂北、粤北、云南等地的部分妇女戴一种支架高耸，上蒙黑布、下垂红色璎珞的帽子。有的妇女的头巾样式更是翻新：有的缠成梯田形，有的妆成银钏形，有的绕得高高的成圆锥形，有的在外层还用一根花带或白丝绸围起来。头巾无论春、夏、秋、冬都不摘除，瑶族男子包头的头巾两头还绣有花纹。广东岭南部分瑶族男子蓄发盘髻，包以红布，并插上几根野雉毛。

2. 谷物起源崇拜

近年有人在湘西发现苗族仍保留一种神秘的"祭狗"仪式。湘西的黄桑与关峡一带流传的狗神话不同于盘瓠神话，黄桑村民讲述的故事是：远古时期，天降暴雨，人间没有粮食吃，神犬涉过一条河水，跑去很远的地方为人类

---

① 《史记·五帝本纪》，中华书局1982年版，第3页。
② 《后汉书·南蛮传》，中华书局1982年版，第2829页。

取粮食。神犬在稻田里打滚,以使全身沾满稻谷。在往回跑的时候,又路过那条河,河水把全身的谷粒都冲刷掉了,只留下狗尾巴上的一点点粮食,这也是为什么如今的稻谷都长在狗尾巴一样的麦穗尖上的缘故。在湘西苗族的祭狗仪式中,有狗和狗的画像,还有祭祀者扮成狗的模样。

这个谷物起源神话故事,在不同语族的许多民族之中都可以找到不同版本,属于自然崇拜,不是祖先图腾崇拜。

二、与百越的关系

百越民族也有许多与狗有关的神话传说,还有实物遗存。百越的后裔就是今天的壮侗语族,又称侗泰语族或侗台语族,分布在中国、越南、老挝、泰国、缅甸等国境内。国外属于这个语族的语言有泰语、老挝语、掸语、岱语、侬语等。国内的壮侗语族分为三个语支:壮傣语支、侗水语支和黎语支,包括壮族、布依族、傣族、侗族、水族、仫佬族、毛南族、黎族等少数民族,源于古代的百越民族。

(一) 神话传说

1. 狗图腾

张庆长《黎岐纪闻》云:"黎之种旧无所考。或云黎母山有女自卵中诞生,适外来番男与之配,遂为黎种所自出,故名其山曰黎母。或云有女航海而来,入山与狗为配,生长子孙,或名狗尾王,遂为黎祖。"①

黎族是海南岛的原住民族,其各个族群都有各自的祖先起源神话②,有些族群崇拜狗图腾,但是他们主要是接受外来文化,其原生态文化没有在岛外广泛流传。

2. 狗与谷物起源

百越民族有许多与狗有关的神话传说,现在收集分类如下:

(1) 壮族。壮族传说他们的祖先故意带一只黄狗到天上的仙田里打滚,让狗的身上沾了稻种带回人间。狗是原始人类最早驯养的一种动物,"抹去它(引者按,狗取稻种)的神话色彩,便可以看出,故事反映的是壮族先民带着猎犬到山野中打猎时,猎狗把野生稻种沾回来了,启发了人们把野生稻改为人

---

① 〔清〕张庆长:《黎岐纪闻》,上海古籍出版社1990年版,第4页。
② 邢植朝:《黎族文化溯源》,中山大学出版社1993年版,第4—5页;程天富:《黎族纹身新探》,中国文联出版社2010年版,第5—6页。

工水稻的事实","人们不忘狗的功德,所以在每年农历六月收割新谷时,都煮新米饭先喂狗吃"①。

(2) 侗族、水族、布依族。黔东南苗族侗族自治州三穗县的侗族有"谷种的来源"故事:金黄狗游过大海,由于海水的冲刷,仅在尾巴尖尖上黏回了三颗稻谷种,人们把谷种播在水田里,第一年收了三穗。② 水族的"谷神传说"说箐鸡向人们报信说东河坝有稻谷,孤儿蒿欧其带着小黄狗去取谷种,回来时遇上洪水,箐鸡衔着稻谷种飞过河。贵州的布依族有"茫耶寻谷种"的传说,青年人茫耶在寻找谷种的过程中,梦见一个白胡子老人,他将一匹马和一只小狗送给茫耶。茫耶翻山越岭,在一只石牛的帮助下涉过红水河,从西边天脚下的神洞里取出谷种,他让小狗把谷种带回家乡,自己因为劳累过度而倒在半路上。③

(3) 东越。在古代属于百越民族的江浙地区,人们敬奉麻雀为送谷神,传说"世上本无谷,现在种的稻谷是麻雀从天上带来的","此外,还有"鼠盗五谷""狗盗谷种""猴子取稻穗""蚂蟥黏仙谷"等传说,都是说明这些动物与水稻稻种之间的关系"。佛教的弥勒佛也被尊为五谷神,传说佛祖为了惩罚世人杀生吃肉,命弥勒佛下凡收回五谷种,在弥勒佛背着布袋飞过通天河的时候,老鼠钻过通天河咬破布袋,五谷种掉落在地上,狗把谷种黏在身上,狗从通天河游过时,水将身上的种子冲掉,只有尾巴上的种子还留着。凡间人就靠那几粒种子繁殖五谷,但是就是种不出以前那样从根生到顶的五谷,只有顶上有那么一串,像根狗尾巴。④

(二) 实物遗存

1. 普遍性

上有述,在雷州半岛存在一个石狗文化圈,从湛江、茂名至广西合浦一带石狗塑像多达数万个,几乎村村都有,每村 10～20 个或者 1～2 个不等。大者高约 1 米,小者仅 20 厘米,或立于村口、树下,或蹲伏于门前、天井,甚至窗门顶部飘板上。在海南岛、云南、越南的一些地方也有此风俗。

雷州石狗刻有"救令敢当""八卦图""皇"等字,踩着"绣球""雷鼓""仙镜""法网""法绳",驱邪治魔。石狗安置在门口、巷头、村路、山坡、

---

① 张声震:《壮族通史》(上),民族出版社 1997 年版,第 237—245 页。
② 参见陶立璠、李耀宗《中国少数民族神话传说选》,四川民族出版社 1985 年版,第 285—286 页。
③ 参见《中国少数民族文学作品选》编辑委员会编《中国少数民族文学作品选》(第四分册),人民文学出版社 1981 年版,第 295—300 页。
④ 参见姜彬《稻作文化与江南民俗》,上海文艺出版社 1996 年版,第 637—638、640—641 页。

江河、田洋、坟地、祠庙，凡是人们觉得此地有凶相，都安置石狗，或杀黑狗血以镇之。每月初一、十五日早晚，人们供茶烧香、驱邪镇魔、保境安民。当年荒久旱时，人们就抬着石狗游巷，用荆条抽打石狗，吃喝呼唤。传说天狗是雷神的晓将，人们呼打石狗，石狗神马上向天狗诉说旱情之苦，天狗即求告雷神，雷神就兴云化雨，滋润禾苗万物，以保丰年。人们喜得桂子兰孙，为平安长大，祈求石狗保佑，多取名为"狗子""狗哥"，或戴一顶狗子帽，推着"狗春滩车"学走路。①

2. 源流清晰

广西各地都有用石头凿刻或用木板雕刻的蛇、狗、虎、牛、蛙等图腾。两广发现的石狗最早为宋代雕刻，更多为明以后作品，也有现在制作的，其中母狗塑像又比公狗多，应与古代生殖崇拜有深刻联系，如保存在雷州市博物馆内的腆着大肚子的汉代雌性石狗像，反映了人们祈求人丁兴旺的愿望。每月初一、十五为祭祀定例，但平时有疑难问题，村民也会以香烛祀祭，以求得石狗的启示或心理安慰。另据传，水火灾异、人间祸福都可以在石狗身上反映出来，或眼睛出血，或汪汪直叫，引起人们警觉，石狗成了当地吉凶的一个晴雨表。

南宁郊区吴圩定宁村一带的村庄，某些家庭的旧屋门口都放置石狗，老人们说是当作保护神，以保佑村庄风调雨顺，农民们一切顺利。近年南宁街头也出现石狗雕像。在南宁市七星路旁，石狗造像位于七星路103号民居前的台阶上，仅有20厘米高，算是一座"袖珍型"石狗。曾经有4个少年打闹着走过来，其中一少年双手抱住石狗用力摇晃，另一名少年则坐在水泥台阶上，双手按住石狗的头。这一幕恰好被两名住在附近的中年妇女看到，她们当即上前大声制止，4少年跳下台阶撒腿就跑。随后，石狗的主人韦女士赶到，她表示，因为娘家在隆安农村，当地民间石狗造像比较常见，当地人说可以起到镇宅辟邪的作用，所以她也在自己的家门口设置石狗造像。②

3. 岭南客家人没有石狗崇拜

笔者是广东客家人，祖上居于粤西山区，比邻广西，族谱记载是在明代中期从福建迁入广东，少年时代因为躲避"文革"，从城市回到老家农村。老家是客家人典型的四合院建筑，大门口两旁各有一座石墩，上面各蹲着一个造型粗糙的石狗。现在回想起来，人们只是把它们当作镇宅之神，没有任何祭祀与

---

① 参见陈志坚《雷州石狗文化初探》，载《岭南文史》2004年第3期。
② 参见王建伟《南宁街头发现石狗图腾，屋主表示在隆安乡下较常见》，http://news.163.com/10/0605/16/68E83JOP000146BD.html，访问日期：2010年6月5日。

顾忌，小孩子经常把它们当作马儿骑在胯下玩耍，成年人倚靠着它们歇息，随意地往它们身上暂时地挂放一些物件，如帽子、衣服等。

适逢久旱不雨，笔者有幸目睹了有生以来第一场祈雨仪式，也是一场原生态的祈雨仪式。由于祖父在乡镇卫生所当医生，祖母便是一家之主，那天上午她拿着一个破旧的竹篾尖顶斗笠和一把锄头，走进家宅旁边的一块稻田里，把斗笠顶在锄头的把柄上，点燃斗笠，口中念念有词，祈求老天爷快快下雨。斗笠快烧完了，她把它甩掉，以免烧着锄头把柄，然后提着完好无损的锄头离开稻田回家。

2002年，笔者回粤西山区老家做田野调查，注意到当地的民俗与其他地方的汉族农村文化一样，信仰土地神、送子娘娘观音菩萨、财神爷关公等，找不到与少数民族文化有关系的痕迹。现在写此著作回忆起旧事，笔者才明白当年祖母是在按照汉族人的习惯祭祀土地神和天神，求天神降雨保佑庄稼生长收获。

由此可见，来自中原的客家人虽然在百越故地生活了数百年，与百越后裔比邻而居，他们可以接受一些当地器物文化，如石狗、尖顶竹笠等，但是他们并没有受到当地土著民族传统文化的影响，而是保留了自己的汉族文化内核。

4. 雷州人为何崇拜石狗

粤西不是一个行政区域，而是一个文化区域。在广东有三大民系：广府、客家、潮汕（又称"福佬"），广府居民分布在平原，客家人分布在山区，潮汕分布在沿海。在广东全境的17个城市中，三大民系的比例大致是：广府与客家约各占2/5、潮汕约占1/5。

三大民系对应三种方言：粤语、客家话、潮汕话，三种方言都受到百越语的影响，客家话受到的影响较少，粤语与潮汕话受到的影响较多。粤语受到岭南越语的影响，潮汕话受到福建闽粤语与江浙东越语的影响。潮汕话属于闽南语系方言，潮汕话居民主要分布在潮汕地区，潮汕地处中国大陆的东南隅、广东的最东端，与福建省毗邻，背靠丘陵面向大海。潮汕平原仅次于珠江三角洲平原，是广东第二大平原，地处韩江中下游。在这个资源相对丰富的自然环境里，潮汕人融汇闽越、东越与汉族文化，形成独具特色的潮汕文化。

粤西沿海地区还有其他闽南语方言，例如雷州半岛的黎话与海话。黎话又称雷州话，分布在雷州半岛和湛江市沿海地区，海话分布在阳江市和茂名市沿海地区。雷州半岛与海南岛隔海相望，属于热带气候，自然环境恶劣，许多地方土地贫瘠、沙化，虽然雨季时海风长驱直入带来丰沛降水，但是许多地方田里的积水半年也排不完；或者一连好几个月滴雨未下，禾苗干枯死亡。2010年，《南方日报》报道过"广东最穷的村庄——雷州市东里镇东塘村"，与全国农村相比较落后了 30 年,时任省委书记汪洋说:"全国最富的地方在广东,最穷的地方也在广东。"除了自然环境恶劣之外,村民们听不懂普通话,没有技术,到外面打工顶多三年就回来了,"到了外面,他们就是哑巴!有的人甚至被老板像送瘟神一样赶了回来"①。

在如此恶劣的自然环境下,人们只能够解决温饱问题,缺乏创新能力,只能够继续利用先人留下的文化遗产,因此,古代百越民族的石狗崇拜得以保留和传承。

三、与龙文化的关系

(一) 与雷神的关系

我国有三大半岛,分别是 6.6 万平方公里的山东半岛,3.7 万平方公里的辽东半岛面积,1.3 万平方公里的雷州半岛。历史上所说的雷州包括现在的雷州市、遂溪县、徐闻县及湛江市,目前的雷州(县级)市管辖过去的雷州城及海康县。

雷州半岛属于我国的强雷区。根据中国气象局有关雷暴日指数的规定,年雷暴日数在 40~90 天属于多雷区,90 天以上属于强雷区,我国 70% 以上地区都在多雷区到强雷区的范围之内。全国的强雷区分别是广东省的湛江市(94.6 天)、茂名市(94.4 天),海南省的海口市(104.3 天),广西壮族自治区的梧州市(93.5 天),云南省的景洪市(120.8 天)。

湛江市与茂名市是全国 5 个强雷区之中唯一比邻的 2 个强雷区,雷州半岛处于这两个比邻的强雷区之内,岭南石狗文化圈则包括了 4 个地域相近的强雷区——广东省的湛江市和茂名市,海南省的海口市,广西壮族自治区的梧州市。

在这个雷电灾害十分严重的气候区域内,雷暴必然会反映在古人的神灵崇拜之中。汉元鼎六年(前 111),粤西南部的徐闻、雷州、遂溪三地属交趾部徐闻县,北部吴川、廉江分属交趾部高凉县和合浦县。此后,南部三县先后属交州、越州、合州、南合州、东合州。唐贞观八年(634)改东合州为雷州,统管雷州半岛三县,直至清代。北部两县先后属广州、罗州、化州,至明清属高州。雷州市前身是海康县,县府驻雷城镇,1994 年撤县建雷州市,属于县

---

① 徐滔:《广东最穷村落后全国 30 年,300 人学校无厕所》,http://news.xinhuanet.com/local/2010-05/24/c_12132505.htm。

级市。

唐朝为何改东合州为雷州？唐人沈既济为何写作志怪小说《雷民传》？这都可能与唐朝前期尊崇道教有关。唐高祖和太宗以道教为国教，使用与道教有关的年号如贞观、永徽、景云、开元等，王公贵族皆以道士为荣，并以《老子》《庄子》《文子》《列子》等道教经典开科取士。高僧玄奘在翻译远赴天竺印度取回的657部佛经时，大量吸收道教术语。道教尊崇神话传说人物为神祇，并说黄帝轩辕氏是雷雨之神。黄帝是北方汉族的神话传说人物，道教起源于西南，汉晋以来向东南地区传播，雷电是常见的自然灾害，以东南地区为甚，各地雷神庙所尊雷神不尽相同，有些来自道教典籍，有些是本地神灵。

沈既济（约750—800）生活在唐德宗年间，苏州人，曾在浙江当官，他的名作《枕中记》的主人公卢生曾两度被贬往岭南，卢生的"黄粱一梦"成为成语典故。江浙属于百越之中的东越旧地，《旧唐书》本传称沈既济"博通群籍，史笔尤工"，他熟知岭南风物，写作《雷民传》记述雷州风情亦在情理之中。

《雷民传》记牙门将陈义的身世："昔陈氏因雷雨昼冥，庭中得大卵，覆之数月，卵破，有婴儿出焉。自后日有雷叩击户庭，入其室中，就于儿所，似若孵哺者。岁余，儿能食，乃不复至，遂以为己子。""尝有雷民，畜畋犬，其耳十二，每将猎，必筶犬，以耳动为获数。未尝偕动。一日，诸耳毕动。既猎，不复逐兽。至海旁，是中噪鸣，郡人视之，得十二大卵以归，置于室中。后忽风雨，若出自室。既霁就视，卵破而遗甲存焉。后郡人分其卵甲，岁时祀奠，至今以获得卵甲为豪族。"① 宋人吴千初在《英山雷庙记》中说雷祖名曰"陈文玉"。②

清初广东人屈大均在《广东新语》卷一《天语》中记述"雷州多雷""无日不雷"。他写了5篇，分别是第12篇《雷风》、第13篇《冬雷》、第14篇《旧雷》、第15篇《阴雷》、第16篇《雷耕》。他在卷六《神语》中第1篇就是《雷神》："雷州英榜山，有雷神庙。神端冕而绯，左右列侍天将。一辅髦者捧圆物，色垩，为神之所始。盖鸟卵云。堂后又有雷神十二躯，以应十二方位，及雷公、电母、风伯、雨师像。其在堂复，则雷神之父陈氏铿也。志称：陈时雷州人陈铿无子，其业捕猎，家有九耳犬甚灵。凡将猎，卜诸犬耳。一耳动，则获一兽，动多则三四耳，少则一二耳。一日出猎，而九耳俱动。铿大喜，以为必多得兽矣。既之野，有丛棘一区，九耳犬围绕不去，异之，得一

---

① 〔唐〕沈既济：《雷民传》，中华书局1985年版，第1页。
② 参见刘佐泉《雷州半岛石狗文化探源》，载《岭南文史》2002年第4期。

巨卵，径尺。携以归，雷雨暴作，卵开，乃一男子。其手有文：左曰雷，右曰州。有神人尝入室乳哺，乡人以为雷种也，神之。天建三年，果为雷州刺史，名曰文玉。既没，神化大显，民因祀以为雷神。"①

屈大均所说的"志称"是指唐代沈既济的《雷民传》。陈文玉的事迹不见于正史，可能是被神化的真实人物，或者是虚构的人物，甚至可以还原陈文玉被神化的过程：他或是当地人，有政绩或者声望，因为当地多雷暴，又适逢朝廷尊崇道教，他奏请改东合州为雷州，尊崇道教的雷神。此后，当地人尊他为雷神。因为他姓陈，后人给他加上一对生活在南朝陈代享年113岁的父母，其父原来被称为"陈公"，因为要结合他出生的狩猎情节，被写成"铗"字。陈文玉被尊为雷神，其诞生过程与雷雨和狗有关，说明雷州石狗崇拜是自然崇拜而非祖先崇拜，同时又引申出另外一个问题：雷与狗有何关系？

（二）水里的狗

雷州半岛是海滨地区，这里的先民崇拜与雷有关的神灵，这些神灵汇合成为龙，这个神话生成的过程可以在百越民族的语言中找到印记。

水里有鱼与蛇，鱼是生活资源，蛇伤害人命，而雷暴带来强降雨，也伤害人命，于是它们被抽象综合成龙的形象，亦善亦恶。但是龙是一个想象的形象，需要有实体指代，最接近龙的实体是狗，于是龙神就具有雷、蛇与狗的特征。实物证明有些石狗的头部类似蛇头，"在周安的横山桥、周安桥，也都分别刻有两只似龙非龙、似蛇非蛇的头像，这和壮族'龙即是蛇，蛇即是龙'的观点相通"。"在周安村的增福庄，笔者又发现了两只蛇头，一只胸前刻有'泰山石敢当'，一只刻有'龙狗飞凤石'的字样，这是壮族人对龙看家、避难、镇邪寄予的愿望。"②

雷神与龙神的特征来自蛇、鱼、狗等水生和陆生动物，与此相关的词汇会有近似的读音。百越的后裔是今天的侗台语言民族，上古汉语在形成的过程中受到百越语的影响，它们之中会保留一些近似的词汇，我们列举侗台语言与上古汉语的一组词汇——水、蛇、鱼、雷、狗、龙，寻找它们之中近似的读音。

水：壮语（武鸣）γam^4，（龙州）nam^4；布依语 zam^4；黎语（通什）nam^3，（保定）nom^3。

蛇：壮语（武鸣）nw^2，（龙州）nu^2；布依语 nw^2；黎语（通什）la^2，（保定）za^2。

---

① 〔清〕屈大均：《广东新语》（卷六），中华书局1985年版，第200—201页。
② 侯金谷：《壮族龙母文化之源》，载《绿色中国》2006年第13期。

鱼：壮语（武鸣）pja¹，（龙州）pja¹；布依语 pja¹；黎语（通什）la¹，（保定）la¹。

雷：壮语（武鸣）pja³，（龙州）loi²；布依语 pja³；黎语（通什）naːm³，（保定）naːm³，om¹。

狗：壮语（武鸣）ma¹，（龙州）ma¹；布依语 ma¹；黎语（通什）pa⁴，（保定）pa¹。

龙：壮语（武鸣）lun²，（龙州）luːn²；布依语 nw⁽⁷⁾⁸；黎语（通什）tan⁴，（保定）tan1。①

上古汉语——水 çǐwei²，蛇 djiai¹，鱼 ngǐa¹，雷 luəi¹，狗 kɔ²，龙 lǐwɔŋ¹。②

上述的"蛇""鱼""雷""龙""水""狗"六个字在侗台语言中有近似的读音，在上古汉语中有"蛇""鱼""雷""龙"四个字与侗台语言读音近似，说明上古汉语的"龙"字音义来源于百越语，汉族的龙文化来源于百越。

百越语言的"水""狗"与上古汉语的读音不近似，说明百越与汉族先民的经济文化类型有所差别。百越生活在南方沿海地区的强雷暴地区，他们敬畏与水有关的自然界事物，陆上有毒蛇，海里也有剧毒的蛇、水母与鱼类可以伤害人类，雷暴在陆上和水中都可以伤人致死。他们把自己敬畏的对象抽象综合成龙，龙包含上述事物的名称读音与特征。他们在教育儿童或者向外族人讲述"龙"的时候，必须把抽象的"龙"比喻为实体的"水里的狗"：狗可以泅水，可以伤害人类，其狂吠声类似雷暴。

上古汉语与侗台语言、藏缅语言都有发生学关系，但是侗台语言与藏缅语言没有发生学关系。藏缅语言先民主要分布在西南地区的山区与草原，他们不熟悉水生动物与雷暴，不能够理解"水里的狗"这个形而下的原生态的"龙"神，因此，当他们接触到来自侗台语言与"龙"有关的词汇的时候，他们只是借用了他们能够理解的"蛇""鱼""雷"等词汇，而没有借用与"水里的狗"有关的词汇，他们用自己熟悉的事物诠释了"龙"的概念，汉语典籍中形形色色的对龙的描述，就是百越与藏缅语先民或者汉族先民的经济文化类型差别的产物。

岭南石狗崇拜属于土著的百越文化遗存，百越先人生活在南方沿海和强雷区，他们把自己敬畏的对象综合抽象成形而上的"龙"，而其形而下的实体就

---

① 参见韦稳庆、覃国生《壮语简志》，民族出版社1980年版，第103、105—106页；喻翠容《布依语简志》，民族出版社1980年版，第85、87页；欧阳觉亚、郑贻青《黎语简志》，民族出版社1980年版，第109、111—112页。

② 李珍华、周长楫：《汉字古今音表》（修订本），中华书局1999年版，第9、62、85、127、314、418页。

是"水里的狗",他们的龙神(水神)崇拜是中国龙文化的源头之一。厘清岭南石狗崇拜的民族源流,是一个根本性的学术问题,这个问题解决了,就可以确定岭南石狗崇拜的核心内涵,将其与其他地方或者民族传统文化划出边界,合理定位其价值和意义,合理保护、开发与利用。

第八章　苗瑶民族的祭鬼
与古代汉族的血祭

关于苗瑶民族的族源问题，学术界有不同的观点，如"东夷说""百越说""长江武陵蛮、五溪蛮说"等。吴雪俦先生认为苗瑶的祖先原居于今天的河南省汲县和汤阴一带，这一地区也就是《诗经·国风》所说的"邶"，《尚书·舜典》中的"分北三苗"的"北"也是此邶。① 胡耐安先生认为，三苗南移时，取道长沙向南的一支是为瑶。体质人类学研究表明："瑶族属蒙古人种的东亚型类型，而在某些方面具有南亚类型的成分。"② 瑶族体质中的南亚类型成分是南移之后吸收百越民族血统的结果，而其体系中的东亚类成分，则是其原居于中原的祖先遗传下来的。由于苗瑶的祖先曾居于中原，因此，苗瑶民族传统宗教祭祀中的许多内容以及用语读音，都与汉族的传统宗教有相似之处。

一、《周礼》中的血祭

在新石器时代后期，起源于中原的汉族的祖先——华夏集团在经历了黄帝、颛顼、喾、尧、舜等部落酋长时代以后，在禹的领导下建立了统一国家政权——夏朝，此后又经历了商朝与周朝。夏、商、周三代礼仪制度和文化一脉相承，其主要内容被收集在战国时期成书的《周礼》之中。历代儒家学者利用儒家文化，对《周礼》进行符合儒家礼教要求的解释，但事实上，《周礼》却保留了许多原始初民的宗教信仰痕迹，反映了早期人类非常原始、血腥的祭祀活动。英国人类学者弗雷泽的著作《金枝》，对世界原始民族的宗教祭祀活动有详细的记载，《周礼》中的血祭也是这样一种原始祭祀。

《周礼·大宗伯》载："以血祭祭社稷、五祀、五岳，以貍沈祭山林川泽，以疈辜祭四方百物。"东汉经学家郑玄与郑众解释说："此皆地祇，祭地可知

---

① 参见吴雪俦《苗族古史刍议》，载胡起望、李廷贵《苗族研究丛书》，贵州民族出版社1988年版，第148—154页。

② 中国人类学会编：《中国八个民族体质调查报告》，云南人民出版社1982年版，第35页。

也。阴祀自血起,贵气臭也。社稷,土谷之神也。""祭山林曰埋,川泽曰沉,顺其性之含藏。疈,疈牲胸也。疈而磔之,谓磔禳及腊祭。"① 郑玄在《周礼》中注释五祀是金、木、水、火、土五德,但是在《礼记·曲礼》下却说五祀是"户、灶、中霤(同溜,即土窗)、门、行也"。东汉班固在《白虎通义·五祀》中也说五祀是"门、户、井、灶、中霤也。"

《礼记·郊特牲》载:"蜡之祭也,主先啬而祭司啬也,祭百种以报啬也。""周曰大蜡,汉改为腊。"② 由此可见,血祭、貍沈(埋沉)、疈辜的对象都是与土地有关的诸神,包括土神、谷神、山林川泽、门、户、灶、土窗、井、四方百物,以及在终岁时举行的丰收祭祀等。

此外,祭祀祖先也用血祭,《大宗伯》说:"以肆献祼享先王,以馈食享先王,以祠春享先王,以禴夏享先王,以尝秋享先王,以烝冬享先王。"商周时代除了在春、夏、秋、冬四时祭祀祖先之外,还每隔三五年举行一次禘祫,将数代祖先集中起来祭祀。禘祫的祭品是肆祼,根据郑玄注释,肆者是进所解牲体,献者是献醴即荐血腥也,祼者是灌即灌以郁鬯(祭祀用的香酒),馈食者是着黍稷。

血祭又称衅,古文写作爨,《说文》释爨:"血祭也,象祭灶也,从爨省,从酉,酉所以祭也。从分,分亦声。"释爨:"齐谓之炊爨。臼象持甑,冂为灶口,卄推林内火。"由此看来,爨是指野炊,在山林野外烹饪。血祭是指野祭,在野外猎取禽兽后,便举祭报谢诸神。《风俗通义·祀典》"腊"条曰:"腊者,猎也,言田猎取禽兽,以祭祀其先祖也。"根据郭沫若、凌纯声等学者考证,原始时代的祖、社为同一物,最早是在郊野封土为坛,立"且"(笔者按,男根的形象)于坛上为祖神,以后才建筑宗庙,在庙内祭祀人鬼(祖先),在郊外祭祀地祇,祭祖与祭社才分开举行。③ 因此,血祭是在野外猎取野兽之后,就地封土筑坛进行祭祀,既祭祀人鬼(祖先),也祭祀地祇山林诸神,然后起炊烹饪,分而食之。这是一种非常古老的原始社会的祭祀方式。

二、苗瑶语言的祭鬼与《周礼》中有关血祭的词汇的读音比较

在《周礼》中与血祭有关的词汇是爨、爨、蜡、腊等,它们在古代汉语

---

① 《周礼》(卷五),郑氏注,商务印书馆民国二十五年版。
② 《风俗通义·祀典》。
③ 参见吴雪俦《苗族古史刍议》,载胡起望、李廷贵:《苗族研究丛书》,贵州民族出版社1988年版,第148—154页。

中的读音如下：

釁（衅）：hǐen³（中古）。

爨：（上古）tshuan³。

蜡：dʑeāk（上古），dʑɑ（中古）。

腊：siak⁴（上古），sǐɛk⁴（中古）。

在苗瑶语言的一些方言中，"祭鬼"一词的读音如下：

苗语：tɕhə（黔东），çi（湘西），tsl（川黔滇），laɯ（滇东北）。

瑶语：ça、çuaŋ（布努），tsai、tçuaɲ（勉），tsi（标敏）。

在上述古代汉语和苗瑶语言的词汇中，有许多词汇的读音相近似，可能有共同的起源。苗瑶民族认为万物生时皆有魂，魂魄没有形状；万物死后变成鬼魂，鬼魂与活人一样有形状、有生命、有感情、有意志，处处参与人事活动，福祸活人。鬼与人一样也有善恶之分，生前乐善者死后变成善鬼，善鬼可以给活人带来福祉，祖先的鬼魂属于善鬼。生前作恶多端者死后变成恶鬼，恶鬼可以作祟活人，带来病痛灾害。因此，苗瑶民族传统宗教仪式"祭鬼"的对象，包括天地万物以及祖先的鬼魂，保留了原始宗教万物有灵信仰的痕迹，与《周礼》中的血祭对象有相同之处。

《周礼·大宗伯》中"以疈辜祭四方百物"的"疈辜"，"疈牲胸也、疈而磔之"，"疈辜"在汉语中是一个非常生僻少用的词语，笔者认为可能是"劈割"两字的异写。为何要将通俗易懂的"劈割"两字写成生僻难懂的"疈辜"呢？因为这两个字的读音可能是来自苗瑶语言的祭祀用语，由略知汉语的苗瑶族人或是由略知苗瑶语言的汉人，将其用同音的汉字记录为"疈辜"，而用汉语"磔"字的意思来解释。在《周礼》成书的年代，形式比较原始的血祭已经不复存在，但是仍然保留在毗邻的苗瑶民族之中，因此，《周礼》的作者只能参考毗邻的苗瑶民族的同类祭祀，以解释血祭的具体内容。在苗瑶语言中，"杀""劈""割""切"等动词的读音正好与汉语中的"疈辜"近似，例如：

汉语：疈 p'ɪa（上古），p'ɪe（中古）；辜 ka（上古），ku（中古）。

苗语：杀（杀鸡）pə（湘西）；切（切菜）lha（湘西），xhu（黔东）。

瑶语：劈 phi（勉）；割、切（切菜）kaːit（勉）；劈 pho（布努）；割 kyu（布努）。

三、苗瑶民族祭鬼中与血祭有关的具体内容

学者指出，最初社、祖为同一物，这在当代苗瑶民族的传统宗教中仍然可以找到痕迹。云南文山州的苗族在除夕、初一、七月十五都要祭祖，同时也要

祭祀土地神。祭祖在家中举行，家中设置神龛供奉祭祀祖先神主，而祭祀土地神则在田间地头举行，人们用四根木棒搭建临时祭坛。在祭祀祖先和地祇时，都要杀牲献祭。①

《周礼》说"以血祭祭社祭、五祀、五岳"，祭社稷源于祭祖，祭五祀包括祭灶神。云南省的瑶族在每年的除夕、清明以及七月十五都要隆重祭祖，同时也祭灶，他们将灶神恭请到祖先神主之处，一同接受祭祀。②《周礼》中也有类似的内容，《周礼·夏官·司爟》说："凡祭祀，则祭爟。"郑玄注释："礼如祭爨。"贾公彦疏："祭爨祭老妇也。"这个老妇正是灶神，我国许多民族早期的火神与灶神都是女性，汉族也不例外，早期的灶神也是女性，《庄子·达生篇》说："灶有髻。"陆德明在《经典释文》引用司马彪说："髻，灶神，著赤衣，状如美女。"在火神和灶神相应地变为男性以后，汉族和有些少数民族将世奉的祖先灵牌称为"神主"，汉语的"主"字在金文中写作"土"，是火在器皿中燃烧的形象，《说文》曰："主，灯中火主（炷）也。"汉字中的"父"字，在金文中多作"汉"，乃是以手举火炬之状，说明"父"乃祀火、奉火之人。

上述汉语典籍中记载的血祭是一种野祭，苗瑶民族传统宗教中的血祭也是野祭。20世纪30年代，民族语言家马学良先生曾在滇东北苗族与彝族聚居的禄劝、武定等地区调查彝族的风俗，考察了彝族的野祭方式，发现彝族同胞选择"野祭的最好地点，莫如近河的两岸，或许是取鬼神随流而下的意思"③。四川的汉族也有类似的习俗，他们在送葬时若遇上桥，便停下来祭祀河伯，然后才能继续上路。④苗瑶民族也有祭桥的习俗，目的是送走厄运灾难疾病等，广东瑶族的《架桥书》说："未曾造桥先造水，岁今造起五方河。"⑤瑶族原居于中原黄河流域，时常祭祀水神，南移后居于深山老林，依然保留了祭祀水神的习俗。但是在深山老林里缺乏水源，为了祭桥就必须造水。可见瑶族的祭桥原是在水边举行的一种祭祀，是一种顺势巫术，祈求流水带走厄运。

广东瑶族的祭桥仪式包含许多《周礼》所说的血祭、貍沈（埋沉）、疈辜等内容。他们认为由于恶鬼作恶，人才生病，为了治病，必须驱鬼禳灾。首先要请负责查鬼的巫师查明是何种鬼魂在作怪，然后由负责驱鬼的巫师进行驱

---

① 参见《民族问题五种丛书》云南省编辑委员会编《云南苗族瑶族社会历史调查》，云南民族出版社1982年版，第59页。
② 参见《民族问题五种丛书》云南省编辑委员会编《云南苗族瑶族社会历史调查》，云南民族出版社1982年版，第59页。
③ 马学良：《云南彝族礼俗研究文集》，四川民族出版社1983年版，第60页。
④ 参见叶大兵、乌丙安主编《中国风俗辞典》，上海辞书出版社1990年版，第277页。
⑤ 李默、房先清编：《连南八排瑶族研究资料》，广东社科院印刷，第661页。

第八章　苗瑶民族的祭鬼与古代汉族的血祭

鬼。若是小鬼作祟，可用小鸡来祭祀；若是中鬼作祟，可用小狗来做祭祀；若是大鬼作祟，则需要用猪或牛来做祭祀供品。祭桥的地点一般选在村头的十字路口或大树底下，首先由驱鬼巫师念诵瑶经，杀牲献祭，并用牲畜的血浇淋纸钱，焚烧纸钱，然后就地起灶烹饪牲畜之肉，由参加祭祀的巫师们分吃，祭桥仪式便告结束。如果一个病人经过两次驱鬼仍未能痊愈，就需要举行一次驱大鬼的祭桥活动，由三个巫师共同主持，宰杀一头猪或牛，首先在家中举祭，点四盏油灯，把被宰杀的牲畜的鲜血、嘴巴、耳朵、尾巴、脚蹄等分别装在四个碗里，和其他祭品如米、饭、酒、青菜、黄豆、火炭等，一起供奉给祖先，以及天地四方的各种魂魄，由巫师们念经祭祀。入夜以后，巫师们携带着牲畜的头颅、三斤米和一只鸡，到野外去祭祀，祭祀的过程与祭桥相同。

经过这次驱赶大鬼的祭桥活动以后，通晓医药知识的巫师会将病人带回家中治疗，若病情好转，巫师便将病人送回，由病家宰杀一头牛，举行第二次驱赶大鬼的活动。如果经过巫师的治疗，病人的病情仍无好转，病人就只好听天由命了。①

若有妇女久婚不育或者儿女夭折，便需要举行"祈子"的架桥接花祭祀。在若干子女，以及众多亲友的陪同下，祈子的夫妇和巫师一同到野外去祭桥，他们宰杀一条狗，用狗血浇淋纸钱，把狗的耳朵、爪、牙、尾巴等分别装在两只碗里，埋进土里，然后焚烧纸钱，就地起灶烹饪狗肉分吃，将六朵红花交给陪同的亲友们带回祈子夫妇的家中，供奉在祖先的神龛上，架桥接花的祭祀便告结束。经过这次架桥接花之后，如果祈子的夫妇有所生育，便需在给新生儿命名之时，再举行一次祭桥仪式，以报答神灵的送花之恩。②

云南苗族在农历春节之后，要为全村人举行祈求健康平安的祭祀。在巫师的主持下，杀狗用血浇淋、涂抹在七八把木刀之上，将木刀用草绳悬持吊在寨门之上。有的村寨则杀鸡，巫师用土纸扎成象征性的扫帚，挨家挨户作象征性的扫除，一直打扫到村外路口或者河边，然后就地杀鸡举祭，以求除疫祛灾。在发生流行性疾病时，有些村寨也举行类似的祭祀，主要是用狗血涂抹木刀，横放在村前村后的道路上，以示驱吓恶魔。③

云南苗族在农历六月禾谷秀穗之时，通常要举行报答天公地母、祈求农业

---

①　参见《民族问题五种丛书》云南省编辑委员会编《连南瑶族自治县瑶族社会调查》，广东人民出版社1987年版，第110—114页。

②　参见《民族问题五种丛书》云南省编辑委员会编《连南瑶族自治县瑶族社会调查》，广东人民出版社1987年版，第110—114页。

③　参见《民族问题五种丛书》云南省编辑委员会编《云南苗族瑶族社会历史调查》，云南民族出版社1982年版，第59页。

丰收的祭祀，人们在地头田边搭建简易祭坛，杀鸡供祭，把沾染了鸡血的鸡毛插在禾谷的苞穗之上。①

在原始社会的早期，人类的宗教信仰主要是自然崇拜或者万物有灵，祭祀的内容与方式大致相同，这不足为奇。汉语与苗瑶语分别属于不同的语族，但是在这两个民族的传统宗教中，与"血祭"有关的各种词汇及其多种方音却非常接近，这就不能不引起人们的深思了。

到了上古时期，苗瑶民族的祖先三苗原居于中原，胡耐安说，苗瑶同为中原土著族系，距今 4000 多年前由中原南迁，取道长沙南向一支便为瑶，取道湘黔西向一支便为苗，如今我们发现苗瑶民族传统宗教中与"血祭"有关的各种词汇及其多种方音，都与起源于中原的华夏民族的同类祭祀非常接近，这就说明三苗的确曾居于中原，与华夏族毗邻。

有可能是在远古时代，华夏与苗瑶起源于原始汉藏人群，在约新石器时代早期至中期，他们共同生活在中原广袤的土地上，共同使用原始汉藏语言，举行原始农业民族大致相类似的原始宗教祭祀仪式。

三苗迁徙以后，其原有的语言由于受到当地民族语言的影响，发生了较大的变化，其他的生活习俗也相应地发生变化，但是农业仍然是其主要的经济生活方式，在原始社会早期形成的与农业生产相关的宗教祭祀仪式及其用语仍被继续使用，代代相传。在封建社会的后期，苗瑶民族先后受到佛教、道教、基督教的影响，其中以道教的影响尤为深刻，苗瑶民族的巫师们将本民族宗教的内容与道教相结合，编写成苗经瑶经，供宗教活动使用，因此，在苗瑶民族的宗教祭祀活动中，既充满了道教的色彩，又依然保留着本民族传统宗教非常古老的内容。

【本章参考文献】

[1] 郭锡良. 汉字古音手册［M］. 北京：北京大学出版社，1986.

[2] 中央民族学院苗瑶语研究室. 苗瑶语方言词汇集［M］. 北京：中央民族大学出版社，1987.

[3] 王辅世. 苗语简志［M］. 北京：民族出版社，1985.

[4] 毛宗武，蒙朝吉，郑宗泽. 瑶族语言简志［M］. 北京：民族出版社，1982.

[5] 李珍华，周长楫. 汉字古今音表［M］. 北京：中华书局，1993.

---

① 参见《民族问题五种丛书》云南省编辑委员会编《云南苗族瑶族社会历史调查》，云南民族出版社 1982 年版，第 59 页。

第九章　佤-崩龙语支民族与原始农业生产方式

原始农业起源于山地，人类种植旱稻早于种植水稻。东南亚和我国云南省境内的南亚语系孟-高棉语族是农业民族，主要种植水稻，他们之中的佤-崩龙语支民族自古以来就生活在山区，从事山地旱作农业，种植玉米和旱稻，是原始农业的发明者之一，长期保留了原始农业的生产方式。

一、东南亚可能是原始农业的起源地之一

世界原始农业起源于北纬40°至南纬10°之间大多属于半干旱的高地或丘陵地区，其中有西亚的"新月形"地区（今以色列、巴勒斯坦、黎巴嫩、叙利亚、土耳其、伊朗的扎格罗斯山的山前地区）、中美洲的墨西哥、东亚的中国黄河和长江流域。东南亚、南美洲、西非等地则是原始农业的拟起源中心。[1] 原始农业起源于采集和狩猎时代，原始人类首先在山坡上种植块根和块茎植物，先有旱地农业，后有水田农业。旱稻分布在山地和丘陵地区，主要依靠降雨和天然肥力，低产而不稳定。非洲是旱稻的传统产区，西非的塞拉利昂、利比里亚等国家的旱稻产量比重仍然很大，南美洲的巴西是世界旱稻的主产区，东南亚也生产旱稻。

东南亚的大部分地区位于热带，水热条件好，没有霜冻，植物生长旺盛且生长量大大超过温带地区。粮食作物主要是稻谷、芋薯和西谷。稻谷是人工种植的，产于季风气候区；西谷是野生的，产于沼泽地、河边、雨林、偏远海岛；芋薯产于各地，但是数量有限。

东南亚国家的农业经营方式主要是种植园和农场，但是还有原始部族和小农经济的大量存在，限制了农业的发展。迄今，东南亚的部族农业，几乎都是迁移农业，主要分布于山区，如泰国北部、缅甸山区、菲律宾东部、马来西亚中部。在岛上，也有部族的游耕农民。作物以稻谷和玉米的间作为主，也往往与块根作物间作。山区地广人少，游耕者一般不须搬迁住所。目前，东南亚的

---

[1] 参见张同铸主编《世界农业地理总论》，商务印书馆2000年版，第51—57页。

游耕土地大约占农用地的三分之一，基本上是一种粗放式的耕作。①

这种粗放式耕作便是从原始时代遗留下来的生产方式，是一种适合山区环境的轮作制度。在东南亚的山区，许多土著民族很早就开始种植芋薯、旱谷等山地农作物，由于地处偏僻、交通不方便，他们长期保留了与采集和狩猎经济相结合的原始农业生产和生活方式。

二、佤－崩龙语支民族是东南亚山区的土著民族

南亚语系的各语族都是南亚次大陆和东南亚的中南半岛（又称中印半岛、印支半岛，包括越南、老挝、柬埔寨、缅甸、泰国、新加坡、马来西亚西部）的土著民族。扪达语族的扪达人属于尼格罗－澳大利亚人种维达类型，是印度最古老的居民；尼科巴语族的尼科巴人属于蒙古人种南亚类型，是马来人与孟人的混血后裔；马六甲语族的塞芒人（semangs）属于尼格罗－澳大利亚人种尼格利陀类型，是马来半岛的土著民族；马六甲语族的塞诺人（senoi）属于尼格罗－澳大利亚人种，是尼格利陀人与原始马来人的混血后裔；孟－高棉语族的孟人和高棉人属于蒙古人种南亚类型，孟人在公元前2000年进入缅甸东南部，高棉人在公元前5世纪至6世纪来到中南半岛。

孟－高棉语族的各民族自古以来就分布在中南半岛各地，从事采集、渔猎和农业生产，创造了东南亚著名的稻米文明。他们之中的佤－崩龙语支各民族是分布在云南省西南部山区和中南半岛北部掸邦高原上的原住民族，目前人口大约有150万。掸邦高原位于缅甸的东部，海拔1500～2000米。高原面上有喀斯特地貌发育，多褶皱山脉和深大断裂。发源于北部山地、纵穿高原的河流，将高原分割为数段，在伊洛瓦底江与萨尔温江之间有东缅高原，在萨尔温江与湄公河之间有清迈高原，在湄公河与红河之间有老挝高原，等等。掸邦高原属于热带季风气候区，一年分凉、热、雨三季，雨量充沛，水和森林资源丰富，在远古时代是人类的理想居住地域。由于高山大河的阻隔，交通不便、偏僻闭塞，当地的许多佤－崩龙语支民族长期与世隔绝，经济和文化的发展非常落后。

缅甸的崩龙人大约有25万，分布在掸邦的北部和西北部，聚居区在瑞丽江以南。在古代，崩龙人的分布地域更加广泛，包括掸邦高原和伊洛瓦底江平原的广大地区，与孟人毗邻。缅甸的佤人大约有20万，分布在缅甸的东北部、掸邦的北部，聚居区在萨尔温江以东的山区。佤人的村庄绝大多数建在山顶或

---

① 参见张同铸主编《世界农业地理总论》，商务印书馆2000年版，第426—427页。

山坡上,一个村庄大约有 100～200 户。①

泰国的佤-崩龙语支民族有克木人、卡坦人、拉佤人等,大约共有 13 万人,分布在北部的山区,是当地古代居民的后裔。②

老挝有"印度支那屋脊"之称,境内 80% 为山地和高原,且多为森林覆盖。在较低的山地河谷地带分布着属于汉藏语系壮侗语族的佬人;在中间的山坡丛林地带分布着山地泰人、山地高棉人、佤-崩龙语支民族;在高山地带分布着苗瑶语言民族和壮缅语言民族。老挝的佤-崩龙语支民族大约共有 50 万人,有克木人、富藤人、拉棉人等。克木人的人口最多,大约有 30 万,散居在北部和西北部的边境地区,半山腰地带,山下的佬人称他们为"普丁",意为"住在上边的人"③。

越南的佤-崩龙语支民族是一些小民族,人口最多的克木人也只有 2.5 万人。这些小民族散居在中部的高山地区,是当地最古老的居民,有明显的尼格罗—澳大利亚人种特征:身材较矮、肤色较暗、鼻翼较宽等,以前有学术著作称他们为"山地孟人"。④

东南亚的孟人、高棉人、崩龙人和南亚的那加人都传说他们的祖先是那加大蛇。⑤ "那加"是印度内地人对山区人的称谓,那加人由藏族人、汉族人、南印度的土著移民混合而成,属于汉藏语系壮缅语族,主要分布在印度东北部的那加邦,另外有少数分布在缅甸。那加人居住在高山峡谷地带,主要从事山地农业,其次才是水田农业。⑥

我国的佤-崩龙语支民族有佤族、德昂族、布朗族等。根据少数民族 2000 年人口普查汇总资料,佤族人口是 396610 人,布朗族人口是 91882 人,德昂族(原名崩龙族)人口是 17935 人。⑦

我国的佤-崩龙语支民族是当地山区的土著民族。佤族主要分布在怒山山脉南段地带,使用佤语,自称"佤""阿佤""布饶克"等,意思是"住在山上的人"。⑧ "德昂"是本民族的自称,"昂"是山岩、岩洞之意,"德"是尊称的附加语。⑨ 云南西双版纳的傣族称呼当地的布朗族为"孟",意为"山民"

---

① 参见陈鹏《东南亚各国民族与文化》,民族出版社 1991 年版,第 25—28 页。
② 参见陈鹏《东南亚各国民族与文化》,民族出版社 1991 年版,第 43 页。
③ 陈鹏:《东南亚各国民族与文化》,民族出版社 1991 年版,第 63 页。
④ 参见陈鹏《东南亚各国民族与文化》,民族出版社 1991 年版,第 109 页。
⑤ 参见陈鹏《东南亚各国民族与文化》,民族出版社 1991 年版,第 17—26 页。
⑥ 参见陈永龄《民族辞典》,上海辞书出版社 1987 年版,第 500 页。
⑦ 参见中华人民共和国年鉴编辑部:《中华人民共和国年鉴》,中华人民共和国年鉴出版社 2003 年版,第 12 页。
⑧ 中国少数民族简史丛书《佤族简史》编写组:《佤族简史》,云南教育出版社 1985 年版,第 4 页。
⑨ 参见桑耀华《德昂族》,民族出版社 1986 年版,第 1 页。

"山上的人"①。

云南双江县邦驮乡的布朗族有一则古老传说:人类是从天上漏下来的,有四兄弟,佤语族是老大,布朗族和拉祜族是老二,汉族是老三,傣族是老四。哥哥们为了让弟弟们生活得好一些,便让汉族和傣族住在平坝地区,自己住在山区。有一天,天神让布朗族的祖先拿着葫芦去取水,然后就发给他印信,让他当官管辖民众,但是佛祖在葫芦上戳了一个洞,使它始终装不满水,有过路人说山上有泉水,布朗族的祖先便搬到山上住了。②

综上所述,包括佤-崩龙语支民族在内的孟-高棉语族各民族,都是南亚和中南半岛的土著民族,在远古时代,他们的祖先生活在当时适合人类居住的山区,以后由于人口增加等原因,有些民族逐渐迁移到平原,而有些民族则长期居住在山区。

我国民族学者罗之基研究员分析过我国的佤-崩龙语支民族长期居住在山区的原因,她指出,我国的傣族居于海拔 1000 千米左右的山麓小坝,地势较平坦,土地肥沃,水利优越,气候温和,雨量充沛,适宜水稻耕作;而佤族等民族则居住在山区,其村寨分布在大山坡和小山巅之上,耕种山地。这种民族分布的形式不是强力争夺的结果,而是由于经济文化的发展水平和生产方式所决定的。平坝区地势底下,气候炎热,是瘴气之源,流行各种疾病,在远古时代并不适合人类居住。在 20 世纪 40 年代的民国时期,彭桂萼在云南工作,出版了社会调查报告,他在《双江一瞥》中写道:"在勐勐、勐库坝内,自夏至起即发生瘴毒,至收获时的谷槎瘴为最烈,霜降后才逐渐去。在瘴疠高涨的时候,日间虽然有坝外人敢下去,但是入夜即不敢住宿。凭何天生的硬汉,只要在坝内歇着几夜,没有不送命黄泉的。因此,除摆夷(即傣族)民族外,四山已经人满为患,还没有任何民族敢下坝居住,以身尝试。据一般人传言,所谓瘴气是久潜水塘的老生动物,如蛇、螃蟹、蛤蟆、黄鳝等是所喷吐的气……一经吸入体内,即感瘴疟,十病九亡。"当地人所说的"瘴毒",即是疟疾。傣族具有种植水稻的传统经验,在进入佤族地区以后,首先选择适合种植水稻的平坝地区居住,此外傣族还具有较高的文化和医药技术,能够对付瘴毒等疾病。③

由此可见,作为当地土著民族的佤-崩龙语支民族,他们的祖先最先选择的是适合当时原始人类居住的山区环境,在山区从事采集、狩猎等原始时代的

---

① 陈永龄:《民族辞典》,上海辞书出版社 1987 年版,第 761 页。
② 参见云南省编辑组《布朗族社会历史调查(一)》,云南人民出版社 1981 年版,第 79 页。
③ 罗之基:《佤族社会历史与文化》,中央民族大学出版社 1995 年版,第 7—8 页。

经济活动,并且开始了农业生产。由于他们积累了丰富的山地农业生产经验,熟悉山区的自然环境,以后即使由于内部人口增加或者其他原因需要迁移,他们也是选择新的山区环境。他们之中的许多民族长期居住在山区,从事与山区环境相适应的采集、狩猎、山地农业生产,并且长期保留了这种生产和生活方式。

三、佤-崩龙语支民族的原始农业生产方式

佤-崩龙语支民族在山区依靠天然雨育和简单的手工劳动,种植玉米、旱稻、薯类、豆类等旱地农作物,产量较低,不能够满足基本的食物需求,必须依靠采集和狩猎作为补充。

缅甸山区的崩龙人种植茶树、玉米、薯类、豆类、黄麻等农作物和经济作物,少数居住在平原的崩龙人种植水稻。[1]

缅甸的佤人种植旱稻、玉米、红小米、豆类等,刀耕火种。新开的耕地一般可以耕种二至三年,最多不超过五年,然后便休耕,人们转去种植经过休耕的土地,或者去开辟新的地块。他们当年收获的粮食只够3～4个月食用,缺粮时便由妇女儿童采集块根、块茎和野果充饥。缅甸的佤人长期停留在自然经济状态,直到20世纪60年代还没有学会制陶,也才开始出现集市贸易。[2]

老挝的佤-崩龙语支民族长期从事刀耕火种的轮歇农业生产,种植旱稻、玉米等农作物,采集和狩猎是经济生活的重要内容。由于生活在偏僻的山区,有些民族长期与世隔绝,形成了严重的自我封闭心理,认为学习外族语言会触怒祖先的神灵,忌讳孩子在家里读书,他们是老挝各民族中经济文化发展最落后的民族。[3]

越南的佤-崩龙语支民族也是过着传统的山地农业生活,克木人的村寨建在山巅或山坡上,刀耕火种,主食是旱稻糯米、玉米、木薯等,在平时只有偶然一次的狩猎成功才有肉食,在节日里宰杀家养禽畜用作祭祀,然后才可以吃食。在20世纪后半叶以后,克木人开始使用轻型犁耙耕种水田,经济收入有所增加。[4]

我国的佤-崩龙语支民族在山区从事旱地农业,在各类农作物中,以种植

---

[1] 参见陈鹏《东南亚各国民族与文化》,民族出版社1991年版,第26页。
[2] 参见陈鹏《东南亚各国民族与文化》,民族出版社1991年版,第28页。
[3] 参见陈鹏《东南亚各国民族与文化》,民族出版社1991年版,第63—64页。
[4] 参见陈鹏《东南亚各国民族与文化》,民族出版社1991年版,第109—110页。

旱稻的年代最为久远。佤族是跨境民族，在国内主要聚居在云南西盟和沧源两个佤族自治县，两县的山区面积达到90%以上，俗称阿佤山，与缅甸的掸邦第二特区（佤联邦）交界。此外，我国的佤族还散居在云南的耿马、双江、澜沧、孟连等县。

阿佤山中心地区的西盟等地的佤族主要是耕种旱地，个别村寨有少量水田，是汉族或傣族、拉祜族等其他民族遗留下来的。阿佤山边缘地区的沧源等地的佤族受到傣族影响，在山麓和较平的地方开垦水田，在坡度较缓的山上开垦梯田，拥有较多的水田。水田是固定的耕地，开田用工和产量都较高，价值也较高，代表了较高水平的农业生产技术。① 水田稻谷的产量，较好的可以达到籽种的40倍，亩产400多斤；一般的可以达到籽种的25～30倍，亩产250～300斤；较差的（缺乏中耕、杂草多）大约是籽种的20倍，亩产200斤左右。②

原始农业的山地耕种方式有两种：一种是刀耕火种，产量一般是籽种的10～15倍，亩产100～150斤；另一种是挖犁撒种，产量一般是籽种的15～20倍，亩产150～200斤。③

今天的云南勐海县布朗山在18世纪时还是一片原始森林，当时景洪县的部分布朗族因为不堪忍受傣族领主的奴役，迁移到此，建成了曼兴龙寨、章加寨等聚居点，与缅甸隔河相望。他们从事传统的山地农业生产，种植旱稻和玉米，经济作物很少。用刀砍草树，晒干后放火烧山，不锄不挖，不施肥，用削尖的木棍棒在地上戳一个洞放入种子，比较勤劳的人会用木锄薅草两次，此后便是等待秋收。虽然土地肥沃，但是由于耕作技术落后，收获量很低，最低时只有籽种的2～3倍，有一半以上的农户每年缺粮1～9个月不等，需要采集野菜作为补充。直到20世纪50年代，他们的全部生产工具只有大刀、小锄、镰刀，只会修理草房和编织篾器，只有几个人会使用由两个竹筒和一块木板组成的简陋织布机。后来有傣族铁匠进山传授打铁技术，他们才学会打造大刀和镰刀。④

根据云南布朗族在20世纪50年代的农业生产状况而言，由于工具简单、劳动量大、季节性长，男女都是主要劳动力，因此，山地农业是一种非常繁重的体力劳动。以刀耕火种的耕作方式为例，需要经过砍树、烧地、清理重烧、点种前锄草、点种、薅草1～3次、割谷、堆谷、打谷等工序，一个中等劳动

---

① 参见罗之基《佤族社会历史与文化》，中央民族大学出版社1995年版，第119—120页。
② 参见罗之基《佤族社会历史与文化》，中央民族大学出版社1995年版，第125页。
③ 参见云南省编辑组《布朗族社会历史调查（一）》，云南人民出版社1981年版，第84页。
④ 参见云南省编辑组《布朗族社会历史调查（一）》，云南人民出版社1981年版，第66页。

力耕种 1 挑籽种的旱谷地，需要花费 93 天完成这些劳动。一个男劳动力在不缺吃、不生病的情况下，一年能够耕种 2 挑籽种（5 市亩），最多可以耕种 2.5 挑籽种的面积。在风调雨顺的情况下，每挑籽种的面积可以收获 12 ~15 挑籽种（约当 600 ~ 750 市斤），一个男劳动力一年耕种 2 挑籽种，可以收获 24 ~ 30 挑谷（约当 1200 ~ 1500 市斤），勉强可以维持 2 个人的生活。如果遭遇天灾人祸，收获量减少，便无法维持生活，需要依靠采集和狩猎作为补充。①

四、佤-崩龙语支民族与现代工业社会

佤-崩龙语支民族能够将原始农业的生产方式维持数千年之久，这是由于农业社会生产力的提高和社会制度的变革非常迟缓，在人类与自然之间能够保持一种顺应的关系，环境质量、生态稳定性、动植物生产力和社会经济可行性这四大因素能够在相互消长中获得平衡，构成一个生态可持续系统，维持一种可持续农业的发展模式。

目前，在高速发展的现代工业经济和国际经济一体化进程的影响之下，佤-崩龙语支民族的原始农业生产和生活方式受到重大的挑战：由于内部人口增加和外部经济开发，造成山林和可耕地面积日益减少，直接破坏了山地轮作农业所依存的基础。工业社会是在农业社会长久积累的物质和精神财富的基础上演变而来的，是对农业社会的超越；但是工业社会也将人类与自然的关系由顺应变成了掠夺，导致了生态环境的恶化，破坏了农业社会尤其是轮歇农业所需要的生态可持续系统。

原始农业的生产效益极其低下，佤-崩龙语支民族长期处于贫困落后状态，他们难以依靠自己的力量改变现状，他们需要得到外部力量的帮助才能够改变旧的生产和生活方式。

20 世纪 50 年代，在我国云南西双版纳的山区中生活着 429 名属于佤-崩龙语支民族的空格人，现在已经增加到 1500 人。"空格"是傣族对他们的称呼，意为"擅长闹鬼的人"。空格人的曼坝约村位于景洪市勐养镇以北 15 公里的山中。1982 年，该村有 13 户、87 人，1997 年增加到 27 户、153 人。有轮作地 2500 亩，实际耕种 1300 亩，人均轮歇地 8.5 亩，土地比较充裕。有山林面积 5098 亩，其中荒山面积 2031 亩。他们种植玉米、旱谷等农作物，刀耕火种，每块地第一年种玉米、棉花，第二年种旱谷，第三、第四年再种玉米，

---

① 参见《民族问题五种丛书》云南省编辑委员会编《布朗族社会历史调查（二）》，云南人民出版社 1982 年版，第 1 页。

在耕作四五年后便休耕轮歇。此外，他们向山下的傣族学习种植水稻，开垦水田 20 多亩。

20 世纪 70 年代，为了向山下的傣族提供灌溉用水，人们在山上修建了一座水库和一条简易公路，这对于曼坝约村的空格人产生了很大的影响：水库出产的鱼类丰富了他们的食物品种，有外人进山来钓鱼，增加了他们与外界的交往。他们主要的经济收入是卖出玉米，此外他们在山上放养水牛、黄牛，出售或出租给山下的傣族耕作水田。他们每户每年的收入 2000～3000 元，人均大约 500 元，在当地不属于贫困人口。①

佤-崩龙语支民族分布在亚洲的热带季风气候区，由于人口增加和耕地面积减少，土地的轮作期越来越短，在降水多且强度大的季风气候条件下，过度的垦殖会造成严重的土壤侵蚀，作物的产量越来越低，人们难以维持旧的生产和生活方式。目前，东南亚的许多国家都在实行现代化的农林业土地经营制度，以代替原始的游耕轮歇农业，保护土壤，减少侵蚀。② 由此可见，佤-崩龙语支民族必须在现代科学技术的指导下，才能够从原始的农业生产方式转向现代化可持续农业的发展模式，才能够改变长期以来的贫困落后面貌。

---

① 参见刘刚《云南空格人调查——以曼坝约村空格人为例》，载《民族研究》2003 年第 2 期。
② 参见《民族问题五种丛书》云南省编辑委员会编《连南瑶族自治县瑶族社会调查》，广东人民出版社 1987 年版，第 110—114 页。

第十章　疍家

疍家起源于古代中南地区长江流域多民族聚居区，是水上居民的后裔。有许多学者研究过疍家，他们大多偏重于历史与民族的因素，认为他们是百越的一支，忽略了地理与经济的因素，遗漏了最重要的主角——巴人盐商。

一、疍家的前身是川东巴人盐商

巫诞廪君是疍家起源的主要神话，最早见于先秦典籍《世本·氏姓篇》，《后汉书·南蛮西南夷列传》记载如下：

> 巴郡南郡蛮，本有五姓：巴氏、樊氏、瞫氏、相氏、郑氏。皆出于武落钟离山。其山有赤黑二穴，巴氏之子生于赤穴，四姓之子皆生黑穴。未有君长，俱事鬼神，乃共掷剑于石穴，约能中者，奉以为君。巴氏子务相乃独中之，众皆叹。又令各乘土船，约能浮者，当以为君。余姓悉沉，惟务相独浮。因共立之，是为廪君。乃乘土船，从夷水至盐阳。盐水有神女，谓廪君曰："此地广大，鱼盐所出，愿留共居。"廪君不许。盐神暮辄来取宿，旦即化为虫，与诸虫群飞，掩蔽日光，天地晦暝。积十余日，廪君不知东西所向，七日七夜使人操青缕以遗盐神，曰："缨此即相宜，云与女俱生，（弗）宜将去。"盐神受缕而缨之。廪君即立阳石上，应青缕而射之，中盐神，盐神死，天乃大开。廪君于是君乎夷城，四姓皆臣之。廪君死，魂魄世为白虎。巴氏以虎饮人血，遂以人祠焉。

唐太子李贤注释："廪君之先，故出巫诞也。"[①]

这则神话的主要因素是巴人、廪君、盐、船。李贤所说的"诞"后来被写为"蜑、蛋、疍"，是为南方水上居民的专称。诞的原意是什么？广被援引的徐松石先生的解释是："蜑实僚壮中水上人的通称，今两粤仍有称'蜑人'为水上人或水户者。川滇壮族称河为 Daan，唐樊绰《蛮书》译为'赕'字。现时广西壮人则呼河为 Dah 为 Dā。'蜑'字'疍'字'赕'字乃系同音异

[①] 《后汉书·南蛮西南夷列传》，中华书局 1965 年版，第 2840 页。

译。"①百度百科的"疍家"条目有不同的解释:"'疍家'原为'蛋家'。'疍',其发音源自古越语,证据是同为古越族后裔的壮族人,至今仍在壮语中把小船叫作ding。"该条目以《疍家人七千年中国海洋族群》为题,被广泛转发,天涯论坛的台湾社区和广东省政府官方的南方网南方论坛广东发展论坛都转发过该文。

  疍民的先人到底是谁?2012年,詹坚固先生发表《试论蜑名变迁与蜑民族属》一文,概述了学者们对于长江流域蜑民族属的观点:"童恩正认为他们是苗、瑶族先民。吴永章认为他们是廪君后裔,今土家族先民,并从地望、姓氏上加以论证,同时指出,由于这一地区各民族错居,蜑民中并不排除苗、瑶诸族先民的成分。刘美崧也认为魏晋南北朝时的蜑人是土家族先民。蒙默认为汉唐间川鄂湘黔地区蜑人是近代侗族先民一支。"詹坚固先生认为:"由于地理环境的限制,其发展主体还是土家族"②。

  上述的研究都没有注意到廪君神话中的地理与经济因素——盐,以下主要考证这个神话中盐的因素。

(一) 巴人与盐

  廪君初居武落钟离山,钟离山就是佷山,在今湖北省宜昌市清江境内长阳土家族自治县,廪君率领族人沿夷水(今清江)东进,到盐阳(今湖北恩施),射杀盐阳女神,进入川东,君乎夷城,就是今天的渔峡口镇,地处长阳西大门,西邻巴东。清江横贯东西,陆域面积达294.2平方公里,水域面积达5.24平方公里,有著名的隋朝盐池河与盐井寺遗址。盐井寺原名传庆寺,原称娘娘庙,庙里供奉的就是盐水女神——德济娘娘。

  夷城西邻巴东县,巴东县位于长江三峡的中部,在恩施土家族苗族自治州的东北部,东连宜昌、长阳,西郊为重庆巫山,北靠神农架林区,土家族占总人口的43%。从县城沿长江东下736千米抵武汉,溯江而上538千米至重庆,武陵山脉、巫山山脉、大巴山脉余脉盘踞县境,长江、清江分割县地,扼川、鄂咽喉,据鄂西门户。

  廪君占据的夷城就是这样一个航运要道,航运什么呢?主要是当地物产——盐。自贡作为千年盐都地处川南盆地低山丘陵区,因产井盐而富商云集,曾经是中国最富庶的城市之一。上古时期,四川东部属巴国,西部属蜀国,自贡分别归属蜀国的荣县和巴国的富顺县。

---

① 参见詹坚固《试论蜑名变迁与蜑民族属》,载《民族研究》2012年第1期。
② 詹坚固:《试论蜑名变迁与蜑民族属》,载《民族研究》2012年第1期。

第十章 疍 家

食盐是人们日常生活中的必需品,受自然条件限制,只有少数拥有盐湖、盐井、海盐等自然资源的地区能够生产食盐,极容易被垄断。国家实行食盐专卖,盐税成为重要的财政支柱。春秋时期齐国管仲首先实施盐铁专卖,西汉昭帝始元六年(前81)召开盐铁会议,以贤良文学为一方,以御史大夫桑弘羊为另一方,辩论盐铁专营、酒类专卖和平准均输等问题,根据会议记录编撰成《盐铁论》。

有人认为中原的食盐最先是从西方青藏高原输入的,河东解池煮盐发明的时间,大有可能在羌盐输销之后,直至汉代,陇西地区都还是吃的西海盐池(青海茶卡盐池)的羌盐。西海盐池有稠浓的盐水,羌人汲入皮袋,驮行几天,水分失去,成为盐粒。附近纵横数十里全是岩盐,挖出打碎就是商品盐。古代羌人用牛皮包装,驮到陇西地区兑换内地农产和工艺品,从黄河岸的临羌县城进入(今青海兴海县),秦汉置县其地,取名临羌。古代食盐名称的别字,还有一个"醝"字,最早见于《小戴礼》所载的"盐曰咸醝",就是羌藏语称盐为"察"的译音字,说明羌盐在秦汉间还是行销中原的,并且受到内地人的尊重,用为祭品。经唐宋迄明清,内地人还把盐商称为"醝贾"。①

临字在古代是食盐的代称。任乃强先生说"秦汉时人呼盐为监",西汉末年,王莽"改临作监者凡九县",所以《汉书·地理志》记载,在金城郡有临羌县:"西北有西王母石室,仙海、盐池。"仙海与盐池是指青海湖与都兰茶卡盐池,西汉末年,王莽改其名为"盐羌",即"羌中最大之盐海也,其盐自临羌运销陇右,故王莽改名盐羌"②。

巴人与周人同为姬姓,发源于汉水上游(陕西西南部,北有秦岭,南有巴山)。商末,巴人随同周武王伐纣,在阵上前歌后舞,致使纣王军队倒戈。西周册封巴为诸侯,镇抚南国,成为西周在汉水上游的一个大国。春秋时代,巴国企图越汉水而东,为楚国所败,转而南下川东和重庆地区,重建巴子国。

巴人贩盐牟利,沿着盐船水道从汉水上游迁徙到长江中游的川东,其中一支入主川西蜀国建立鱼凫王朝,时在商朝,没有"盐"字只有"卤"字,所以贩盐的巴人被称为"廪","廪"与"临"同音,廪可能是'临'的假借词,意思是卤(盐)。

古书说蜀地"有碱石,煎以得盐",碱石可能就是廪君神话中的阳石。阴阳相对,碱石平时干燥,是为阳石;加水煎热后潮湿出盐,是为阴石。碱石煎盐不及川东峡江流域的泉盐产量大。任乃强先生说:"巫溪河谷和大溪河谷

---

① 参见任乃强《说盐》,载《盐业史研究》1988年第1期。
② 任乃强:《说盐》,载《盐业史研究》1988年第1期。

（引者按，都在重庆地区）之间，有一个方圆不过百里的小盆地，盛产泉盐。盐泉的发现聚集了人居，鱼复（即鱼凫）巴人正是靠着盐业，摆脱了渔猎经济的束缚，成为新石器时代三峡地区首屈一指的强大族群。"他说巫地巴人是中国最早的盐业产销商，也是中国最早的商人，古籍说巴人"不耕织却不愁衣食"。盐业的繁荣促使人口增长，造成盐业资源紧缺，部分巴人不得不西进至川西平原。

殷商的甲骨文和金文都没有盐字，《说文解字》第12篇"上盐"载："咸也。从卤监声。古者，宿沙初作煮海盐。"《说文解字注》中说盐"卤也。天生曰卤。人生曰盐"。自然形成者为卤，人力加工而成者为盐，从自然卤到人工盐之间有一个发展的过程，殷商时期人工盐可能还未出现，或者数量少质量低，没有普及。

西周初年太公望吕尚被封于营丘（今山东昌乐），建立齐国，《史记·货殖列传》说："故太公望封于营丘，地潟卤。"裴骃《集解》引徐广曰："潟卤，咸地也。"《史记·齐太公世家》记载，齐太公吕望"通商工之业，便鱼盐之利"，周秦之际成书的《禹贡》记载青州"厥贡盐"表明海盐和绢帛成为山东半岛的贡品。

卤是指天生的岩盐、井盐等，其产地产量质量都受制约，只有人工盐的煎煮成功，才在制盐史上具有划时代意义。春秋战国之后，盐字代替卤字成为通用字，人们大多知有盐，反而不知有卤了。廪作为卤（盐）商的原义被忘记，成为一个神话传说人物。

（二）"诞"音是苗语，表示动物

羌与苗都是古书里最早出现的族名，羌在西北，苗在西南，这两个古老族群因为巴人贩盐而在长江中游交集。

鄂西北山区地处川东、鄂西、陕南三省交界，包括荆山——武当山山区、秦巴山地和豫西南桐柏山地余脉，由南山老林和巴山老林两部分原始森林组成，神农架就在这个地区，神农架是为当今世界中纬度地区唯一保持完好的亚热带森林生态系统。湘西地区西部与云贵高原相连，北部与鄂西山地交界，东南以雪峰山为屏障，武陵山脉蜿蜒于境内。历史上居住在这一带的少数民族很多，常见的有长沙武陵蛮、五溪蛮、南蛮等，是今天的土家族、苗瑶语言民族、壮侗语言民族等。

自从齐国食盐专卖以后，历代王朝都仿照此制，依照官府盐法生产、运销并纳税的食盐为官盐，反之为私盐。蜀盐制作精细，长江、汉水航运便利，造成鄂西北一直是私盐严重的地区，《元史·儒学瞻思传》说襄汉流民聚居荣县一带，至数千户，"私开盐井，自相部署"，在销售私盐，到明朝时政府根本无法阻挡由四川向鄂西北私贩的洪流。①

廪君神话涉及的川东鄂西也是土家族聚居地，土家族族名"土家"在汉语中是本地人的意思，土家语属汉藏语系藏缅语族，藏缅语族包括彝语、藏语、羌语等，土家族认为廪君是他们的祖先神话，所以巴人可能源于古羌。

湘西是土家族与苗族聚居区，土家族与苗族没有渊源，苗语属于苗瑶语族。殷周时代，苗族分布在今湖北清江流域和湖南洞庭湖一带。廪君神话说廪君初居武落钟离山（湖北宜昌清江境内长阳土家族自治县），沿夷水（清江）向东发展，到盐阳（今湖北恩施），射杀盐阳女神，向川东扩展。春秋战国以后，部分苗族迁徙至巴蜀、夜郎以及荆州。秦汉时，大部分苗族在武陵郡、牂柯郡、越巂郡、巴郡、南郡等地区定居，小部分迁徙到黔东南都柳江流域。

商周时期土家族与苗族都分布在川东鄂西，土家族与苗族的语言属于不同语族，没有同源关系，与土家族同源的巴人盐商被称为廪，亦即汉语的卤。春秋战国以后盐字取代卤字，巴人盐商转入川西，以前的巴人盐商卤成为一个神话人物，即廪君。

秦汉统一以后巴蜀地区开发较快，隋唐时期巴人的族名消失，代之以诞，包括以前的巴人（土家族）。

因此，"诞"有可能是当地苗族的一个读音，也有可能是一个族名，先秦时期由于巴蜀势力强盛，书籍多记述巴蜀各族群，忽略了诞。巴人西去以后，诞取而代之，成为当地族群的统称，《三国志·黄盖传》载："武陵蛮夷反乱，攻守城邑，乃以盖领太守……寇乱尽平，诸幽邃巴、醴、由、诞邑侯君长，皆改操易节……"

唐太子李贤为何要在《后汉书》里专门加入"廪君之先，故出巫诞也"的注释？巫是地名，川东、鄂西、湘西都有巫字开头的地名，重庆巫山县东南有巫山，因屈原的《楚辞》而出名，秦置县，汉因之。唐贞观八年置巫州，治所在今湖南省黔阳（洪江）西南黔城镇，李贤加注"巫诞也"，是为了区别于唐代的巫州，强调廪君是以前川东的巫诞，而非湘西之巫州。

"诞"是什么意思？学者一般援引徐松石先生的观点，认为是壮语河的意思，笔者认为壮族与廪君神话的关系不密切，壮族源于广西，其主要聚居地广西与苗族的主要聚居地鄂西湘西不接境，"诞"字的原义应该在当地苗语中寻找。

湘西苗语合成词的构词方式是由一个基本成分和一个附加成分构成，ta^{35}

---

① 参见王肇磊、贺新枝《鄂西北私盐运道概略》，载《盐业史研究》2008年第1期。

是一个前加成分，表示除人以外的动物，例如虫 ta^{35}ci^{35}，鱼 ta^{35}mẓɯ^{44}。①

ta 同"诞"音，因此，被称为"诞"的应该是湘西苗族的一些部族。

汉字中的少数民族名称许多带有虫、犬等形旁，一般人认为这是侮辱性的传统思维，其实这是误解。古代民族都有图腾，以某种动物植物作为祖先，被醒目地绘画在各种标识物体上，以告知外人。古代中原人必须依靠这些图腾识别不同的族群，可能犬与爬行类动物是最常见的图腾，所以少数民族的族称词汇一般被加上虫、犬形旁。

"诞"字原来没有虫形旁，应该是一个记音字，中原人首先是看到当地人的各种动物图腾，其次是听到他们各种动物名称的第一个音节都是"诞"（ta），因此就把他们统称为诞。

关于瑶族的来源，大多数人认为瑶族和苗族同源，与秦汉时期的荆蛮、长沙武陵蛮有渊源。大约在隋代，居于湖南、湖北一带的瑶族和苗族已分化成两个族群。唐代初年，置鄂州，居此境内的蛮人，一部分留居，一部分迁徙，由湖南入广西，再分为两支：一支自广西入广东西北境内，一支居广西深山丛岭。

瑶族之中的过山瑶习惯游耕的生活方式，在一个地方刀耕火种数年，迁徙到另外一个地方刀耕火种，数年之后再迁回，目的是让贫瘠的山地得到轮休。南方历来就有水上居民，而南方土著民族百越的主体——壮族语言中的"河"字又与"诞"字同音，可能是居无定所的水上居民与过山瑶有相似之处，人们就把水上居民也称之为诞，后来瑶族定居在山区，诞就成为水上居民的专称。

疍家的祖先是先秦时期的羌族巴人盐商，被称为"廪"（卤、临），当时中原华夏人称盐为卤、临。廪沿长江上游的汉水来到中游川东，向川东、鄂西、湘西土著民族，即今天土家族、苗族、瑶族的先人诞贩卖食盐。后来廪转入川西，而"卤"字也被"盐"字取代，古老的巴人盐商廪成为神话传说。唐宋以来南方地区加快开发，部分诞亦即今天瑶族的先人迁徙到东南地区，加上唐、宋诗词文献中经常提到诞民，诞的族名得到传播，逐渐成为东南地区沿江沿海水上居民的专称。

二、广东疍民族群的消失与启示

种族、民族、族群、农民、市民等分别指称人类社会的不同群体划分方

---

① 参见王辅世《苗语简志》，民族出版社 1985 年版，第 26、164、165 页。

式，没有固定的边界，可以接触、交流、融合、瓦解，除非有人为的政策制度阻隔交流，例如我国1949年以后的二元户籍制度。1980年以后，户籍制度没有改变，但是城市用工需求急剧增加，亿万农民进城务工，打破了户籍制度的束缚，并且促成户籍制度的改革。我国是一个多民族国家，无以数计的民族曾经存在过也消失了，中华人民共和国成立后进行民族识别，除汉族以外，确定了其他55个少数民族。由于少数民族可以得到政治、经济、文化、生育等方面的特殊政策。

疍民或者疍家是指水上居民，"疍"字与汉语本义无关，纯属音译，在古代某个东南民族语言中是指船、水等意思，在我国东南沿海各省直至南洋群岛都有疍民分布，他们应该是古越族的后代。中华人民共和国成立后，一度将疍民视为少数民族，按照少数民族政策处理疍民问题。20世纪50年代中期，通过民族调查识别，疍民被确定为汉族的一部分，是一个相对独立的群体。分析广东疍民族群消失的过程，可以探讨在法治前提下我国民族政策的转型方向。

（一）广东疍民的族群状态

20世纪五六十年代，"族群"成为美国人类学研究主题，此前美国用于区分人口的概念是"种族"（race），主要以肤色来划分。民权运动及其他反种族歧视运动的高涨，使人们避用"种族"概念，加之全面开放的政策，美国社会人口的文化背景和族裔多样性达到历史上前所未有的程度，使用传统的种族、宗教、语言等外在标准很难划分人群。但"族群"（ethnic group）概念只适用于那些经济上和政治上弱势的少数民族群体。犹太人在世界的许多地方都被视为族群，除美国例外，在全美3亿人口中犹太人不足600万，没有人把他们称为族群，因为他们在政治和经济上都不弱势。①

1. 1949年以前的疍民

闽、粤、桂以及港澳地区的疍民由来已久，其中广东疍民人数最多，分布范围最广，最迟自宋代以来，他们散布于广东沿海（如阳江、台山等）、内河各支流（珠江流域、韩江等各商业比较繁荣之市镇）和珠江三角洲沙田区（如中山、顺德等市县）。疍民以船为家，绝大部分都是驾小木船，大的载重不足100吨，小的只能载四五百千克，每艘船上五六个人，单家独户，撑篙摇橹，漂浮不定。他们过着一艇一户的漂泊生活，以船为家，祖祖辈辈生活在长不过5~6米，宽约1.2米的"连家船"（即疍家艇）上。②

---

① 参见范可《"族群"与"民族"》，载《民族社会学研究通讯》第123期，第13页。
② 参见〔清〕屈大均《广东新语》（卷十八），中华书局1985年版，第527页。

17世纪末,法国传教士马若瑟致法国国王的忏悔神父拉雪兹的信中提及广州地区的疍民,信中说:"在广东河上有一座漂流浮城,一条条街道是把大量船只串联起来而形成的。每一只船上都有一个家庭休养生息,完全如同正常的住宅一样,也分成了日常生活各有不同用场的小间。那些居住在这些浮动陋舍中的居民,清晨起床后就前往捕鱼或耕种稻田,这里每年收获三次。"西方人曾经购置水上福音船开办水上医疗服务,先对病人布道,后施医赠药,颇得人心。①

亚当·斯密1776年出版的《国富论》,是所发行过的最具影响力的经济学著作,对经济学领域的开辟有极大贡献,使经济学成为一门独立的学科。该书在第一篇第八章"劳动工资"中,提到广州疍民的极度贫困:"中国下层人民的贫困程度远远超过欧洲最贫困国家。在广州邻近地区成百成千家庭在陆地没有住所,长年累月生活在河港的小渔船上。他们能够找到的食物极端贫乏,以至于任何一条欧洲轮船上扔下的最肮脏的残余食物都成为他们渴望打捞的对象。任何动物腐烂的尸体,例如一只死狗或者死猫尽管已经腐烂发臭了,他们都是如获至宝,好像其他国家的人们获得了最健康有益的食品一样。"②

在过去,疍民宗族化程度低,有"兄死娶嫂"和翁媳结婚习俗,长期被汉人视为"蛮夷"。粤东操福佬话的后船疍民中还存在一种野蛮的渔奴制度,汉人渔父对疍民渔奴享有初夜权、批租转典等6种特权,剥夺疍民的人身自由,是为渔父的奴隶。③

直到18世纪的清朝才开豁疍户贱籍,疍民才获得良民的社会地位。雍正七年(1729)"准其在近水村庄居住",解除疍民的陆居禁令,仍保留其他禁令。由于土地权都在地主、豪绅手里,疍民不敢在别人的土地上建造永久性房屋,只能够在江边荒芜地带搭建茅寮暂且栖身,俗称"疍家棚"。这些窝棚、水栅是用打捞到的废木料搭建而成的,一般用于存贮木柴或供到达学龄的小孩读书时居住。清末有人向福建省咨议局呈递议案,要求政府颁发条文,准许连家船民享受与陆上平民同等待遇,但咨议局以不平等待遇乃习惯相沿为借口,否定了议案。中华民国建立后,开始全面解除禁令。

2. 中华人民共和国成立后政府的安置工作

据1953年广东疍民调查组估计,广东疍民人口总数约有90万,其中沿海约15万,珠江三角洲沙田约60万,内河约15万,其职业是以捕鱼、运输、

---

① 参见钟向阳《广州水上福音船》,载《岭南文史》1994年第4期,第39—40页。
② 亚当·斯密:《国富论》,谢祖钧、孟晋、盛之译,中南大学出版社,2008年第2版,第44页。
③ 参见詹坚固:《建国后党和政府解决广东疍民问题述论》,载《当代中国史研究》2004第6期。

渡客为主。①

1954年6月，周恩来总理出国访问归来，途经广州，视察了珠江河道和广州水上居民聚居点，在天字码头附近的河面上，还钻进小艇看望疍民，他当即指示省市负责同志一定要兴建水上居民陆上聚居点，此后政府制定了《珠江区水上居民转业安置计划》，全省各地也开始建设渔民新村，安置疍民上岸定居。

广州市在黄埔区、海珠区兴建渔民新村。1958年年初，市人民政府拨出专款在荔湾涌边建成二幢三层的水上居民宿舍（广州市最早的一批）。② 1958年周总理又到广州，询问疍民新村建设情况，并为此批了1200万元作为建设专款，从外地调来了大量的建筑材料。

当时政府鼓励疍民上岸定居，即使是在1960年前后，各地经历严重饥荒，政府仍先后共拨款1420万元，在基立村、荔湾涌、大沙头、二沙头、滨江东、南园、素社、石冲口、科甲涌、如意坊、东望、猎德等15处建渔民新村，作为疍民上岸的主要聚居点。

当时滨江街人口3万，其中2万是水上居民。1965年市政府拨出3500万元沿江修建楼房，建立全市第一个大规模水上居民新村——滨江东水上居民住宅区，用地总面积4.08万平方米，居住用地面积3.48万平方米，公共建筑用地面积6000平方米，建成58幢住宅楼房，其建筑面积7.3万平方米，同时建起许多附属设施，如商店、市场、学校（中学1所、小学4所）、幼儿园（2所）、卫生院等。安置水上居民2800多户11万余人。至1971年年底，全市共建成房屋面积33.95万平方米，安置水上居民11319户4.17万人。到1987年累计建成房屋面积30多万平方米，近5万水上居民有了岸上新居。1980—1985年，广州市政府共拨出建房专款3570万元，由广州市航运总公司负责筹建水上居民住房，1988年年底建成房屋面积9.96万平方米，安置水上居民1680户6720人。③

20世纪80年代中期，散布在珠江广州河段的近10万户水上居民全部迁居到了陆上生活和就业。④ 1986年7月1日，在疍民上陆定居20周年之际，海珠区人民政府滨江街道办事处在门前树立了一座"滨江儿女"雕塑。

其后，市政府还先后两次划建房屋用地6.87万平方米给航运总公司继续

---

① 参见詹坚固《岭南疍民概说》，载《人文岭南》2013年第31期。
② 参见陈玉英、谢棣英《简述非物质文化遗产之民间咸水歌文化的传承保护》，载《神州民俗》2012年第196期。
③ 饶展雄：《广州地区"疍家"人》，载《羊城今古》2005年第1期。
④ 参见赵刚《水上人家生活变迁》，载《珠江水运》1999年第10期。

兴建住宅，至1990年6月，原在册无房的水上居民均已获得住房。① 以前广州的珠江江面，从大沙头到沙面这一带，近一半都停靠着疍民的连家船，新中国成立后疍民上岸居住，但是仍然有不少疍民留居河面。

2003年8月30日，中共广东省委和广东省人民政府向全省各级党委、政府和有关部门发出了一份重要通知，省委、省政府决定，在全省实施"十项民心工程"，包括全民安居、扩大与促进就业、农民减负增收、教育扶贫、济困助残、外来员工合法权益保护、全民安康、治污保洁、农村饮水、城乡防灾灭灾等方面内容，基本上涵盖了目前广东省群众生产生活中存在的突出问题。"全民安居工程"包括："确保到2010年全省农村15万户危房改造全部完成。""力争用5年时间，基本解决石灰岩地区部分生产生活环境恶劣的农户搬迁和5000户海上渔民上岸居住的安置问题。""力争用3年时间，帮助3万多城镇双特困户达到人均住房面积8平方米以上。""该项工程由省建设厅、省海洋与渔业局、省扶贫办负责制定方案并组织实施。"②

（二）疍民文化的保存

随着老一辈陆续离世，年轻一代成为市民，疍民族群即将消失，其传统文化的保护与传承被提上议事日程。2007年，中国海洋学会学术年会在广东省湛江市召开，由中国海洋学会与广东海洋大学主办，有多篇文章讨论疍民问题。2011年，广东省第一届疍民文化学术研讨会在中山市召开，由广东省社会科学界联合会主办。

咸水歌是珠三角地区疍民的民歌，又称"白话渔歌"，已有1000多年历史。

2004年，滨江街获得"广东省民族民间艺术之乡（咸水歌）"称号，在个别小学开辟"滨江地区青少年咸水歌培训基地"，2006年，滨江街咸水歌在星海音乐厅演出。2007年，咸水歌参加广东省首届水上民歌大赛获得金奖和银奖，同年咸水歌入选广州市首批、广东省第二批非物质文化遗产名录。

2008年，滨江街建立"滨江水上居民民俗博物馆"。③

2013年，广东省第二届疍民文化学术研讨会在东莞市召开，由广东省社会科学界联合会、澳门基金会等单位联合举办，70多名来自粤、港、澳和闽等地的专家学者，一致认为疍民的生活方式已经改变，存在了2000多年的疍

---

① 参见饶展雄《广州地区"疍家"人》，载《羊城今古》2005年第1期。
② 林石：《顺民意得民心——广东实施十项民心工程》，载《南方》2004年第1期。
③ 参见陈玉英、谢棣英《简述非物质文化遗产之民间咸水歌文化的传承保护》，载《神州民俗》2012年第196期。

民文化已经濒危，应该加大力度研究、保护与传承。

2014年，广东省疍民文化研究会成立，拟以东莞沙田作为研究基地。东莞疍民主要集中在沙田镇。沙田镇地处东江南支流和狮子洋交汇处，清朝中期之前还是汪洋大海，只有少数沙丘露出水面。19世纪之后，珠三角各地漂流而来的渔民在此拍围聚居，他们以水为生、依水而居，逐渐形成了内容丰富、特色明显的疍民文化。近年来，沙田镇、虎门港打造特色文化品牌，挖掘并保护疍民文化，建立以疍家文化为主题的水文化展览馆，创办咸水歌创作培训基地，推动咸水歌进学校、进课堂，举办疍家集体婚礼等，使沙田的疍民文化遗产得到很好的传承和发展，逐步形成了疍民文化脉络。沙田咸水歌、疍家婚俗分别入选省级和市级非物质文化遗产，沙田也获得"中国水上民歌之乡"和"广东省水上民歌艺术之乡"称号。①

（三）民族政策转型的方向

西方民族学人类学理论强调各个民族传统文化的特殊价值，而以斯大林为主导的苏联意识形态为了与西方资本主义对立，强调民族实体的平等，实行民族自决的联邦制度，但是各民族是无法完全平等的，所以只能够依靠大清洗的暴力高压维持统一。斯大林民族政策的最大缺陷就是理论脱离实际，"任何群体一旦自我意识觉醒或被激发，都会试图证明自身的恒久性，以此来强化内在凝聚力。有些国家奉行的政策不仅催生了新的群体认同的产生，甚至为其版图内一些新的民族（国家）认同的出现，事与愿违地奠定了基础。俄罗斯人类学家季什科夫就指出，独联体内中亚诸国人民的民族国家认同不啻是苏联为他们建立的。"②

苏联解体以后，许多民族成为独立的民族国家，现在的俄罗斯政府吸收了西方多元文化的理论观点，取消民族自治实体，强调国家的统一性优先，个人公民身份是第一位的，民族身份则是第二位的，即国籍称谓是第一性的，民族称谓是第二性的，多种文化平等共存，这是"不同形式的统一"，"对新俄罗斯来说，多元文化政策也许是一个重大挑战，但正是在这一政策的背后，孕育着俄罗斯的未来"③。

我国疍民的历史发展过程符合西方民族学人类学的理论中心，即多元文化的价值。疍民源于两千多年前的百越民族，在近代成为一个汉族族群，在现代

---

① 参见何明强、刘继伟《疍民文化成为沙田新名片》，http://www.gd.chinanews.com/dg/zw/2014/2014-10-21/137/4592.shtml。
② 范可：《"族群"与"民族"》，载《民族社会学研究通讯》第123期。
③ B. A. 季什科夫：《民族政治学论集》，高永久、韩莉译，民族出版社2008年版，第21页。

分别融入市民或者渔民群体，原生态的疍民族群濒临消失，现在政府的主要工作是保存和利用他们的传统文化。除了疍民之外，我国55个少数民族中的一些民族也出现了族群现象，例如广东的畲族，有些地方在某个历史时期曾经有畲族居住，但是中华人民共和国成立以前已经迁移或者融合，但是地方政府仍然要求当地居民在人口普查中把自己登记成为畲族，以获得作为少数民族的特殊权益，甚至"有些群体在民族识别之前，其存在形式的确可以被认为是我们今天所说的族群，回族即为其例"①。

我国现有的55个少数民族，是在新中国成立后的初期通过民族识别形成的，主要是以斯大林的四项民族（nation）定义标准作为参考依据。我国的民族政策包括对少数民族实行政治、经济、生育、文化等实际利益的特殊照顾，这是一种人为政治行为，反而造成了对汉族的不平等，例如计划生育政策，汉族夫妻只能够生一胎，而少数民族夫妻可以生两胎。

这种民族政策已经沿用了60多年，应该做出改变，而且历史的机遇也已经出现。2014年10月，党的十八届四中全会通过《中共中央关于全面推进依法治国若干重大问题的决定》，明确提出全面推进依法治国的总目标，判断一个国家是否法治国家的根本标准，在于是否有切实发挥作用的《中华人民共和国宪法》，《宪法》是公民权利的保障书，公民权利得不到保障，其他的目的也无法实现。我国现行《宪法》，即1982年《宪法》，为了体现保障公民权利的原则，把"公民的基本权利和义务"放在"国家机构"之前，改变了以往放在"国家机构"之后的惯例。虽然只是次序的调整，但它反映了法治国家一个基本原则——公民权利优于国家机构的权力，保障公民权利是建立法治国家的前提，国家机构是用来保障和实现公民权利的工具。《宪法》精神应用于民族政策，可与世界上通行的民族政策接轨，保障公民在法律上的权力平等，保障少数民族发展自己的传统文化，限制少数民族发展特殊的政治和经济利益，维护国家的统一。

---

① 范可：《"族群"与"民族"》，载《民族社会学研究通讯》第123期。

附　录　作者公开发表文章选登

从纳西族的旅游开发看民族化与现代化的互动关系

关于民族化与现代化的互动关系，或者说是保持世界文化多样性的问题，是近年来人类学界非常关注的一个问题，也是当前世界有关国家以及我国民族地区的政府在发展和提高民族地区的经济和文化教育水平时遇到的一个重要现实问题，这个问题的实质是一个两难选择：在发展和提高某个民族的经济和文化教育水平的同时，可能会加速这个民族的传统文化的消亡。带着对这个问题的思考，今年夏天，本所的同事们对近年来旅游开发卓有成效的云南丽江古城进行了实地考察，得到了许多有益的启迪。

一、震后古城重建——现代化更新民族化

纳西族人口有30多万，聚居在云南省的丽江纳西族自治县，以及维西、中甸、宁蒗、德钦、永胜、鹤庆、剑川、兰坪等县，四川省的盐源、盐边、木里和西藏的芒康等县也有分布。丽江县城是坐落在滇西北高原的一片盆地，是纳西族的政治经济和文化中心。

古城始建于宋末元初，有"城依水存、水随城在"的特色，以一座普通的石桥和一架水车作为城门的标志，水来自著名的玉龙雪山，与黑龙潭的泉水汇合在一起，经过城门的石桥流入城中，成为居民的生活必需用水。全城由300多座造型各异的石桥、木桥将大街小巷连接起来，形成大街傍河、小巷临水、跨水连桥的美景。古城的民居建筑糅合了纳西、汉、藏、彝、白等民族的风格，形成鲜明浓郁的纳西族文化特色，我国古建筑学专家郑孝燮教授称其为"我国的民居博物馆"。[①] 1997年，经联合国教科文组织世界遗产委员会第21次大会通过，丽江古城与山西省的平遥古城一起被列入世界文化遗产名录，平遥古城代表中原汉族传统文化类型，而丽江古城则代表少数民族聚居的自然布局类型。

今天我们看到的丽江古城，并不是历史上遗留下来的原貌原样的古城，而

---

① 邱宣元：《试论震后丽江古城的保护》，载《云南社会科学》1996年第4期。

是1996年大地震以后重建的新古城。笔者在重建后的古城里游览，虽然也看到现代化不可避免地取代了许多纳西族社会传统的生活方式，但是更加强烈的感觉是现代化更新了民族化。

现代社会的文化知识和生活方式取代了许多民族传统的文化和习俗，这是当前我国以及全世界参与了现代化进程的民族面临的共同问题，最先遇到、最明显的变化大多数发生在语言和服饰上，纳西族也不例外。今天的丽江县城分为新城和古城两个部分，古城即是历史上的旧县城，是旅游景区，县政府提倡古城居民穿着民族传统服装；新城是中华人民共和国成立以后陆续开发的居民区，是新的政治文化和商业中心。在新城区里，除了在旅馆和饭店工作的纳西族女性有意识地穿着民族传统服装以外，从事其他行业例如商品零售、出租车等的纳西族女性一般不再穿着民族传统服装，她们认为穿着民族传统服装不便于从事日常工作。纳西族的成年人能够使用纳西语和汉语双语，而青少年则更喜欢使用汉语，和汉族城镇地区的青少年一样追捧流行的电影、电视剧、歌曲和明星。除了继续信奉东巴教以外，丽江纳西族青少年的精神文化生活与汉族城镇青少年大致一样。

人们一踏入丽江古城，立刻可以感受到鲜明浓郁的纳西族风俗。城中现存古民居3000多幢，大多系明代所建，这些民居在1996年2月3日发生的大地震中遭受破坏，经过修复或重建以后，这些民居更加突出了纳西族传统文化的各种特点，达到了形似与神似的双重标准。

重建后的民居主要用作旅馆，其建筑结构与外表装饰虽然是传统民居的样式，但其内部却具备了现代的供电供水设施，可以设置较高等级的旅馆。这些旅馆许多是由家庭经营管理，游客甚至可以借用炊事用具，自己买菜做饭，这种服务特别适应那些好玩却又苦于旅资不富余的青年学生，以及众多亲友联袂而行的家族游客的需求，他们因此而愿意在古城多逗留几天。我们遇上七八个来自广东省广州市花都区的家族游客，有大人和小孩，他们在旅馆里自己买菜做饭，住了四天，玩得非常开心。

在林立的新建民居之间，偶尔可以看到一些比较古旧破残的老民居，这是大地震之前的民居，是震后幸存的或经过修复的、得到特殊保护的老民居。这些老民居空间狭小、光线不足，经过修复以后其主要功能也不再是居住，而是作为文物资源供游客参观游览。县政府将这些民居公布为"丽江传统民居保护单位"，由政府挂牌并与业主签订保护合同，要求业主在维修时做到"修旧如旧，保持原状"，政府给予必要的技术指导和经费补助。

由此可见，重建后的民居分别在文化传播和使用价值这两个层面上更新了纳西族传统民居的功能。在文化传播的层面上，增加了纳西族传统装饰的花纹图案，特别是突出了象形文字的装饰作用，使其成为纳西族传统装饰图案的主要标志。老民居只是在木制的门窗上雕刻一些传统装饰花纹图案，缺乏文化象征意义的装饰效果，而新建民居由于主要用作旅馆，为了宣传和招徕顾客，往往利用临街的整幅墙面绘画美术化了的象形文字，纳西族传统装文化的精髓——象形文字由此走出了东巴教经典和东巴教文物的局限，成为传统文化的通俗性的象征。走在丽江古城里，装饰民居的象形文字以及满街店铺推销的带有象形文字的旅游纪念品，深刻地印入中外游客的脑海，人们喜欢在绘有象形文字的大型照壁前留影，购买带有象形文字的旅游纪念品，认真地了解象形文字的含义。凡是到过丽江古城的人们，一定不会忘记那些形形色色的象形文字。

在使用价值的层面上，旧民居仅能作为民用住宅，面积有限，采光也不充足。新建民居由于是当地人具备了旅游开发的意识后建的，大多是两层以上的多层建筑，面积宽敞，现代化的供水供电设施齐全，可以经营较高等级的旅舍或宾馆。在其他一些有着深厚而独特的历史文化遗产和民俗风情的民族地区，由于没有现代化的住宿饮食和公共卫生设施，往往难以留住游客，旅游开发效益不明显。

震后古城的重建不仅仅是增加了民居的旅游开发功能，甚至整个丽江古城的重建都是在旅游开发的战略思想指导下进行的，重建后的古城保留了原有的布局和排水用水设施，但是街道更加宽敞，青条石路面更加平坦，商业区、生活区与旅游景区的分布更加合理，极大地提高了丽江古城作为一个文化名城的旅游开发能力。

由此可见，现代化的意识与行为必须以政府作为主导，只有在政府的合理指导之下，一个地区或者一个民族才能够抓住历史机遇，摆脱贫困落后的面貌，走上现代化的发展道路。丽江先后三次抓住了历史发展的机遇，第一次是1994年10月滇西北旅游工作会议决定把丽江建设成为国际性旅游城市，第二次是1996年"2·3"大地震后的重建，第三次是1997年申报列入世界文化遗产名录获得成功，而联合国每两年一次对列入名录的城市进行的检查，将是对丽江旅游事业继续发展的最大促进。

二、古乐扬名中外——民族化丰富现代化

纳西族虽然是地处滇西北高原上的一个人口不多的游牧民族，但是从元代开始，纳西族上层就与中央政府建立了密切的政治联系。元朝宪宗二年（1252），蒙哥汗的弟弟忽必烈率军远征大理，取道丽江，纳西族首领麦良迎降，被授为茶罕章（丽江）管民官。1276年，元世祖忽必烈置丽江路，设军

民总管府,由麦良子孙世袭总管官职。明朝洪武十七年(1384),麦良的后裔木得被授为世袭丽江府土官知府,木氏家族对明廷极尽臣礼,明廷也支持木氏扩张势力至滇西北的中甸、德钦、盐井及川西南的巴塘、理塘一带,使其成为滇、川、藏交界地区的一大地方势力。

丽江古城在1997年便被列入世界文化遗产名录,但是在此之前丽江已经扬名中外,除了它的古民居建筑以外,更重要的是纳西古乐会的演奏。

1987年,纳西族的知识分子宣科、和毅庵、杨曾烈等人组建了纳西古乐会,为前来丽江古城的中外游客演奏古乐。令中外游客惊叹不已的是,他们演奏的并不是纳西族的民间音乐,而是唐宋以来中原的古典音乐,这些音乐在中原地区早已失传,因此,纳西古乐会的演奏被认为是"中国国宝级活化石乐种"[1]。

古乐曲谱是在整理纳西古籍时被发现的,有《白沙细乐》《洞经音乐》等,根据《丽江县志》和《丽江府志略》的记载,《白沙细令》是"元人遗音",据说忽必烈离开丽江时,赠送一半乐谱和乐工给麦良,故其套曲之一名为《别时谢礼》。表演者身着蒙古族服饰:打包头、穿长袍、系腰带,所用的乐器之一苏古杜即是蒙古族乐器火不思,分章《一封信》中慢速段落为蒙古族音乐中典型的羽调式旋律。

《洞经音乐》最初产生在江苏和浙江一带,是以江南丝竹配唱道教《大洞仙经》所构成的经腔和曲牌。1381年,明朝黔国公沐英率军入滇,南京籍士兵将其带入云南,至今仍流行在文山、红河、大理、丽江、昆明、曲靖、昭通、楚雄等广大地区的纳西、白、彝、壮民族之中。唱奏人数少则十余人,多则四十余人,分为念唱经文的经生和演奏曲牌的乐生两种。经生须有才学,上座前要沐浴更衣,穿着秀才装束,戴儒巾,规矩甚严。经腔是演唱经文中不同韵文体裁唱词的曲调,曲牌则是表演各种仪节,如开坛、念诵玄文前后敬献供品时的伴奏音乐。曲目繁多,常见的有《水龙吟》《浪淘沙》《山坡羊》等。[2]

纳西古乐会有30多位成员,大部分人的年龄在七旬以上。他们的家庭曾经非常富有,他们本人拥有深厚的汉文化基础,以古乐会的发起人之一宣科先生为例,他是"文革"前的大学毕业生,在丽江实验中学教授英语和音乐,他的几个哥哥都出国留学,在国外生活。在古乐演奏会上,宣科先生既是主持人,可以用汉英双语讲解演出内容,同时又是二胡演奏员。古乐的演奏最初是出于业余爱好,会员们都不是专业演员,而是来自各行各业的普通百姓。他们

---

[1] 谢震南:《纳西古乐将翩翩飞台》,载《参考消息》1999年3月17日第16版。
[2] 参见殷海山《中国少数民族艺术词典》,民族出版社1991年版。

在为游客演出的过程中逐渐产生影响,近年来先后在我国的港台地区、日本、欧洲、美国等地举办过多场演出,据宣科先生介绍,世界音乐之都维也纳著名的金色大厅已经邀请他们在2002年的新年音乐会上举办演出,这是世界上任何一个音乐团体所能够得到的最高荣誉。

这些音乐在它们的产生之地中原与漠北蒙古高原早已失传,纳西古乐会的演出复活了这些古代音乐,但在流传演变的过程中也不可避免地吸收了当地民族民间传统音乐的成分,例如使用了纳西族的乐器大鼓、胡琴、琵琶等,参与演出的年轻姑娘不像男演员一样穿着汉服,而是穿着纳西族的传统服装。

当那些穿着古代汉族秀才装束、头戴儒巾的纳西族老先生端坐在台上,配合着唐宋宫廷音乐的演奏平仄抑扬地咏吟着唐诗宋词时,熟识中国历史的人们会有一种"礼失求诸野"的感觉;而当那些穿着宽腰大袖大裙、外加嵌肩、着长裤、系百褶围腰、披着缀有精美刺绣七星戴月图案的羊皮披肩的年轻纳族西姑娘也在舞台上咏吟诗词时,即使是专业学习过中国古代历史的笔者,心灵也被真正地震撼了,笔者深切地感受到,虽然是现代化的旅游经济为纳西古乐的演奏提供了通向世界的大舞台,但是纳西人不仅仅是复活和传承了中原古典音乐,而且还赋予了它们新的生命活力,让它们成为自己民族生生不息的传统文化的组成部分,让民族文化丰富了现代文化,让中华民族的传统文化更加绚丽多彩!

三、生存与发展——民族化与现代化互动的深层思考

世界上的少数民族一般有两种生存模式:一种是与外部其他民族接触交流的开放型生存模式,一种是不与外部其他民族接触交流的封闭型生存模式,世界上的大多数民族都采取了第一种生存模式,只有极少数民族由于地理条件的限制,被迫采取了第二种生存模式。

在当代旅游业的发展过程中,采取第二种生存模式的民族在旅游资源方面具有特别重要的价值,但是旅游开发的过程本身就是破坏旧的生存模式的开始,加上封闭型的民族缺乏吸收外来文化的成熟机制,因此,这些民族一旦接触外来文化,其传统文化很快就会被破坏甚至被取代。

纳西族的生存与发展采取了第一种模式,但是纳西族不仅仅是接触与吸收外来文化,并且还把它融会改造成为自己传统文化的组成部分,使自己的传统文化得到更多外部民族的认同。

一个来自远古氐羌族群、聚居在滇西北偏僻地区、人口极少的游牧民族是如何做到这一点的呢?我们还是简要地追溯纳西族的历史吧。前述土司木氏家族在元代初期就与中央政府建立了密切的政治联系,元、明两代中央政府承认

木氏家族的世袭统治，由于得到中央政府的支持，木氏家族统治下的纳西族不仅避免了被滇、川、藏交界地区同是氐羌后裔的其他民族兼并的祸患，而且还发展成为当地的一大政治势力。

在政治上与中原王朝的成功接触，激发了木氏家族与纳西贵族学习汉族文化的热情，木府的书房万卷楼坐落在议事楼之后，万卷楼是两层殿楼结构的建筑，正门的上方悬挂着"万卷楼"的匾额，两旁的对联是"万卷图书天禄上，千里风云月华中"，表明木氏家族对汉族封建文化的本质有着深刻的认识。木氏家族及其他贵族的子弟们都聘请汉族教师，在木府子弟的住房里，一半是主人的卧室，另一半是书房，同时也是教师先生的住处。木氏家族在明朝有号称"六公"的公、高、东、旺、青、增等人具有较高的汉族文化造诣，木公著有《雪山始音》等六部诗集，木青著有《玉水清音》诗集，木增著有《云过淡墨》诗集，得到明代学者杨慎、徐霞客的赞许，其中木公和木增的诗还被《四库全书》和《古今图书集成》选收。生活在清代康熙至乾隆年间的第25世土司木德的谱记写道："勤学好问，于经史易象诸书，殚心研究，旁通星评相术地理各家。"[①] 其他一些贵族知识分子也有文学作品传世，例如清代中叶马之龙的《雪楼诗钞》、桑映斗的《铁砚堂诗集》。

木府中有一处道教的宫观，木府土司在县城以北约10公里的白沙村兴建大宝积宫，其壁画也是以道教的内容为主，并且糅合了佛、儒的内容。道教是汉族土生土长的宗教，道、佛、儒三教是汉族传统文化的核心内容，木氏醉心于此三教，可见其对于汉族文化比较全面的认识。

木氏土知府司署简称木府，是一处模仿内地宫殿与园林型制相结合的豪华建筑，坐落在靠近古城的中心集贸市场四方街的一角，明代著名旅行家徐霞客曾南游到此，题词曰："宫室之丽拟于王者。"木府本来已经破旧败落、面目全非，在"2·3"大地震后得到恢复重建。今天我们游览其间，既能够感觉到宫殿式的雄伟壮观，又能够看到园林式的幽静妩媚，还能够欣赏到纳西民族风格的建筑、装饰、雕刻及绘画。

东巴教在纳西族民间具有深厚的社会基础。它起源于原始时代的自然崇拜，吸收了藏传佛教的内容，其圣地在香格里拉县东南的白水台，这里三面环山，金沙江向北流去，海拔2000多米，山水奇特秀丽，是进行自然宗教活动的理想场所。当地的东巴用植物自制纸张，记录经文，创作与宗教有关的绘画、雕刻等作品，精通卜卦算历法、歌舞、杂技等技巧，每年要举行30多种

---

① 《民族问题五种丛书》云南省编辑委员会编：《纳西族社会历史调查》，云南民族出版社1983年版，第104页。

祭祀活动。民间视东巴为神，日常生活中的生、老、病、死、婚、娶、耕、种、播、收、立木动土、出门归家，都要请东巴卜算吉日良辰，举办颂、祭、禳、消等活动。①

纳西学者认为，木氏土司大力引进儒、道、佛三教，是为了压制东巴教的巫师势力，将其从统治集团逐入民间，变成普通的农、牧民群众。②也许当初是出于政治目的使得木氏家族和纳西贵族刻苦学习汉族文化，但是其客观的效果却是为纳西民族增加了一个取之不尽的文化源泉。

自从实施旅游开发战略以来，东巴教的经籍得到重视，经过精心整理，人们发现这些经籍保存了丰富的纳西族传统文化资料，如象形文字、神话传说、历法医药等，这些珍贵的文化资料除了充分地被利用于旅游开发之外，在国际学术界上也受到重视，瑞士的苏黎世大学开设了东巴文化课程，邀请纳西族的东巴前往讲学，并且设立了永久性的东巴文化展览。③

由此可见，一个民族只有在全面深刻地了解其他民族的传统文化之后，才能取长补短，吸收其他民族传统文化的精华，变为己用。也只有这样，才能在更高的层面上承传和利用自己民族的传统文化，名动中外的纳西古乐曲谱就是在整理古籍时偶然发现的，而让纳西民族庆幸的是在他们的同胞中有一批谙知汉族诗、书、礼、乐的老学者，能够演奏这些早已在中原失传的古乐曲谱，也正是因为纳西古乐的演奏，使得纳西民族与东巴文化更加广为人知，丽江的旅游开发事业更加兴旺发达。

宝剑锋从磨砺出，梅花香自苦寒来，一个地处偏僻而又弱小的民族能够多次抓住历史发展的机遇，这绝不是偶然的幸运，纳西族的成功经验值得我们深深地思考。

（原载《21世纪人类学》，民族出版社2003年版）

---

① 参见杨正文《白地东巴圣境的形成和发展》，载郭大烈《东巴文化论》，云南人民出版社1991年版，第92—103页。
② 参见木丽春《略谈东巴教徒社会地位的演变》，载郭大烈《东巴文化论》，云南人民出版社1991年版，第104—109页。
③ 参见郭大烈《丽江古城列为"世界文化遗产"》，载《云南社会科学》1992年第1期。

论影视科技促进民族学与人类学的学科建设发展

20世纪前期我国从西方引入民族学和人类学，20世纪五六十年代其学科建设停滞不前，从20世纪70年代开始重建和恢复，在20多年以后的今天已经蔚为大观。2006年11月24日在中山大学召开"文化多样性与当代世界"国际学术研讨会，是2008年国际人类学与民族学联合会第十六届世界大会在中国昆明召开前夕最重要的一次中期会议，来自20多个国家和地区的600多位民族学、文化人类学与社会学的专家学者参加了会议。我国的民族学和人类学不但自身得到了充分的发展，同时与其他分支学科和交叉学科例如社会学、政治学、经济学和语言学等的关系也更加密切。

一、影视科技与民族学和人类学的关系

中山大学召开的"文化多样性与当代世界"国际学术研讨会划分为9个分会场：文化多样性与文化遗产保护、全球化与文明对话、都市化中的多元文化、民族文化与社会发展、社会性别研究、民族服饰与非物质文化遗产、社会变迁与经济发展、全球化背景下不同国家间的差距、中国和国际移民、影视人类学研讨和展播，其中"影视人类学研讨和展播"分会场非常引人注目，吸引了众多专家学者和研究生，展播了中国民政部和欧盟联合开展的"村民自治影像计划"项目，以及海外的一些民族学和人类学影视片。

民族学（Ethnology）和人类学（Anthropology）产生于近代西方。人类学研究人及其文化，对人的研究包括了生物学意义上的种族，因此，在人类学的初始阶段，主要是进行人类体质类型的描述、测量和区分，反映了18、19世纪以来西方世界的殖民主义扩张需要，因为当时各大陆之间不同的种族正是在地理大发现的时代里发生了前所未有的接触。但是人类的种族差别只有生物学的意义而没有其他社会意义，人类社会群体的聚合形式是通过血缘氏族组织向地缘民族组织演进的过程，即同一种族中包含了诸多文化相异、语言不同、习俗不一的民族性群体。对这些群体单元性的描述就产生了民族志（Ethnography）文本，虽然民族志中包含了体貌特征的辨识，但更多关注的是被调查描述群体的语言、信仰、家庭婚姻、社会组织、风俗习惯、价值观念和行为方式等广义文化的内容，而主要研究这些问题的学科就是民族学。

在国际学术界里，民族学有两种称谓，德、法、俄（包括苏联）等国家称为"民族学"，英、美等国家称为"社会人类学"或"文化人类学"。称谓的不同，代表了不同的学术传统，德、法、俄传统偏向于社会科学方法的研

究，英美传统偏向于自然科学方法的研究。①

英美学者偏向于自然科学方法的研究传统使其较早地开始应用影视科技。19世纪末，法国的朱尔·让桑和朱尔·马雷，以及美国的爱迪生先后发明了摄影机。1898年，哈登在托雷斯海峡拍摄了当地土著的社会生活，1901年，斯宾塞在澳大利亚拍摄了袋鼠舞和祭雨的仪式，1904年和1907年，伯奇分别在新几内亚和西南非拍片，等等。

1922年6月1日，弗来贺提拍摄的反映爱斯基摩人的影片《北方的那努克》(Nanook of the North)在纽约的首映大获成功，该片被认为是民族学人类学电影的诞生之作和早期的经典之作。

真正由人类学家操作、自觉融入民族学人类学的思想和方法的拍摄工作，当数英国的贝特森和美国的米德这一对志同道合的民族学人类学家夫妻。1936—1939年，他们在巴厘岛调查部落文化时拍摄了两万多米的胶片，并剪辑成六部片子，他们认为电影可以表现文字调查报告不能表现的东西，电影的运用可以成为民族学人类学研究的一个组成部分，他们的文字报告加人类学纪录片的成果方式为学界认同：一本书再加上一部人类学纪录片成为后来民族学人类学研究最佳的成果表述方式。②

1954年，美国哈佛大学人类学系建立人类学电影研究中心。至1966年，影视民族学人类学的理论探讨、影片放映已经成为美国人类学学会的重要活动内容，美国人类学学会创办《影视人类学》(Visual Anthropology)杂志，并建立了美国人类学影视中心。1934年，首届国际人类学与民族学联合会在伦敦召开，该联合会下设18个专业委员会，其中有"影视人类学委员会"。此后，国际人类学与民族学大会号召民族学家和人类学家们拿起视听设备，积极抢救和记录由于现代化的到来而即将消失的人类传统文化。

二、我国民族学和人类学利用影视科技的现状

1927年，瑞典探险家斯文·赫定在我国西北地区拍摄了许多电影胶片。1933年，我国中央研究院社会科学研究所的学者凌纯声、芮逸夫、勇士衡等人前往湘西苗族地区调查，使用了电影摄像机。1937年，杨成志领导岭南大学和中山大学联合对海南岛黎族、苗族进行民族学田野调查，拍摄了影视片。

1956年，我国开始进行大规模的少数民族地区社会历史调查，民族学人类学影视片的拍摄工作便延续至今，主要是由政府的宣传、演艺和民族工作部

---

① 参见刘付靖《中国民族学界南北学派的学术传统与接近趋势》，载《贵州民族研究》1999年第2期。
② 参见庄孔韶《人类学通论》，山西教育出版社2003年版，第558—568页。

门、高等院校和商业音像公司等进行拍摄制作。

20世纪80年代以来，中央电视台拍摄和播出了《丝绸之路》《唐蕃古道》等反映少数民族生活题材的纪录片。广西民族电影制片厂拍摄了《泸沽湖畔的母系亲族》《阿佤山纪行》等30部纪录片。广州东亚音像制作有限公司和福建东宇影视有限公司先后制作了《走进独龙江——独龙族的生存状态》等80多部民族题材影片。中国社会科学院民族研究所1979年成立电影组，后为影视人类学研究室，在全国8省区拍摄了苗族、黎族等民族学人类学片40多部。中央民族大学也开始进行人类学片的拍摄，例如《柯尔克孜族》《白裤瑶》《端午节》等。

20世纪90年代以来，在西方学者和海外归国学者的影响下，我国的影视制作开始自觉地从民族学人类学的角度研究和应用影视科技。《最后的山神》获得亚广联1993年大奖，也是中央电视台获得的第一个国际奖项，记录了处在现代社会边缘的大兴安岭鄂伦春族一户人家的即将消亡的一种原始文化状态：用桦树皮做船、雕刻山神、打猎等。1993年，云南开展把照相机交给农村妇女的"自我写真"项目。1995年，在北京举行影视人类学国际学术讨论会，我国的民族学和人类学开始积极主动与国际学术界交流影视科技。2001年，云南藏区开展"社区影像"项目。2006年，在云南开展的"稻米之路——五个稻农的镜头"项目。2005年，在北京开展的"村民自治影像计划"项目等。①

2002年，中华人民共和国成立后培养的第一位人类学博士庄孔韶教授拍摄了记录短片《虎日》，介绍彝族家支的戒毒盟誓仪式，这是彝族人利用传统的民俗进行禁毒，这是目前亚洲地区最成功的戒毒实践之一。

1998—2004年，独立制片人杨干才、王毅夫妇前后用了8年时间拍摄制作，完成了长达2小时20分钟的纪录片——《蜕变》，真实地记录了中缅边境云南热带雨林中一个名为曼蚌小寨的阿卡人部落在2001—2004年三年之间的生产、生活、生老病死、婚丧嫁娶的生存状态，见证了阿卡人从原始文明（刀耕火种）向现代文明（开垦水田、使用电力）变化的全过程。在2006年5月匈牙利布达佩斯举行的第十六届东欧"媒体震撼"国际影视节中，《蜕变》从来自60多个国家的700多部参赛纪录片中脱颖而出，获得"最佳长纪录片大奖"，还获得了2006年度七个重要国际影视节的参赛邀请。《蜕变》的制片人虽然不是专业的民族学者，但是他们的工作原则符合民族学的田野调查方

---

① 参见邓启耀《编者导言："文化持有者"主位的视觉表达》，见"文化多样性与当代世界"国际学术研讨会影视人类学分会场暨第五届影视人类学国际研讨会《手册》，2006年11月，第48页。

法:持续地、真实地记录文化的演变以及承载这一文化的社会结构。中国广播电视协会秘书长、中国纪录片研究委员会副会长贡吉玖说这是一部"真正沉下去拍摄的纪录片",是一部真正"等出来"的真实,英国皇家人类学博士苏姗娜也说:"这是一部震撼人视觉和心灵的人类学巨片。"[1]

三、我国影视民族学人类学的发展前景

民族学和人类学在其形成之初便是一门与自然学科相结合的应用性很强的科学。18、19世纪的西方学者由于殖民主义扩张的需要,开始研究各大陆之间不同种族和人群的人类体质特点和文化特征,由此形成了民族学和人类学的学科原理。20世纪20年代,在德国学习民族学并将其引进我国的蔡元培先生说:"民族学是一种考察各民族的文化而从事于记录或比较的学问。"[2] 此后,民族学和人类学的研究便基本上参照西方,从20世纪30年代开始便使用影视科技,力求真实地考察和记录各民族的文化。

在中华人民共和国成立以后的20世纪50年代至70年代,民族学和人类学参照西方的学术传统被中断,人类学由于有英、美的学术背景而被完全搁置,民族学由于有苏联的学术背景而得以保留,同时也受到苏联的影响而被政府作为制定民族工作政策以及宣传解释政策的研究工具。这一时期的民族学为国家的民族工作做出了重要的贡献,但是基本上放弃了自身的学科建设,民族学和人类学的影视片也是如此,虽然拍摄了大量意识形态宣传的纪录片,却完全没有意识到自身学科原理的需求,影视科技对于民族学和人类学没有产生学科建设的作用,民族学和人类学的影视科技对于社会也没有产生意识形态宣传以外的其他影响。

自20世纪90年代至今,只用了短短20多年的时间,我国的民族学和人类学及其影视制作便从恢复和重建一跃而跻身于国际同行的前沿,显示其学科发展的巨大潜力。20多年以来,我国电子信息产业高速发展,电影院线、录像网点、游戏机房遍及世界各地的城乡,DV等轻型摄录设备、数码编辑系统流行和普及,普通人也可以制作一般的视听作品。杨干才、王毅夫妇的《蜕变》便是使用普通的摄像机PD150,在此之前他们只是拍照,没有制作过录像。

蔡元培先生说民族学是一种考察各民族的文化而从事于记录或比较的学

---

[1] 陈鹏:《纪录片〈蜕变〉获"媒体震撼"国际影视节大奖》,http://fun.china.com,访问日期:2006年5月26日。

[2] 蔡元培:《说民族学》,载高平叔:《蔡元培全集》(第五卷),中华书局1988年版,第103页。

问。只有真实的记录才有准确的比较，而影视科技正是能够达到和保证真实性的重要工具。无论是什么人，无论他利用了什么工具，只要他能够真实地记录了某一个民族或者某一些人群的生活，他便是记录了文化，便可以成为民族学和人类学的研究材料，便可以揭示人类社会的某一种形态。民族学人类学的影视片有着鲜明的学术性、探讨性以及全方位的表现角度，其影响不仅已渗透到全世界的人文社会学科研究领域，同时对自然科学、电影理论和商业电影都产生了巨大的影响。

目前一些欧美国家的大学已经设置了影视人类学硕士学位教育课程，我国许多高等学校中的民族学、人类学、社会学、新闻传播学、艺术学等相关专业也在其本科和硕士学位教育中设置了影视科技的课程或者研究方向，如2006年，云南大学民族研究院的民族学与人类学研究所开设了学制两年的影视人类学研究生课程进修班。可以预见，在我国民族学人类学的学科建设发展过程之中，影视科技将会发挥越来越大的作用。

（原载《广东技术师范学院学报》2008年第5期）

蒙古大陆的艺术世界
——评张承志的蒙古族题材小说

正如拉丁美洲当代文学中的魔幻现实主义艺术世界是由一批受过欧洲文化教育的作家吸收了拉美印第安土著民族和非洲黑人的传统文化精华所创作而成的一样,张承志在有关蒙古族题材小说中所创造的 M 大陆艺术世界,也是在汲取了蒙古族传统文化和民间文学的精华的坚实基础上建设起来的。作为一名在汉族文化培育下成长起来的回族青年作家,能够如此准确细致地传达出蒙古族传统文化的种种信息,这在我国当代文学及民族文学创作中都是不可多得的。

一、母亲——蒙古族女性的古老故事

由于游牧畜牧经济的特点,古代蒙古族的女性在家庭生活和社会经济中都占据着举足轻重的地位,如下夜、放牧弱畜、接替亡故的丈夫管理家庭财产和社会权力等,反映在民族文化中就是妇女的人格相对得到尊重,妇女的形象在民间文学中也得到歌颂、赞扬。

作为一名学者型的作家,张承志在草原地区的实际生活过程中敏锐地捕捉到了这一民族文化的特征,在他的成名之作《骑手为什么歌唱母亲》(以下简称《骑手》)里,他写道:"母亲,常是蒙古民歌的主题……只要你喜爱蒙古民歌,你就会发现:以母亲为主题的歌子,简直有着神话般的力量!"在《绿叶》和《黑骏马》这两篇重要的代表作中,走向成熟的蒙古女性曾使他感到痛苦,她们几乎是在一夜之间就失去了小诗、小溪、绿洲一般的小女孩的纯洁天真,皮肤变得粗糙,眼神冷淡,长发蓬松,蓝布袍上沾满油污、奶渍和稀牛粪,像母亲一样举着盛着沸茶的铜勺吓唬弟弟,像老奶奶一样拖着长调吓狼,像每一个蒙古女人一样睡在门外的木轮车上守夜,甚至还与异性随便嬉闹,在婚前怀上并非是自己未婚夫的人的孩子……

这是因为蒙古族女性并非生活的附庸,她们的行为方式无须更多的非现实性的装饰。于是,她们的形象不免显得直率、粗犷,与汉族传统女性的形象有着较大的差别。张承志在他的第一部长篇小说《金牧场》中描述了这样一个意象:"马群里有一匹灰白寒碜的老骒马将要分娩……整整三天三夜,她在那里卧着,抽搐着嘶吼呻吟,那块箭草地磨成了秃沙滩。我看见了一把攥紧的尖刀从那神秘的门户里插进去营救一个诞生。我看见那衰累的骒马在痛苦和喜悦中抽搐呻吟——她的嘶声曾使我联想到一个真正的女人。"这一意象寓意着蒙

古族的女性除了要咽吞自身的生活苦楚以外，还要承担一个民族生息繁衍的全部艰辛，难怪在暮年回首时，她们会感慨万千："有时在夜半时分，万籁俱寂中突然会扬起一种撕心裂肺的歌声。人们惊醒后要听上好一阵，才能辨出那是一群白发苍苍的老妇人在歌唱。"

在张承志有关蒙古族题材的作品中，蒙古族女性的典型形象是母亲——额吉的形象，有人把这种创作冲动归咎于作家个人的所谓"恋母情结"，实际上应该是作家个人生活的某些特殊经历与蒙古族文化中"母亲"符号的特殊意义的成功结合。M大陆艺术世界中的额吉们大致有如下的特点：

一是她们大多是孤寡的妇人，独自抚养年幼的儿子或孙女儿，如《骑手》中的额吉、《黑骏马》中的老奶奶、《金牧场》中的额吉等。

二是在日常的生活与劳动中，她们"从不只是把自己当成女人"，《骑手》中的额吉，"又当男人又当女人"地把独生儿子抚养成人。当插包到她家的北京知青独自出牧在外遇上白毛风时，"一团雪雾冲到我身边，额吉的青马浑身披着冰甲，完全不像个60岁的老人，灵活的青马驮着她飞快地穿过雪雾，一根赶牛车用的粗鞭子，随着她坚定威严的吆喝声，有力地打在踟蹰不前的羊儿身上"。《黑骏马》中的索米娅带着未婚先孕的孩子远嫁他乡后，给学校干临时工，像男人一样独自赶着大车到很远的海拉金山里运煤。有一次带着那个得不到父爱的大女儿一起去拉煤，半途车子坏了，抱着女儿在黑地里坐了一夜。《金牧场》中的额吉"和所有女人不同的一点非常显眼：她有一副马鞭……她骑马、绊马、饮马，自己不吭声地修理她那盘辨不出颜色和形状的烂鞍子"。在返回故乡的牧地阿勒坦·努特格的路上，她的一家"六辆木轮车头尾相连，首车上坐着额吉"。

三是在危难来临的时候，她们比男性有着更多的智慧与毅力。《刻在心上的名字》中的青年民兵营长乌力记和《金牧场》中的老骆驼倌桑结，在莫须有的政治迫害面前只是消极地以死相抗，宁为玉碎，不为瓦全，《金牧场》中的额吉按照民族的传统习惯，给上门来寻衅的查家兄弟送上一碗碗热腾腾的奶茶，还特地在过本命年的查家最小的弟弟的碗里放上两块冰糖，不动声色地化解了一场可怕的政治迫害事件。《骑手》中的额吉，则给知青们讲述草原上特有的家庭奴隶制的历史，知青们在她的启发下联名写信向旗里反映情况，旗里及时撤销了对几名无辜牧民的隔离审查。

四是在M大陆的艺术世界里，额吉们直接承传着民族文化的灵魂。《黑骏马》中的老奶奶哼唱古老的歌谣、讲述古老的故事、容忍古老的陋习。《金牧场》中的额吉迷信本命年，用宗教的信念解释命运："难道你长成了骑马的男人就没有一次感应么？难道你半辈子从来没有觉得曾经有只看不见的手在暗中推了你一把么?""命里的苦难若是来了,又有谁能躲得开呢?"蒙古民族最终选择了佛教作为自己的宗教信仰,不是没有历史的依据的。《金牧场》中的额吉还极其怀恋故乡的牧地,坚信故乡的牧地是黄金的草原,因为书中的额吉在24岁的本命年里带着孤儿穿过浓烟烈火的战场回到故乡的牧地,幸福平静地生活了10多年,在36岁的本命年里又在故乡的牧地里遇上银发老奶奶,治好了瘫痪多年的双腿。

二、骏马——蒙古族男性的性格象征

在蒙古族的民间文学中,以骏马为题材的寓言、歌谣、故事传说、叙事长诗等占据着较大的比例。用最美好的词汇来形容骏马、将最美好的品格赋予骏马、对骏马的形象进行拟人化的描写,实际上是沉默孤独、自尊忧郁的蒙古族男性把心目中最理想的性格形象移情到与自己朝夕相伴的骏马身上。《马头琴的故事》中的小白马富贵不淫、威武不屈,《成吉思汗的两匹骏马》中的大骏马深情大义、小骏马自由奔放。民间文学颂赞的骏马,全都俊美、剽悍、耐劳、与主人生死相托,展示了蒙古民族对理想完美的男性性格形象的审美期待。

在张承志的有关作品中,骏马的形象与额吉的形象有着同样重要的意义,额吉们在讲述草原女性的古老故事,骏马则在雕塑草原男性的性格形象。在《戈壁》中,父亲从戈壁上捡回一匹小马驹,将它喂养成长为一匹俊美的大白马,陪伴自己在寂寞荒凉的戈壁上度过一生,每年它都记得父亲去世的日子,用黯然的神情向儿子表示悲哀。儿子偶然地也从戈壁的泥地里捡回一匹被马群丢弃的小马驹,精心喂养它,期待着"等它长成为一匹骏马,我也一定会变得像父亲一样……我已经像父亲一样坚持着在卡拉·戈壁上生活,默不作声地,无论艰辛或痛苦,无论感情或力量,都不露声色地深藏在心底"。《金牧场》中那匹"不等我发出指示的动作,就随着我的心思所至忽左忽右,拦截那些乱窜的小牛"的白马亚干,在大迁徙的路上驮着主人公度过了可怕的雪灾到达了目的地后,"露出了尖尖的嶙峋骨架……它好像病了,我不敢再骑它"。

如果说以上两部作品中对骏马的描写是一种象征性的描写的话,那么,在《黑骏马》这部著名的作品中,则是采用了一种对象化的描写手法。在辽阔的大草原上踽踽独行的骑手的无限心绪,只能向自己胯下的坐骑诉说,"歌手找到了知音","几乎所有年深日久的古歌就都有了一个骏马的名字"。童年的白音宝力格和索米娅与小黑马一同成长,生活充满了幸福与希望。成年以后,男女主人公天各一方,老奶奶去世,黑骏马被卖给公社,一家人生离死别。当白音宝力格主人公旧地重游时,黑骏马在草原的深处"猛地竖起前蹄,在空中转了半周,然后用立着的两条后腿一蹬,嗖地冲了出去。正前方,是白音乌拉大山的依稀远影",那正是索米娅远嫁的他乡。当白音宝力格终于找到阔别九年的索米娅时,被拴在远处的黑骏马听到了索米娅的声音,"突然传来一阵急促的马嘶。钢嘎·哈拉拖着脚绊,一蹦一跳地奔来。直到马儿蹦跳着来到我们眼前,不管不顾地径自把脖颈伸向索米娅,把颤动着的嘴唇伸到她的怀里,我才明白这黑马所具备的一切"。贯穿全书的古歌《黑骏马》中那位翻山越岭始终找不到妹妹的哥哥,也就能把自己的痛苦向胯下的黑骏马倾诉了。

"草原上的牧人们所以勇猛剽悍,草原上的男人们所以自由散漫,原因不在于他们自己而在于他们的骏马",这就是作家张承志在骏马的身上解读到的草原文化的又一特殊符号。

三、家乡——民族感情的寄托

在农耕民族的心目中,游牧民族过着的是"居无定处""追逐水草"生活,"家乡"的观念较为淡薄。但是实际的情形却不是这样,古代蒙古牧民由相关的家族组成大大小小的社会经济单位如古列延、阿寅勒、鄂托克、爱马克等,从事游牧畜牧活动。每一个这样的生产单位都有一定的固定地属于自己的地域,称作"嫩秃黑",意为"同族的牧地"。牧人的游牧活动亦即驻冬、驻夏等均在家乡的几百里方圆内,只有遇上天灾人祸时才被逼作远距离的迁徙。牧民热爱故乡的牧地就如同农民热爱故乡的土地一样。在蒙古族的民歌中,有许多赞美家乡、诉说远嫁苦、迁徙苦的歌谣,著名的长篇叙事诗《成吉思汗的两匹骏马》,用很大的篇幅描写了大骏马对家乡的思念。

在张承志的有关创作中,也浸透这种牧民热爱故乡的情感。《戈壁》中那位儿子之所以孤独地住在荒无人烟的戈壁上,喝着咸井水,守着弱马圈,主要是因为"卡拉·戈壁养育了我们姓氏的血统,它再荒凉、再孤独,在我看来也是美不胜收"。《黑骏马》中,古歌《黑骏马》唱的是一位哥哥骑着黑骏马翻山越岭寻找远嫁的妹妹,可是怎么也找不着,因为妹妹已远嫁他乡。老奶奶唱着"伯勒根、伯勒根,姑娘涉过河水,不见故乡亲人"的古老歌谣,向孙女儿诉说自己的远嫁的苦:"我也一样,自从跨过这条河,来到这儿,已经整整五十多年啰","如果你也跨过这条河,给了那遥远的地方,我,我会愁死的!"由于草原上受过文化科学知识教育的新一代不能容忍愚昧的陋俗,老奶奶一手抚养成人的两位青年人最终未能成婚,索米娅远嫁他乡。多年以后,当白音宝力格终于找到她时,他们之间的纯真爱情却是永远也找不回来的了。

长篇小说《金牧场》,实际上是这种民族情感的意象化的浓缩。纯朴的牧民们把故乡的牧地想象为一个金色的牧场,在那里可以过上自由自在、幸福美满的生活:"那里草不高,但总是青青绿绿的,轻轻悠悠地随着风摇晃。阿勒坦·努特格从来没有过兵灾匪灾,连冬天也只落一层又薄又软的细雪……那一次,那一次在阿勒坦·努特格住过的几十年,是多么宽心的日子啊。"但是随着时代的发展,古老的游牧畜牧经济也发生了很大的变化,牧畜的数量到处在减少,通常是以个别家族或以二三家族组成的小团体——独立牧户阿寅勒,在一块不大的地面上游牧,当局也对这些游牧地域进行了严格的界定。故乡的牧地也不再完全属于某一游牧团体,经常有异族分子迁移进来并定居。大规模的移牧和远距离的迁徙变成了古老的传说,"故乡的牧地"也凝结为一种历史的情结,积淀在民族心理的深层结构之中,支配着人们的思想意识及行为模式。《金牧场》中的牧民们为了回迁故乡的牧地,不肯加入生产建设兵团,放弃了现有的驻牧地,并且不顾草原上的禁忌,在冬季来临前上路,历尽艰辛,但他们终未能回到故乡的牧地,因为那里早已成为他人的驻牧地,于是这些牧民便只好继续过着流浪或寄居他人牧地的生活了。

四、英雄主义——民族精神的实质

古代庞大的游牧单位的首领并不是以氏族长老、以氏族血统上的长者资格当选的,而是以最有实力、最能干、最机智、最富有者的资格获得权力的,例如把阿秃儿("把阿秃儿"为勇士之意)及其儿子铁木真都是这样的草原贵族出身的勇士。他们善于把自己所需要的人集结在自己的周围,其中有各种亲属和姻戚及其他氏族中的志同道合者,作为他们的"伴当",形成草原贵族集团。他们领导大规模的畜牧业经济生产、发动战争掠夺财富。他们的形象便是史诗中主要讴歌的"英雄""勇士"的形象。他们创造了蒙古民族历史上最辉煌的业绩,在民族心理中留下了不可磨灭的影响。《金牧场》集中地表现了这种英雄主义的精神。现实生活中的一群牧民冒着百年一遇的"铁灾"——特大暴风雪迁徙,古籍中五位勇士流血牺牲、前仆后继地去寻找黄金牧地,他们把苦难视为一种高尚,把牺牲视为一种奉献——对众汗之汗的奉献、对神明的奉献。进入近现代社会,日益变成一个衰弱、贫困的民族以后,这种英雄主义的精神实际上已经掺入了很多宗教的因素。

用现代人的思想意识去演绎原始古老的思维方式,再从后者反观现实世界,揭示印第安民族的深重苦难、拉美社会的动荡不安,这是魔幻现实主义所创造的艺术世界;从汉族文化的角度解读蒙古族传统文化的种种特殊符号,再从后者反观当代社会,展现传统生活方式的现实与变迁、氏族文化之间的相互交流与影响,这是张承志所创作的 M 大陆艺术世界。这样的艺术创作立足于中华民族的历史高度,源于生活而又高于生活,融汇于民族文化而又超越于民族文化,在风格与成就上都独树一帜,代表着当代民族文学创作的一种新动向、新姿态。

（原载《民族文学》1993年第11期）

后　　记

　　我觉得自己与民族学和人类学有一种渊源。很多时候，我是在欣赏少数民族的优美音乐中写作文章的，其愉悦之情无以言表，因此，本书考论翔实，文字精练，能够达到学术与写作结合的理想状态。

　　我的家族与姓氏属于这个学科的研究范畴。我于1959年出生在广东省湛江市，姓"刘付"，单名"靖"，"刘傅"是一个复合姓氏，后人简写作"刘付"。族谱记载开基祖傅鸾（号鸣凤），携妻子杜氏和婴儿，与胞弟傅业鸟和盟兄刘荣，在明孝宗弘元年戊申岁（1488），从福建上杭县城关珠玑巷千里迢迢进入广东韶州府境内，傅鸾病逝，遗下寡妇孤儿。于是傅业鸟和刘荣陪着杜氏和遗孤傅丽川，千辛万苦到达山底（今廉江市石角镇山腰管理区），之后杜氏病逝，盟兄刘荣担起托孤重任。孤儿傅丽川长大成人后，为了涌泉回报养父之恩，便一身承二姓宗祧，百家姓由此增加了"刘傅/刘付"这个复合姓氏。

　　1977年，我考入中山大学历史系本科专业，这是"文革"后恢复高考制度的第一届大学招生，我如梦如幻般地走进了大学校园，学习历史学。毕业论文的题目是评价汉高祖刘邦，其实真正吸引我的是汉朝与匈奴的关系，是遥远时空的北方与蒙古大草原的壮丽历史画景。1981年至1984年，我在广西社会科学院工作，深入接触了壮族文化。1984年，我考入华中师范大学历史系攻读秦汉史专业硕士研究生。1987年至今，我在广东技术师范学院（原广东民族学院）民族研究所工作，本所的壮族学者、语言学家李敬忠教授的研究成果吸引了我，他说《康熙字典》收字47035个，许多字从来没有被使用过，可能是来源少数民族的语言文字；汉语古籍里有些神话传说无法用汉语解释，却可以用少数民族语言解释。

　　我开始利用中国古代史的专业知识，结合少数民族语言与文化，解释汉语古籍中的一些神话传说，例如《越绝书》中的"鸟田"和"雒田"原是指水稻、浮稻和水田等。而我的研究方法和结论比较新颖，引起了学界的关注，其中以《百越民族的水稻、浮稻与"鸟田"传说新解》一文影响较大，获得广东省首届（2004年）哲学社会科学优秀成果奖三等奖。其他代表论文有《东南亚民族的稻谷起源神话与稻谷崇拜习俗》《百越民族稻谷起源神话与广州五羊传说新解》《广东茶餐饮文化与南方少数民族茶食文化的渊源关系》《南岛语言和闽方言中的禹神话考释》《廪君神话与壮侗语族始祖神话渊源新解》

《古越遗歌：从吴越神歌到岭南歌仙刘三姐（妹）的传说》等。

从 2007 年开始，我担任本校民族学一级学科硕士点民族史专业负责人，指导过周赛颖、冼春梅、史贤照、林旭锐、黄悦标、李晓霞、张运、宋力行、董安妮、徐攀（与赵炳林老师合作）、曹宣雷（与邱运胜老师合作）、林思洋（与邱老师合作）等 10 多名硕士研究生。其中，周赛颖同学被评为校级优秀研究生，冼春梅同学撰写的学位论文《粤西高州地区冼夫人信仰及其扩大化现象》，入选 2013 年广东省优秀硕士学位论文，这是我校研究生首次获此殊荣。张运同学获得 2014 年度研究生国家奖学金，李晓霞同学获得本校 2015 年度郭小东奖学金。

2016 年，我 57 岁，学术巅峰期已经过去，我把自己的主要研究成果编写成这本学术专著，所有观点与论述均为原创，只有少数专业知识是参考了网络资料的。

最后，感谢我的工作单位广东技术师范学院和民族研究所给予我获得职业荣誉的机会！

刘付靖
2016 年 3 月 9 日于广州